#나의_사원증_미리_채우기

JH354782

#취뽀성공 #합격은_나의_것 #올취완_올해취업완료 #삼성_신입사원

사이다

사일 동안
이것만 풀면
다 합격!

삼성
온라인 GSAT

시대에듀

시대에듀 All-New 사이다 모의고사 삼성 온라인 GSAT

Always **with you**

사람의 인연은 길에서 우연하게 만나거나 함께 살아가는 것만을 의미하지는 않습니다.
책을 펴내는 출판사와 그 책을 읽는 독자의 만남도 소중한 인연입니다.
시대에듀는 항상 독자의 마음을 헤아리기 위해 노력하고 있습니다. 늘 독자와 함께하겠습니다.

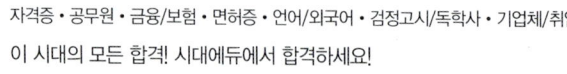

머리말 PREFACE

삼성 경영철학의 최우선순위는 '인간존중' 이념이다. 이를 구현하기 위해 삼성은 1995년에 개인의 능력과 무관한 학력, 성별 등의 모든 차별을 배제한 '열린채용'을 실시함으로써 채용 문화에 변화의 바람을 일으켰다. 이때 삼성직무적성검사(SSAT ; SamSung Aptitude Test)를 도입, 단편적 지식과 학력 위주의 평가 방식에서 과감히 탈피했다.

20년 동안 채용을 진행하면서 입사 후 우수 직원들의 업무성과 요인 등을 분석한 결과 직군별 성과요인에 차이가 있었다. 또한 미래 경영환경의 변화와 글로벌 주요 기업들의 사례를 통해 창의적이고 우수한 인재를 효과적으로 확보할 필요성이 생겼다. 이에 삼성은 2015년 하반기 공채부터 시험 위주의 획일적 채용방식을 직군별로 다양화하는 방향으로 채용제도를 개편했다. 이와 더불어 SSAT(국내)와 GSAT(해외)로 혼재되어 사용하던 삼성 직무적성검사의 명칭을 GSAT(Global Samsung Aptitude Test)로 통일시켰다.

실제 삼성직무적성검사 기출문제를 살펴보면 평소 꾸준히 준비하지 않는 이상 쉽게 통과할 수 없도록 구성되어 있다. 더군다나 입사 경쟁이 날이 갈수록 치열해지는 요즘과 같은 상황에서는 더욱 철저한 준비가 요구된다. '철저한 준비'는 단지 입사를 위해서뿐만 아니라 성공적인 직장생활을 위해서도 필수적이다.

이에 시대에듀는 수험생들이 GSAT에 대한 '철저한 준비'를 할 수 있도록 다음과 같이 교재를 구성하였으며, 이를 통해 단기간에 성적을 올릴 수 있는 학습법을 제시하였다.

도서의 특징

❶ 수리와 추리 총 2개의 출제영역으로 구성된 모의고사 4회분을 수록하여 매일 1회씩 풀며 시험 전 4일 동안 자신의 실력을 최종적으로 점검할 수 있도록 하였다.

❷ 전 회차에 도서 동형 온라인 실전연습 서비스를 제공하여 실제로 온라인 시험에 응시하는 것처럼 연습할 수 있도록 하였다.

❸ 온라인 모의고사 2회분을 더해 부족한 부분을 추가적으로 학습할 수 있도록 하였다.

끝으로 본서가 삼성 채용을 준비하는 여러분 모두에게 합격의 기쁨을 전달하기를 진심으로 바란다.

SDC(Sidae Data Center) 씀

삼성그룹 기업분석 INTRODUCE

◇ 경영철학과 목표

1. 인재와 기술을 바탕으로

- 인재 육성과 기술 우위 확보를 경영 원칙으로 삼는다.
- 인재와 기술의 조화를 통하여 경영 시스템 전반에 시너지 효과를 증대한다.

2. 최고의 제품과 서비스를 창출하여

- 고객에게 최고의 만족을 줄 수 있는 제품과 서비스를 창출한다.
- 동종업계에서 세계 1군의 위치를 유지한다.

3. 인류사회에 공헌한다.

- 인류의 공동 이익과 풍요로운 삶을 위해 기여한다.
- 인류 공동체 일원으로서의 사명을 다한다.

◇ 핵심가치

인재제일	'기업은 사람이다.'라는 신념을 바탕으로 인재를 소중히 여기고 마음껏 능력을 발휘할 수 있는 기회의 장을 만들어 간다.
최고지향	끊임없는 열정과 도전정신으로 모든 면에서 세계 최고가 되기 위해 최선을 다한다.
변화선도	변화하지 않으면 살아남을 수 없다는 위기의식을 가지고 신속하고 주도적으로 변화와 혁신을 실행한다.
정도경영	곧은 마음과 진실되고 바른 행동으로 명예와 품위를 지키며 모든 일에 있어서 항상 정도를 추구한다.
상생추구	우리는 사회의 일원으로서 더불어 살아간다는 마음을 가지고 지역사회, 국가, 인류의 공동 번영을 위해 노력한다.

◇ 경영원칙

1

법과 윤리적 기준을 준수한다.

- 개인의 존엄성과 다양성을 존중한다.
- 법과 상도의에 따라 공정하게 경쟁한다.
- 정확한 회계기록을 통해 회계의 투명성을 유지한다.
- 정치에 개입하지 않으며 중립을 유지한다.

2

깨끗한 조직 문화를 유지한다.

- 모든 업무활동에서 공과 사를 엄격히 구분한다.
- 회사와 타인의 지적 재산을 보호하고 존중한다.
- 건전한 조직 분위기를 조성한다.

3

고객, 주주, 종업원을 존중한다.

- 고객만족을 경영활동의 우선적 가치로 삼는다.
- 주주가치 중심의 경영을 추구한다.
- 종업원의 '삶의 질' 향상을 위해 노력한다.

4

환경·안전·건강을 중시한다.

- 환경친화적 경영을 추구한다.
- 인류의 안전과 건강을 중시한다.

5

기업 시민으로서 사회적 책임을 다한다.

- 기업 시민으로서 지켜야 할 기본적 책무를 성실히 수행한다.
- 사업 파트너와 공존공영의 관계를 구축한다.
- 현지의 사회 · 문화적 특성을 존중하고 공동 경영(상생/협력)을 실천한다.

신입사원 채용 안내 INFORMATION

◇ 모집시기

❶ 계열사별 특성에 맞게 인력소요가 생길 경우에 한해 연중 상시로 진행하고 있다.

❷ 계열사별로 대규모 인력이 필요한 경우에는 별도의 공고를 통해 모집한다.

◇ 지원방법

❶ 삼성채용 홈페이지(www.samsungcareers.com)에 접속한 후 로그인하여 상단 카테고리 「채용공고」를 클릭한다.

❷ 계열사별 채용공고에 따라 지원서를 작성하여 접수기간 내에 제출한다.

❸ 이후 해당 계열사의 안내에 따라 전형 절차에 응시한다.

◇ 채용절차

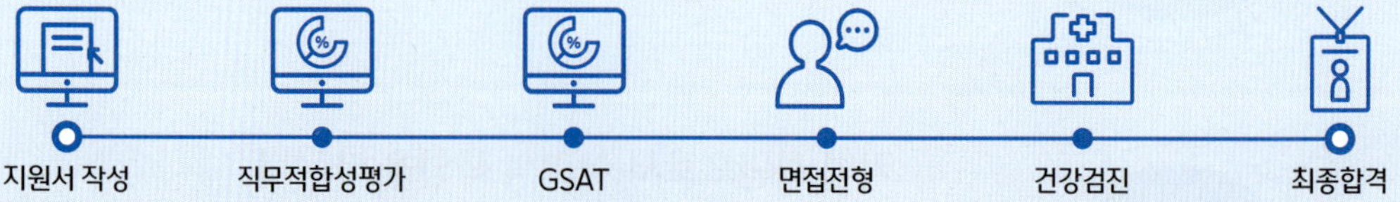

❖ 채용절차는 채용유형, 채용직무, 채용시기 등에 따라 변동될 수 있으므로 반드시 발표되는 채용공고를 확인하기 바랍니다.

2025년 상반기 기출분석 ANALYSIS

총평

2025년 상반기 GSAT는 직전 연도 하반기와 유형 및 문항 수는 동일했으나 출제수준은 전반적으로 높아졌다는 후기가 많았다. 또한 수리보다는 추리가 어려웠다는 의견이 지배적이었으며, 최근 출제 경향과 다르게 자료해석의 계산이 까다로워 문제를 해결하는 데 시간이 많이 소요됐다는 의견이 일부 있었다. 조건추리의 경우 여전히 유형의 난도가 높아 시간이 많이 소요되므로 평소에 시간 분배에 대한 연습이 필요해 보인다.

◇ 영역별 출제비중

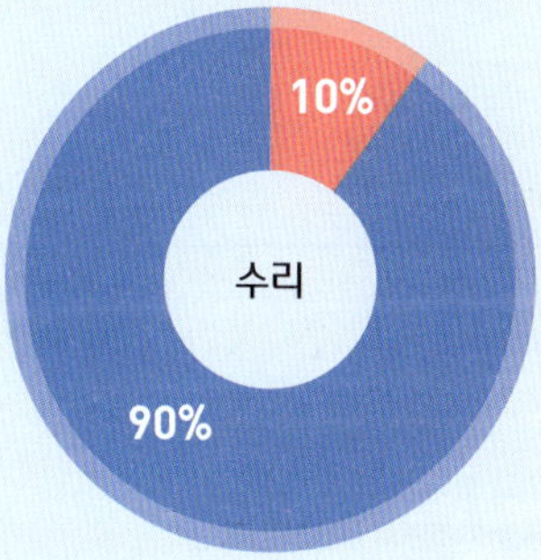

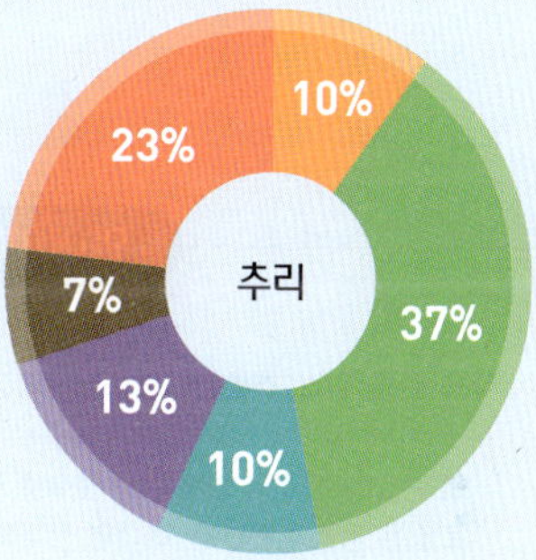

◇ 영역별 출제특징

구분	영역		출제특징
직무적성검사	수리	응용수리	• 전년 대비 판매량의 증감률을 구하는 연립방정식 문제 • 경우의 수 또는 여사건 확률 문제 등
		자료해석	• 주어진 연도별 증감율을 추론하여 대소 비교하는 문제 • 다양한 유형의 그래프를 추론하고 계산하는 세트 문제
	추리	명제	• 삼단논법을 이용하여 빈칸을 추리하는 문제
		조건추리	• 각 진술의 참/거짓 여부를 확인하여 범인 찾는 문제 • 주어진 조건을 활용한 좌석 배치와 조 나누기 또는 세탁 과정을 추론하는 문제
		도형추리	• 도형의 회전이나 이동 규칙을 파악하여 물음표에 들어갈 도형을 추리하는 문제
		도식추리	• 문자의 변화 과정에 숨어있는 규칙을 찾는 문제
		문단나열	• 반도체 관련 문단의 전체적인 흐름을 파악하고 순서대로 나열하는 문제
		논리추론	• 흑연, 음극재 배터리에 관련한 글을 읽고 참 또는 거짓인 내용을 추론하는 문제 • 글의 내용을 바탕으로 〈보기〉를 해석하는 문제

주요 대기업 적중 문제 TEST CHECK

삼성

수리 ▸ 확률

2025년 적중

01 서로 다른 2개의 주사위 A, B를 동시에 던졌을 때, 나온 눈의 곱이 홀수일 확률은?

① $\frac{1}{4}$
② $\frac{1}{5}$
③ $\frac{1}{6}$
④ $\frac{1}{8}$
⑤ $\frac{1}{10}$

SK

언어이해 ▸ 추론적 독해

2025년 적중

01 다음 글을 읽고 추론한 내용으로 가장 적절한 것은?

> EU는 1995년부터 철제 다리 덫으로 잡은 동물 모피의 수입을 금지하기로 했다. 모피가 이런 덫으로 잡은 동물의 것인지, 아니면 상대적으로 덜 잔혹한 방법으로 잡은 동물의 것인지 구별하는 것은 불가능하다. 그렇기 때문에 EU는 철제 다리 덫 사용을 금지하는 나라의 모피만 수입하기로 결정했다. 이런 수입 금지 조치에 대해 미국, 캐나다, 러시아는 WTO에 제소하겠다고 위협했다. 결국 EU는 WTO가 내릴 결정을 예상하여, 철제 다리 덫으로 잡은 동물의 모피를 계속 수입하도록 허용했다.
> 또한 1998년부터 EU는 화장품 실험에 동물을 이용하는 것을 금지했을 뿐만 아니라, 동물실험을 거친 화장품의 판매조차 금지하는 법령을 채택했다. 그러나 동물실험을 거친 화장품의 판매 금지는 WTO 규정 위반이 될 것이라는 유엔의 권고를 받았다. 결국 EU의 판매 금지는 실행되지 못했다.
> 한편 그 외에도 EU는 성장 촉진 호르몬이 투여된 쇠고기의 판매 금지 조치를 시행하기도 했다. 동물복지를 옹호하는 단체들이 소의 건강에 미치는 영향을 우려해 호르몬 투여 금지를 요구했지만, EU가 쇠고기 판매를 금지한 것은 주로 사람의 건강에 대한 염려 때문이었다. 미국은 이러한 판매 금지 조치에 반대하며 EU를 WTO에 제소했고, 결국 WTO 분쟁패널로부터 호르몬 사용이 사람의 건강을 위협한다고 믿을 만한 충분한 과학적 근거가 없다는 판정을 이끌어 내는 데 성공했다. EU는 항소했다. 그러나 WTO의 상소 기구는 미국의 손을 들어주었다. 그럼에도 불구하고 EU는 금지 조치를 철회하지 않았다. 이에 미국은 1억 1,600만 달러에 해당하는 EU의 농업 생산물에 100% 관세를 물리는 보복 조치를 발동했고 WTO는 이를 승인했다.

① EU는 환경의 문제를 통상 조건에서 최우선적으로 고려한다.
② WTO는 WTO 상소기구의 결정에 불복하는 경우 적극적인 제재조치를 취한다.
③ WTO는 사람의 건강에 대한 위협을 방지하는 것보다 국가 간 통상의 자유를 더 존중한다.
④ WTO는 제품의 생산과정에서 동물의 권리를 침해한다는 이유로 해당 제품 수입을 금지하는 것을 허용하지 않는다.
⑤ WTO 규정에 의하면 각 국가는 타국의 환경, 보건, 사회 정책 등이 자국과 다르다는 이유로 타국의 특정 제품의 수입을 금지할 수 있다.

KT

2025년 적중

언어 ▶ 주제 · 제목 찾기

※ 다음 글을 읽고 글의 주제로 가장 적절한 것을 고르시오. [3~4]

03

오늘날 사회계층 간 의료수혜의 불평등이 심화되어 의료이용도의 소득계층별, 지역별, 성별, 직업별, 연령별 차이가 사회적 불만의 한 원인으로 대두되고, 보건의료서비스가 의·식·주에 이어 제4의 기본적 수요로 인식됨에 따라 의료보장제도의 필요성이 나날이 높아지고 있다.
의료보장제도란 국민의 건강권을 보호하기 위하여 요구되는 필요 보건의료서비스를 국가나 사회가 제도적으로 제공하는 것을 말하며 건강보험, 의료급여, 산재보험을 포괄한다. 이를 통해 상대적으로 과다한 재정의 부담을 경감시킬 수 있으며, 국민의 주인의식과 참여 의식을 고취할 수 있다.
의료보장제도는 의료수혜의 불평등을 해소하기 위한 사회적·국가적 노력이며, 예측할 수 없는 질병의 발생 등에 대한 개인의 부담능력의 한계를 극복하기 위한 제도이다. 또한 개인의 위험을 사회적·국가적 위험으로 인식하여 위험의 분산 및 상호부조 인식을 제고하기 위한 제도이기도 하다.
의료보장제도의 의료보험(National Health Insurance) 방식은 일명 비스마르크(Bismarck)형 의료제도라고 하는데, 개인의 기여를 기반으로 한 보험료를 주재원으로 하는 제도이다. 사회보험의 낭비를 줄이기 위하여 진찰 시에 본인 일부 부담금을 부과하는 것이 특징이라 할 수 있다. 반면, 국가보건서비스(National Health Service) 방식은 일명 조세 방식, 베버리지(Beveridge)형 의료제도라고 하며, 국민의 의료문제는 국가가 책임져야 한다는 관점에서 조세를 재원으로 모든 국민에게 국가가 직접 의료를 제공하는 의료보장방식이다.

① 의료보장제도의 장단점
② 의료보장제도의 개념과 유형
③ 의료보장제도의 종류
④ 의료급여제도의 필요성
⑤ 의료급여제도의 유형

CJ

2025년 적중

자료해석 ▶ 자료계산

07 다음은 농구 경기에서 갑 ~ 정 4개 팀의 월별 득점에 관한 자료이다. 빈칸에 들어갈 수치로 가장 적절한 것은?(단, 각 수치는 매월 일정한 규칙으로 변화한다)

〈월별 득점 현황〉

(단위 : 점)

구분	1월	2월	3월	4월	5월	6월	7월	8월	9월	10월
갑	1,024	1,266	1,156	1,245	1,410	1,545	1,205	1,365	1,875	2,012
을	1,352	1,702	2,000	1,655	1,320	1,307	1,232	1,786	1,745	2,100
병	1,078	1,423		1,298	1,188	1,241	1,357	1,693	2,041	1,988
정	1,298	1,545	1,658	1,602	1,542	1,611	1,080	1,458	1,579	2,124

① 1,358
② 1,397
③ 1,450
④ 1,498
⑤ 1,522

학습플랜 STUDY PLAN

1일 차 학습플랜 1일 차 기출응용 모의고사

____월 ____일	
수리	추리

2일 차 학습플랜 2일 차 기출응용 모의고사

____월 ____일	
수리	추리

3일 차 학습플랜 3일 차 기출응용 모의고사

_____월 _____일	
수리	추리

4일 차 학습플랜 4일 차 기출응용 모의고사

_____월 _____일	
수리	추리

취약영역 분석 WEAK POINT

1일 차 취약영역 분석

시작 시간	:	종료 시간	:
풀이 개수	개	못 푼 개수	개
맞힌 개수	개	틀린 개수	개
취약영역 / 유형			
2일 차 대비 개선점			

2일 차 취약영역 분석

시작 시간	:	종료 시간	:
풀이 개수	개	못 푼 개수	개
맞힌 개수	개	틀린 개수	개
취약영역 / 유형			
3일 차 대비 개선점			

3일 차 취약영역 분석

시작 시간	:	종료 시간	:
풀이 개수	개	못 푼 개수	개
맞힌 개수	개	틀린 개수	개
취약영역 / 유형			
4일 차 대비 개선점			

4일 차 취약영역 분석

시작 시간	:	종료 시간	:
풀이 개수	개	못 푼 개수	개
맞힌 개수	개	틀린 개수	개
취약영역 / 유형			
시험일 대비 개선점			

이 책의 차례 CONTENTS

문제편 삼성 온라인 GSAT

해설편 정답 및 해설

1일 차
기출응용 모의고사

〈문항 수 및 시험시간〉

삼성 온라인 GSAT		
영역	문항 수	시험시간
수리	20문항	30분
추리	30문항	30분

삼성 온라인 GSAT

1일 차 기출응용 모의고사

문항 수 : 50문항
시험시간 : 60분

| 01 | 수리

01 S기업은 작년에 A제품과 B제품을 합쳐 총 1,000개를 생산하였다. 올해는 작년 대비 A제품의 생산량을 2%, B제품의 생산량을 3% 증가시켜 총 1,024개를 생산한다고 할 때, 올해 생산하는 B제품의 수량은?

① 309개
② 360개
③ 412개
④ 463개
⑤ 515개

02 A ~ D 4명을 한 줄로 세울 때, A가 맨 앞에 서게 될 확률은?

① $\frac{1}{5}$
② $\frac{5}{24}$
③ $\frac{1}{4}$
④ $\frac{7}{24}$
⑤ $\frac{1}{3}$

03 다음은 연령대별 삶의 만족도에 대해 조사한 자료이다. 이에 대한 〈보기〉의 설명 중 옳은 것을 모두 고르면?

〈연령대별 삶의 만족도〉

(단위 : %)

구분	매우 만족	만족	보통	불만족	매우 불만족
10대	8	11	34	28	19
20대	3	13	39	28	17
30대	5	10	36	39	10
40대	11	17	48	16	8
50대	14	18	42	23	3

※ 긍정적인 답변 : 매우 만족, 만족, 보통
※ 부정적인 답변 : 불만족, 매우 불만족

보기

ㄱ. 연령대가 높아질수록 '매우 불만족'이라고 응답한 비율은 낮아진다.
ㄴ. 모든 연령대에서 '매우 만족'과 '만족'이라고 응답한 비율이 가장 낮은 연령대는 20대이다.
ㄷ. 모든 연령대에서 긍정적인 답변을 한 비율은 50% 이상이다.
ㄹ. 50대에서 '불만족' 또는 '매우 불만족'이라고 응답한 비율은 '만족' 또는 '매우 만족'이라고 응답한 비율의 80% 이하이다.

① ㄱ, ㄷ　② ㄱ, ㄹ
③ ㄴ, ㄷ　④ ㄴ, ㄹ
⑤ ㄷ, ㄹ

04 다음은 출생 · 사망 추이를 나타낸 자료이다. 이에 대한 설명으로 옳지 않은 것은?

〈출생 · 사망 추이〉

구분		2018년	2019년	2020년	2021년	2022년	2023년	2024년
출생아 수(천 명)		490	472	435	448	493	465	444
사망자 수(천 명)		244	244	243	242	244	246	246
기대수명(년)		77.44	78.04	78.63	79.18	79.56	80.08	80.55
수명(년)	남자	73.86	74.51	75.14	75.74	76.13	76.54	76.99
	여자	80.81	81.35	81.89	82.36	82.73	83.29	83.77

① 여자의 수명과 기대수명의 차이는 2022년이 가장 적다.
② 남자와 여자의 수명은 매년 5년 이상의 차이를 보이고 있다.
③ 2019년부터 2024년까지의 전년 대비 기대수명은 증가하고 있다.
④ 출생아 수는 2018년 이후 감소하다가 2021년, 2022년에 증가 이후 다시 감소하고 있다.
⑤ 매년 출생아 수는 사망자 수보다 20만 명 이상 더 많으므로 매년 총 인구는 20만 명 이상씩 증가한다고 볼 수 있다.

05 다음은 S국의 치료감호소 수용자 현황에 대한 자료이다. 빈칸 (가) ~ (라)에 들어갈 수를 모두 더한 값은?

〈치료감호소 수용자 현황〉

(단위 : 명)

구분	약물	성폭력	심신장애자	합계
2019년	89	77	520	686
2020년	(가)	76	551	723
2021년	145	(나)	579	824
2022년	137	131	(다)	887
2023년	114	146	688	(라)
2024년	88	174	688	950

① 1,524명
② 1,639명
③ 1,751명
④ 1,763명
⑤ 1,770명

06 다음은 영농자재구매 사업에 대한 자료이다. 이에 대한 설명으로 옳은 것은?

〈영농자재구매 사업의 변화양상〉

(단위 : %)

구분	비료	농약	농기계	면세 유류	종자/종묘	배합 사료	일반 자재	자동차	합계
1974년	74.0	12.6	5.5	–	3.7	2.5	1.7	–	100
1984년	59.7	10.8	8.6	–	0.5	12.3	8.1	–	100
1994년	48.5	12.7	19.6	0.3	0.2	7.1	11.6	–	100
2004년	30.6	9.4	7.3	7.8	0.7	31.6	12.6	–	100
2014년	31.1	12.2	8.5	13.0	–	19.2	16.0	–	100
2024년	23.6	11.0	4.3	29.7	–	20.5	10.8	0.1	100

① 면세유류는 1994년부터 감소한 적이 없다.

② 일반자재는 10년 단위로 사용량이 증가하였다.

③ 2024년 이후 자동차의 비율이 가장 크게 증가할 것이다.

④ 영농자재구매 중 비료는 항상 가장 높은 비율을 차지하였다.

⑤ 배합사료와 농기계는 조사 연도마다 증가와 감소를 교대로 반복하였다.

07 다음은 세계 주요 터널 화재 사고 A ~ F에 대한 자료이다. 이에 대한 설명으로 옳은 것은?

〈세계 주요 터널 화재 사고 통계〉

구분	터널 길이(km)	화재 규모(MW)	복구 비용(억 원)	복구 기간(개월)	사망자(명)
A	50.5	350	4,200	6	1
B	11.6	40	3,276	36	39
C	6.4	120	72	3	12
D	16.9	150	312	2	11
E	0.2	100	570	10	192
F	1.0	20	18	8	–

※ (사고 비용)=(복구 비용)+[(사망자 수)×(5억 원)]

① 터널 길이가 길수록 사망자가 많다.

② 화재 규모가 클수록 복구 기간이 길다.

③ 사망자가 가장 많은 사고 E는 사고 비용도 가장 크다.

④ 사고 A를 제외하면 복구 기간이 길수록 복구 비용이 크다.

⑤ 사망자가 30명 이상인 사고를 제외하면 화재 규모가 클수록 복구 비용이 크다.

08 다음은 2002 ~ 2024년 국제학업성취도평가 중 읽기 항목의 점수에 대한 자료이다. 이에 대한 〈보기〉의 설명 중 옳지 않은 것을 모두 고르면?

〈2002 ~ 2024년 국제학업성취도평가 읽기 점수〉

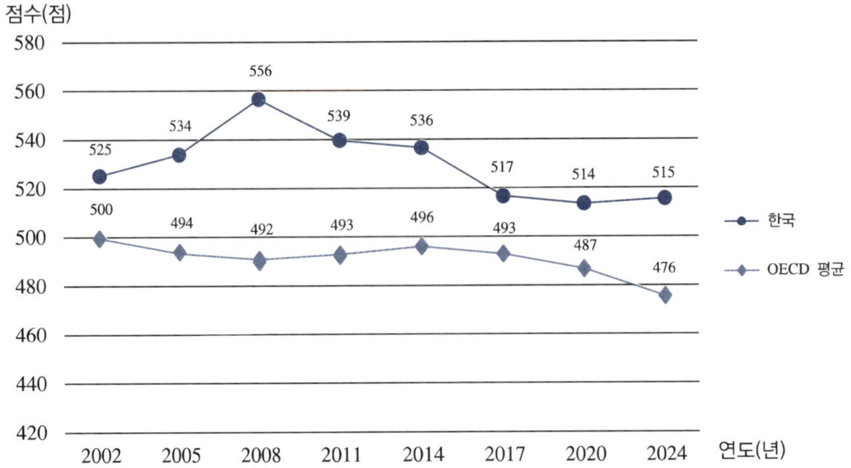

보기

경제협력개발기구(OECD)의 주관하에 3년 주기로 시행하고 있는 국제학업성취도평가는 크게 수학, 읽기, 과학을 평가하고 있다. 위의 자료는 읽기 항목 점수에 대한 자료이며, ㉠ 한국은 항상 OECD 평균보다 높은 성적을 기록하고 있다. 특히 2008년의 읽기 점수는 2002 ~ 2024년 중 가장 높은 점수를 기록하였으며, ㉡ OECD 평균 점수와의 차이는 2024년이 가장 큰 것으로 기록되었다. 하지만 이후로 점수가 하락세를 보였으며, 비록 2024년에는 점수가 소폭 상승하였으나 전체적으로는 하락세를 보였다. 한편, ㉢ OECD 평균 읽기 점수는 2014년 이후 하락하였다. 이는 스마트폰 등 전자기기의 영향이 큰 것으로 전문가들은 추측하고 있다.

① ㉡
② ㉢
③ ㉠, ㉡
④ ㉡, ㉢
⑤ ㉠, ㉡, ㉢

09 다음은 업종별 매출액 대비 수출액 비중을 나타낸 자료이다. 이에 대해 옳은 설명을 한 사람을 〈보기〉에서 모두 고르면?

〈업종별 매출액 대비 수출액 비중〉

(단위 : %)

구분	사례 수(개)	5% 미만	5% 이상 10% 미만	10% 이상 20% 미만	20% 이상 50% 미만	50% 이상 80% 미만	80% 이상
소계	2,550	17.2	14.1	15.0	28.7	11.1	13.9
주조	125	24.0	25.0	11.3	20.0	11.7	8.0
금형	840	10.2	10.0	15.5	35.0	8.0	21.3
소성가공	625	25.7	11.5	14.5	25.7	13.6	9.0
용접	600	18.5	18.0	14.0	23.7	11.0	14.8
표면처리	300	16.1	15.5	19.0	32.3	12.2	4.9
열처리	60	2.6	20.3	24.6	28.8	15.0	8.7

보기

은하 : 주조 업체 중 매출액 대비 수출액 비중이 5% 미만인 업체가 가장 많아.

장원 : 매출액 대비 수출액 비중이 50% 이상 80% 미만인 열처리 업체의 수가 매출액 대비 수출액 비중이 10% 이상 20% 미만인 용접 업체의 수보다 적어.

인석 : 매출액 대비 수출액 비중이 20% 이상 50% 미만인 업체 중 주조 업체가 차지하는 비중이 가장 커.

도원 : 금형 업체 중 매출액 대비 수출액 비중이 5% 이상 10% 미만인 업체 수가 주조 업체 중 매출액 대비 수출액 비중이 5% 미만인 업체의 수보다 많아.

① 은하, 장원
② 은하, 인석
③ 장원, 인석
④ 장원, 도원
⑤ 인석, 도원

10 다음은 각종 암 환자의 육식률 대비 사망률에 대한 자료이다. 이에 대한 설명으로 옳지 않은 것은?

〈각종 암 환자의 육식률 대비 사망률〉

(단위 : %)

구분	육식률 80% 이상	육식률 50% 이상 80% 미만	육식률 30% 이상 50% 미만	육식률 30% 미만	채식률 100%
전립선암	42	33	12	5	8
신장암	62	48	22	11	5
대장암	72	64	31	15	8
방광암	66	52	19	12	6
췌장암	68	49	21	8	5
위암	85	76	27	9	4
간암	62	48	21	7	3
구강암	52	42	18	11	10
폐암	48	41	17	13	11
난소암	44	37	16	14	7

※ '육식률 30% 미만'에는 '채식률 100%'가 속하지 않음

① '채식률 100%'에서 사망률이 10%를 초과하는 암은 폐암뿐이다.
② 채식률이 100%여도 육식하는 사람보다 사망률이 항상 낮지 않다.
③ '육식률 30% 이상' 구간에서의 사망률이 1위인 암은 모두 동일하다.
④ '육식률 80% 이상'의 사망률과 '채식률 100%'에서의 사망률의 차이가 가장 큰 암은 위암이다.
⑤ '육식률 80% 이상'에서의 사망률이 50% 미만인 암과 '육식률 50% 이상 80% 미만'에서 사망률이 50% 이상인 암의 수는 동일하다.

※ 다음은 주요 직업별 종사자 총 2만 명을 대상으로 주 평균 여가시간을 조사한 자료이다. 이어지는 질문에 답하시오. **[11~12]**

〈주요 직업별 주 평균 여가시간〉

(단위 : %, 명)

구분	1시간 미만	1시간 이상 3시간 미만	3시간 이상 5시간 미만	5시간 이상	응답자 수
일반회사직	22	45	20	13	4,400
자영업자	36	35	25	4	1,800
공교육직	4	12	39	45	2,800
사교육직	36	35	25	4	2,500
교육 외 공무직	32	28	22	18	3,800
연구직	69	1	7	23	2,700
의료직	52	5	2	41	2,000

11 다음 중 위 자료에 대한 설명으로 옳지 않은 것은?

① '3시간 이상 5시간 미만'에 가장 많이 응답한 직업군은 없다.
② 응답자 중 교육에 종사하는 사람이 차지하는 비율은 27% 미만이다.
③ 연구직 종사자와 의료직 종사자의 응답 비율의 차가 가장 큰 응답 시간은 '5시간 이상'이다.
④ 일반회사직과 자영업자 종사자 모두 주 평균 여가시간이 '1시간 이상 3시간 미만'이라고 응답한 인원이 가장 많다.
⑤ 공교육직 종사자의 응답 비율이 높은 순서로 나열한 것과 교육 외 공무직 종사자의 응답 비율이 높은 순서로 나열한 것은 반대의 추이를 보인다.

12 다음 자료에 대한 〈보기〉의 설명 중 옳은 것을 모두 고르면?

보기

ㄱ. 전체 응답자 중 공교육직 종사자가 차지하는 비율은 연구직 종사자가 차지하는 비율보다 1.5%p 더 높다.
ㄴ. 공교육직 종사자의 응답 비율이 가장 높은 구간의 응답자 수는 사교육직 종사자의 응답 비율이 가장 높은 구간의 응답자 수의 1.5배이다.
ㄷ. '5시간 이상'이라고 응답한 교육 외 공무직 종사자의 응답 비율은 연구직 종사자의 응답 비율보다 낮지만, 응답자 수는 더 많다.

① ㄱ
② ㄴ
③ ㄷ
④ ㄱ, ㄴ
⑤ ㄴ, ㄷ

※ 다음은 연령대별 평균 TV시청 시간을 조사한 자료이다. 이어지는 질문에 답하시오. **[13~14]**

〈연령대별 평균 TV시청 시간〉

(단위 : 시간)

구분	평일		주말	
	오전	오후	오전	오후
10대 미만	2.2	3.8	2.5	5.2
10대	0.8	1.7	1.5	3.4
20대	0.9	1.8	2.2	3.2
30대	0.3	1.5	1.8	2.2
40대	1.1	2.5	3.2	4.5
50대	1.4	3.8	2.5	4.6
60대	2.6	4.4	2.7	4.7
70대	2.4	5.2	3.1	5.2
80대 이상	2.5	5.3	3.2	5.5

※ 구분 : 청년층(20대), 장년층(30·40대), 중년층(50·60대), 노년층(70대 이후)

※ $(\text{장년층의 단순 평균 TV시청 시간})=\frac{(\text{30대 평균 TV시청 시간})+(\text{40대 평균 TV시청 시간})}{2}$

– 중년층, 노년층도 동일한 방식으로 계산함

※ $(\text{평일 / 주말 단순 평균 TV시청 시간})=\frac{(\text{오전 평균 TV시청 시간})+(\text{오후 평균 TV시청 시간})}{2}$

13 다음 중 위 자료에 대한 설명으로 옳은 것은?

① 청년층의 주말 단순 평균 TV시청 시간은 평일의 2.2배이다.

② 주말 오전 장년층의 단순 평균 TV시청 시간은 중년층보다 적다.

③ 10대 미만의 평일 오전·오후 평균 TV시청 시간의 차는 1시간 30분이다.

④ 전 연령대에서 평일은 오후에 TV를 시청하는 시간이 길었지만, 주말에는 오전에 TV를 시청하는 시간이 길었다.

⑤ 30대 이후부터는 연령대가 높아질수록 평일 오후 평균 TV시청 시간은 감소하고, 주말 오후 평균 TV시청 시간은 증가한다.

14 다음 자료에 대한 〈보기〉의 설명 중 옳은 것을 모두 고르면?

보기

ㄱ. 10대 미만의 평일 오전 평균 TV시청 시간은 주말 오전 평균 TV시청 시간의 90% 미만이다.
ㄴ. 10대와 20대의 평일 오후 평균 TV시청 시간의 차는 5분 미만이다.
ㄷ. 평일 오전 평균 TV시청 시간이 가장 많은 연령대의 주말 단순 평균 TV시청 시간은 4시간 이상이다.
ㄹ. 장년층 · 중년층 · 노년층 중 단순 평균 TV시청 시간이 평일 오전과 오후의 차가 가장 큰 연령층은 노년층이다.

① ㄱ, ㄴ
② ㄱ, ㄹ
③ ㄴ, ㄷ
④ ㄷ, ㄹ
⑤ ㄱ, ㄴ, ㄷ

15 다음은 1인당 우편 이용 물량을 나타낸 그래프이다. 이에 대한 설명으로 옳은 것은?

〈1인당 우편 이용 물량〉

① 1인당 우편 이용 물량은 증가 추세에 있다.
② 매년 평균적으로 1인당 4일에 1통 이상은 우편물을 보냈다.
③ 1인당 우편 이용 물량은 2016년에 가장 높았고, 2019년에 가장 낮았다.
④ 접수 우편 물량이 가장 많은 해와 가장 적은 해의 차이는 약 900백만 통이다.
⑤ 1인당 우편 이용 물량과 접수 우편 물량 모두 2021년부터 2024년까지 지속적으로 감소하고 있다.

※ 다음은 2024년 법 관련 정보 획득처에 대한 설문조사 자료이다. 이어지는 질문에 답하시오. **[16~17]**

〈2024년 법 관련 정보 획득처(복수응답)〉

(단위 : %)

구분		사례수(명)	TV/라디오	신문/잡지	포털 사이트	SNS	주위 사람	법원 인터넷 시스템	없음	기타
성별	남자	1,710	69.0	26.1	59.8	19.2	40.3	42.8	0.3	42.5
	여자	1,740	75.4	22.7	55.0	17.0	46.9	37.7	1.0	44.3
최종 학력별	중졸 이하	550	90.0	33.5	20.6	2.6	72.2	18.3	4.0	58.8
	고졸	1,450	74.8	24.5	59.0	18.9	46.4	37.8	0.2	38.4
	대졸 이상	1,450	63.2	24.0	65.5	23.0	30.2	50.8	0.0	43.3
직업별	사무직	690	60.5	18.8	69.2	23.3	30.7	54.0	0.0	43.5
	서비스 / 판매직	1,080	68.2	24.7	62.0	19.0	40.7	42.3	0.2	42.9
	기능직 / 단순노무	576	82.8	26.4	51.1	13.8	50.3	33.9	1.3	40.4
	학생	145	55.2	9.7	80.0	32.8	36.0	49.7	0.0	36.6
	주부	660	82.6	25.5	46.0	10.0	54.6	29.4	0.9	51.0
	기타	27	55.4	10.0	67.7	10.0	82.5	31.4	0.0	43.0
	무직	272	79.9	38.2	38.3	12.3	49.8	32.7	3.7	45.1
이념 성향별	보수	950	80.0	35.0	43.5	14.0	53.5	28.0	2.0	44.0
	중도	1,400	74.1	20.0	61.0	18.7	40.7	42.5	1.0	42.0
	진보	910	62.9	15.7	66.8	21.9	38.1	48.0	0.6	46.0
	관심 없음	190	75.8	22.6	56.4	18.7	44.1	44.1	1.0	37.3
재판 관련 경험별	있다	480	75.2	23.0	60.3	22.8	34.3	40.0	0.4	44.0
	없다	2,970	71.8	24.6	55.0	20.0	45.0	39.8	0.8	43.0

※ 동일한 인원을 대상으로 하여 성별, 최종 학력별, 직업별, 이념 성향별, 재판 관련 경험별 구분에 따른 응답 비율을 정리함
※ 응답 인원별로, "해당 수단을 통해 정보를 얻는가?" 라는 물음에 '그렇다'고 대답한 인원의 비율임

16 **다음 중 위 자료에 대한 설명으로 옳은 것은?**

① 사무직 응답 인원수는 전체 응답 인원의 30% 이상이다.

② 법 관련 정보를 얻는 곳이 따로 없다고 응답한 사람의 수는 보수 성향보다 중도 성향에서 더 많다.

③ 중졸 이하 학력의 응답 인원 중 TV / 라디오를 통해 법 관련 정보를 얻는 사람의 수는 500명 이상이다.

④ 재판 관련 경험이 없는 사람들 중 SNS를 이용하여 법 관련 정보를 얻는다고 응답한 사람의 수는 550명 이상이다.

⑤ 신문 / 잡지를 이용해 법 관련 정보를 얻는다고 응답한 사람의 수는 대졸 이상 학력에서 그렇다고 응답한 경우가 중도 성향에서 그렇다고 응답한 경우보다 적다.

17 **다음 자료에 대한 〈보기〉의 설명 중 옳지 않은 것을 모두 고르면?**

보기

ㄱ. 재판 관련 경험이 있다고 응답한 인원 중 법원 인터넷 시스템을 통해 법 관련 정보를 얻는 사람의 수는 200명 이상이다.

ㄴ. 학생 중 포털사이트를 이용해 법 관련 정보를 얻는다고 응답한 사람 수보다 주부 중 SNS를 이용하여 법 관련 정보를 얻는다고 응답한 사람 수가 많다.

ㄷ. 전체 응답 인원 중 포털사이트를 통해 법 관련 정보를 얻는다고 응답한 사람 수는 주위 사람을 통해 법 관련 정보를 얻는다고 응답한 사람 수보다 많다.

① ㄱ

② ㄷ

③ ㄱ, ㄴ

④ ㄱ, ㄷ

⑤ ㄴ, ㄷ

18 다음 보고서의 내용을 보고 그래프로 나타낼 때, 옳지 않은 것은?

〈보고서〉

2020년부터 2024년까지 시도별 등록된 자동차의 제반 사항을 파악하여 교통행정의 기초자료로 쓰기 위해 매년 전국을 대상으로 자동차 등록 통계를 시행하고 있다. 자동차 종류는 승용차, 승합차, 화물차, 특수차이며, 등록할 때 사용 목적에 따라 자가용, 영업용, 관용차로 분류된다. 그중 관용차는 정부(중앙, 지방)기관이나 국립 공공기관 등에 소속되어 운행되는 자동차를 말한다.
자가용으로 등록한 자동차 종류 중에서 매년 승용차의 수가 가장 많았으며, 2020년 16.5백만 대, 2021년 17.1백만 대, 2022년 17.6백만 대, 2023년 18백만 대, 2024년 18.1백만 대로 2021년부터 전년 대비 증가하는 추세이다. 다음으로 화물차가 많았고, 승합차, 특수차 순으로 등록 수가 많았다. 가장 등록 수가 적은 특수차의 경우 2020년에 2만 대였고, 2022년까지 4천 대씩 증가했으며, 2023년 3만 대, 2024년에는 전년 대비 700대가 많아졌다.
관용차로 등록된 승용차 및 화물차 수는 각각 2021년부터 3만 대를 초과했으며, 승합차의 경우 2020년 20,260대, 2021년 21,556대, 2022년 22,540대, 2023년 23,014대, 2024년에 22,954대가 등록되었고, 특수차는 매년 2,500대 이상 등록되고 있는 현황이다.
특수차가 가장 많이 등록되는 영업용에서 2020년 57,277대, 2021년 59,281대로 6만 대 미만이었지만, 2022년에는 60,902대, 2023년 62,554대, 2024년에 62,946대였으며, 승합차는 매년 약 12.5만 대를 유지하고 있다. 승용차와 화물차는 2021년부터 2024년까지 전년 대비 영업용으로 등록되는 자동차 수가 계속 증가하는 추세이다.

① 자가용으로 등록된 연도별 특수차 수

(단위 : 만 대)

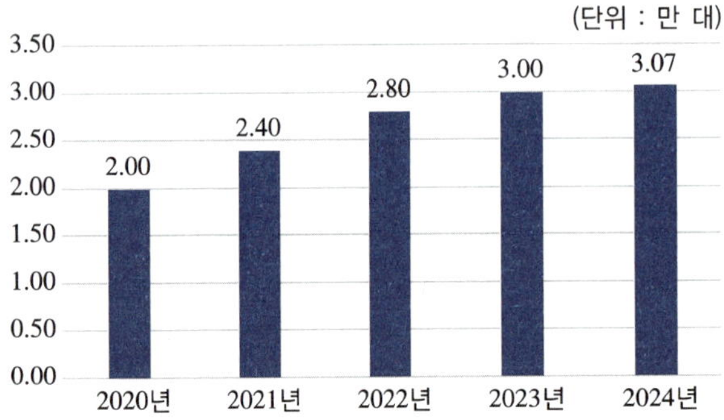

② 자가용으로 등록된 연도별 승용차 수

(단위 : 백만 대)

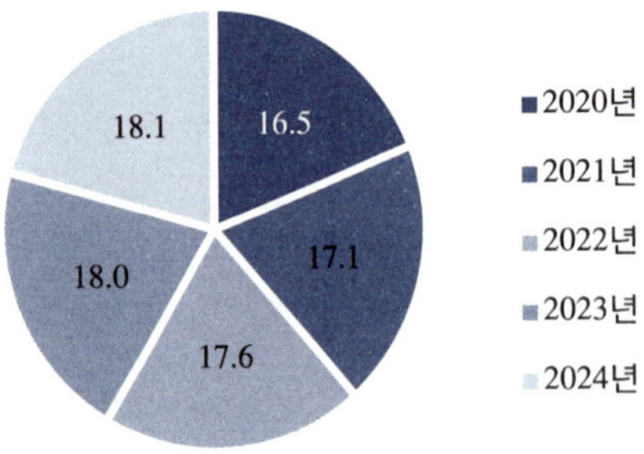

③ 영업용으로 등록된 연도별 특수차 수

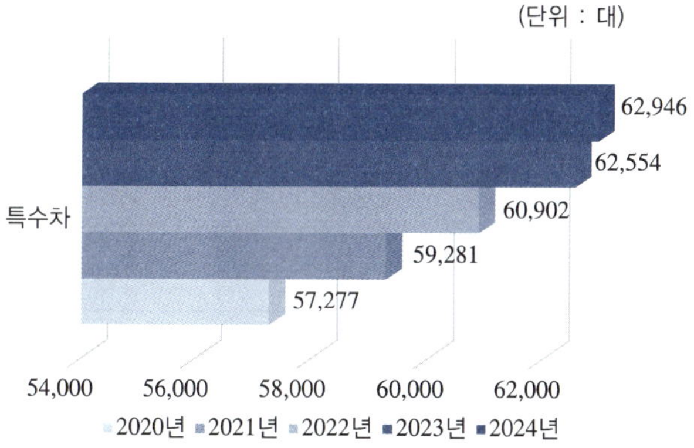

④ 2021 ~ 2024년 영업용으로 등록된 특수차의 전년 대비 증가량

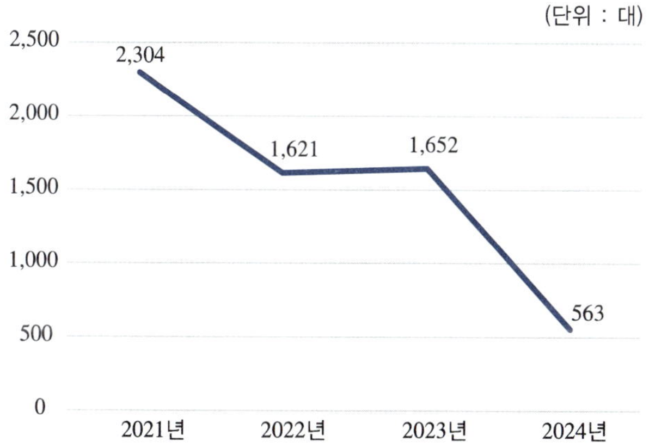

⑤ 관용차로 등록된 연도별 승합차 수

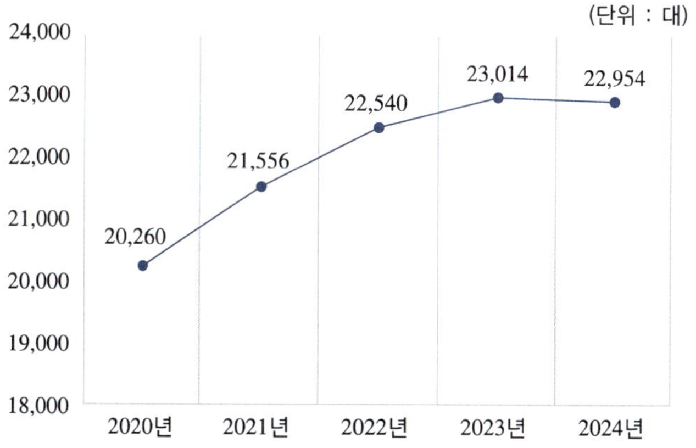

19 S사는 매년 A기계와 B기계를 생산한다. 다음과 같이 일정한 규칙으로 생산할 때, 2025년에 두 기계의 총생산량은?

〈A, B기계 생산대수〉

(단위 : 대)

구분	2015년	2016년	2017년	2018년	2019년	2020년
A기계	20	23	26	29	32	35
B기계	10	11	14	19	26	35

① 130대
② 140대
③ 150대
④ 160대
⑤ 170대

20 어떤 세균표본에 S살균제를 살포하였을 때 잔류 세균의 수가 다음과 같이 일정한 규칙으로 감소하였다. 잔류 세균의 수가 처음으로 100마리 이하가 되는 때는 언제인가?(단, 1시간 단위로 추정한다)

〈시간에 따른 잔류 세균 수 변화〉

(단위 : 마리)

구분	1시간 후	2시간 후	3시간 후	4시간 후	5시간 후
잔류 세균 수	328,050	109,350	36,450	12,150	4,050

① 13시간 후
② 12시간 후
③ 11시간 후
④ 10시간 후
⑤ 9시간 후

| 02 | 추리

※ 제시된 명제가 모두 참일 때, 다음 중 빈칸에 들어갈 명제로 가장 적절한 것을 고르시오. [1~3]

01

전제1. 홍보실은 워크숍에 간다. 전제2. ______________________ 결론. 출장을 가지 않으면 워크숍에 간다.

① 워크숍에 가지 않으면 출장을 가지 않는다.
② 홍보실이 아니면 워크숍에 가지 않는다.
③ 출장을 가면 워크숍에 가지 않는다.
④ 홍보실이 아니면 출장을 간다.
⑤ 출장을 가면 홍보실이 아니다.

02

전제1. 낡은 것을 버려야 새로운 것을 채울 수 있다. 전제2. ______________________ 결론. 새로운 것을 채우지 않는다면 더 많은 세계를 경험할 수 없다.

① 새로운 것을 채운다면 낡은 것을 버릴 수 있다.
② 낡은 것을 버리지 않는다면 새로운 것을 채울 수 없다.
③ 새로운 것을 채운다면 더 많은 세계를 경험할 수 있다.
④ 낡은 것을 버리지 않는다면 더 많은 세계를 경험할 수 없다.
⑤ 더 많은 세계를 경험하지 못한다면 새로운 것을 채울 수 없다.

03

전제1. 탁구를 잘 치는 어떤 사람은 테니스를 잘친다. 전제2. ______________________ 결론. 집중력이 좋은 어떤 사람은 테니스를 잘친다.

① 테니스를 잘치는 어떤 사람은 키가 작다.
② 탁구를 잘 치는 어떤 사람은 집중력이 좋다.
③ 집중력이 좋은 사람은 모두 탁구를 잘 친다.
④ 탁구를 잘 치는 사람은 모두 집중력이 좋다.
⑤ 탁구를 잘 치는 어떤 사람은 테니스를 잘치지 못한다.

04 S그룹 신입사원인 A ~ E는 각각 영업팀, 기획팀, 홍보팀 중 한 곳에 속해있다. 각 팀은 모두 같은 날, 같은 시간에 회의가 있고, S그룹의 회의실은 3층과 5층에 2개씩 있으며 3개의 팀이 모두 한 층에서 회의를 할 수는 없다. A ~ E사원의 진술 중 2명은 참을 말하고 3명은 거짓을 말할 때, 〈보기〉 중 항상 참인 것은?

- A사원 : 기획팀은 3층에서 회의를 한다.
- B사원 : 영업팀은 5층에서 회의를 한다.
- C사원 : 홍보팀은 5층에서 회의를 한다.
- D사원 : 나는 3층에서 회의를 한다.
- E사원 : 나는 3층에서 회의를 하지 않는다.

보기

㉠ 영업팀과 홍보팀이 같은 층에서 회의를 한다면 E사원은 기획팀이다.
㉡ 기획팀이 3층에서 회의를 한다면, D사원과 E사원은 같은 팀일 수 있다.
㉢ 두 팀이 5층에서 회의를 하는 경우가 3층에서 회의를 하는 경우보다 많다.

① ㉠
② ㉡
③ ㉠, ㉢
④ ㉡, ㉢
⑤ ㉠, ㉡, ㉢

05 S사의 7층짜리 기숙사에 A ~ G가 살고 있는데, 각자 좋아하는 스포츠는 축구, 야구, 농구이다. 이들이 기르는 반려동물로는 개, 고양이, 새가 있다고 할 때 다음 〈조건〉에 따라 옳은 것은?

조건

- 한 층에 1명이 산다.
- 이웃한 사람끼리는 서로 다른 스포츠를 좋아하고 다른 반려동물을 기른다.
- G는 맨 위층에 산다.
- 짝수 층 사람들은 축구를 좋아한다.
- B는 유일하게 개를 기르는 사람이다.
- 2층에 사는 사람은 고양이를 키운다.
- E는 농구를 좋아하며, D는 새를 키운다.
- A는 E의 아래층에 살며, B의 위층에 산다.
- 개는 1층에서만 키울 수 있다.

① D는 5층에 산다.
② C와 E는 이웃한다.
③ F는 6층에 살며 고양이를 키운다.
④ G는 야구를 좋아하며 고양이를 키운다.
⑤ 홀수 층에 사는 사람은 모두 새를 키운다.

06 S전자는 신제품으로 총 4대의 가정용 AI 로봇을 선보였다. 각각의 로봇은 전시장에 일렬로 전시되어 있는데 한국어, 중국어, 일본어, 영어 중 1가지만을 사용할 수 있다고 할 때, 다음 〈조건〉에 따라 옳은 것은?

조건

- 1번 로봇은 2번 로봇의 바로 옆에 위치해 있다.
- 4번 로봇은 3번 로봇보다 오른쪽에 있지만, 바로 옆은 아니다.
- 영어를 사용하는 로봇은 중국어를 사용하는 로봇의 바로 오른쪽에 있다.
- 한국어를 사용하는 로봇은 중국어를 사용하는 로봇의 옆이 아니다.
- 일본어를 사용하는 로봇은 가장자리에 있다.
- 3번 로봇은 일본어를 사용하지 않으며, 2번 로봇은 한국어를 사용하지 않는다.

① 1번 로봇은 영어를 사용한다.
② 4번 로봇은 한국어를 사용한다.
③ 3번 로봇이 가장 왼쪽에 위치해 있다.
④ 중국어를 사용하는 로봇은 일본어를 사용하는 로봇의 바로 옆에 위치해 있다.
⑤ 영어를 사용하는 로봇은 한국어를 사용하는 로봇의 오른쪽에 위치해 있다.

07 S사에서는 매주 수요일 오전에 주간 회의가 열린다. 주거복지기획부, 공유재산관리부, 공유재산개발부, 인재관리부, 노사협력부, 산업경제사업부 중 이번 주 주간 회의에 참여할 부서들의 〈조건〉이 다음과 같을 때, 이번 주 주간 회의에 참석할 부서의 최대 수는?

조건

- 주거복지기획부는 반드시 참석해야 한다.
- 공유재산관리부가 참석하면 공유재산개발부도 참석한다.
- 인재관리부가 참석하면 노사협력부는 참석하지 않는다.
- 산업경제사업부가 참석하면 주거복지기획부는 참석하지 않는다.
- 노사협력부와 공유재산관리부 중 한 부서만 참석한다.

① 2개
② 3개
③ 4개
④ 5개
⑤ 6개

08 S필라테스 센터에서 평일에는 바렐, 체어, 리포머의 3가지 수업이 동시에 진행되며, 토요일에는 리포머 수업만 진행된다. 센터회원은 전용 앱을 통해 자신이 원하는 수업을 선택하여 1주일간의 운동 스케줄을 등록할 수 있다. 센터회원인 A씨가 월요일부터 토요일까지 다음 〈조건〉과 같이 운동 스케줄을 등록할 때, 옳지 않은 것은?

조건

- 바렐 수업은 일주일에 1회 참여한다.
- 체어 수업은 일주일에 2회 참여하되, 금요일에 1회 참여한다.
- 리포머 수업은 일주일에 3회 참여한다.
- 동일한 수업은 연달아 참여하지 않는다.
- 월요일부터 토요일까지 하루에 1개의 수업을 듣는다.
- 하루에 1개의 수업만 들을 수 있다.

① 월요일에 리포머 수업을 선택한다면, 화요일에는 체어 수업을 선택할 수 있다.
② 월요일에 체어 수업을 선택한다면, 수요일에는 바렐 수업을 선택할 수 있다.
③ 화요일에 체어 수업을 선택한다면, 수요일에는 바렐 수업을 선택할 수 있다.
④ 화요일에 바렐 수업을 선택한다면, 수요일에는 리포머 수업을 선택할 수 있다.
⑤ 수요일에 리포머 수업을 선택한다면, 목요일에는 바렐 수업을 선택할 수 있다.

09 20대 남녀, 30대 남녀, 40대 남녀 6명이 뮤지컬 관람을 위해 공연장을 찾았다. 다음 〈조건〉을 참고할 때, 항상 옳은 것은?

조건

- 양 끝자리에는 다른 성별이 앉는다.
- 40대 남성은 왼쪽에서 두 번째 자리에 앉는다.
- 30대 남녀는 서로 인접하여 앉지 않는다.
- 30대와 40대는 인접하여 앉지 않는다.
- 30대 남성은 맨 오른쪽 끝자리에 앉는다.

[뮤지컬 관람석]

① 20대 남녀는 서로 인접하여 앉는다.
② 40대 남녀는 서로 인접하여 앉지 않는다.
③ 20대 남성은 40대 여성과 인접하여 앉는다.
④ 30대 남성은 20대 여성과 인접하여 앉지 않는다.
⑤ 20대 남녀는 왼쪽에서 첫 번째 자리에 앉을 수 없다.

10 A～E 5명 중 단 1명만 거짓을 말하고 있을 때, 다음 중 범인은?

- A : C가 범인입니다.
- B : A는 거짓말을 하고 있습니다.
- C : B가 거짓말을 하고 있습니다.
- D : 저는 범인이 아닙니다.
- E : A가 범인입니다.

① A, B
② A, C
③ B, C
④ C, D
⑤ D, E

11 다음 〈조건〉에 따라 감염병관리위원회를 구성할 때, 항상 참인 것은?

국가 감염병 확산에 따라 감염병의 예방 및 관리에 관한 법률 시행령을 일부 개정하여 감염병관리위원회를 신설하고자 한다. 감염병관리위원회는 관련 위원장 총 4명으로 구성할 예정이며, 위원회 후보는 감염대책위원장 1명, 백신수급위원장 1명, 생활방역위원장 4명, 위생관리위원장 2명이다.

조건
- 감염대책위원장이 뽑히면 백신수급위원장은 뽑히지 않는다.
- 감염대책위원장이 뽑히면 위생관리위원장은 2명이 모두 뽑힌다.
- 백신수급위원장과 생활방역위원장은 합쳐서 4명 이상이 뽑히지 않는다.

① 감염대책위원장이 뽑히면 백신수급위원장도 뽑힌다.
② 생활방역위원장이 뽑히면 위생관리위원장도 뽑힌다.
③ 백신수급위원장이 뽑히면 위생관리위원장은 1명이 뽑힌다.
④ 백신수급위원장이 뽑히면 생활방역위원장은 1명이 뽑힌다.
⑤ 감염대책위원장이 뽑히면 생활방역위원장은 2명이 뽑힌다.

12 S사 기획팀은 신입사원 입사로 인해 자리 배치를 바꾸려고 한다. 다음 자리 배치표와 〈조건〉을 참고하여 자리를 배치하였을 때, 배치된 자리와 직원이 바르게 연결된 것은?

〈자리 배치표〉

출입문				
1 – 신입사원	2	3	4	5
6	7	8 – A사원	9	10

• 기획팀 팀원 : A사원, B부장, C대리, D과장, E차장, F대리, G과장

조건

• B부장은 출입문과 가장 먼 자리에 앉는다.
• C대리와 D과장은 마주보고 앉는다.
• E차장은 B부장과 마주보거나 B부장의 옆자리에 앉는다.
• C대리는 A사원 옆자리에 앉는다.
• E차장 옆자리에는 아무도 앉지 않는다.
• F대리와 마주보는 자리에는 아무도 앉지 않는다.
• D과장과 G과장은 옆자리 또는 마주보고 앉지 않는다.
• 빈자리는 2자리이며 옆자리 또는 마주보는 자리이다.

① 2 – G과장
② 3 – B부장
③ 5 – E차장
④ 6 – F대리
⑤ 9 – C대리

13 정희, 철수, 순이, 영희는 다음 〈조건〉에 따라 영어, 불어, 독어, 일어를 배운다. 이때 반드시 참인 것은?

조건

- 4명은 각각 최소 1가지 언어에서 최대 3가지 언어를 배운다.
- 1명만 영어를 배운다.
- 2명만 불어를 배운다.
- 독어를 배우는 사람은 최소 2명이다.
- 일어를 배우는 사람은 모두 3명이다.
- 정희나 철수가 배우는 어떤 언어도 순이는 배우지 않는다.
- 순이가 배우는 어떤 언어도 영희는 배우지 않는다.
- 정희가 배우는 언어는 모두 영희도 배운다.
- 영희가 배우는 언어 중에 정희가 배우지만 철수는 배우지 않는 언어가 있다.

① 순이는 일어를 배운다.
② 철수는 불어를 배운다.
③ 순이는 영어, 불어를 배운다.
④ 영희는 불어, 독어, 일어를 배운다.
⑤ 정희는 영어, 불어, 독어를 배운다.

14 장애인 인식 개선 교육을 받은 직원들은 월~금요일 중 하루를 택하여 2인 1조로 자원봉사를 가기로 하였다. 제시된 〈조건〉에 따라 자원봉사를 갈 때, 다음 중 금요일에 자원봉사를 가는 사람은?

조건

- A는 월요일에만 자원봉사를 갈 수 있다.
- B는 월요일과 수요일에 자원봉사를 갈 수 있다.
- B는 C와 반드시 같이 가야 한다.
- F는 G와 반드시 같이 가야 한다.
- D는 A와 같이 갈 수 없다.
- D와 G는 화요일에 중요한 회의가 있다.
- E는 목요일에만 자원봉사를 갈 수 있다.
- F와 H는 목요일에 중요한 회의가 있다.
- I와 J는 요일에 상관없이 자원봉사를 갈 수 있다.

① A, D
② B, E
③ D, E
④ F, G
⑤ H, I

※ 다음 도형의 규칙을 보고 물음표에 들어갈 도형으로 알맞은 것을 고르시오. [15~17]

15

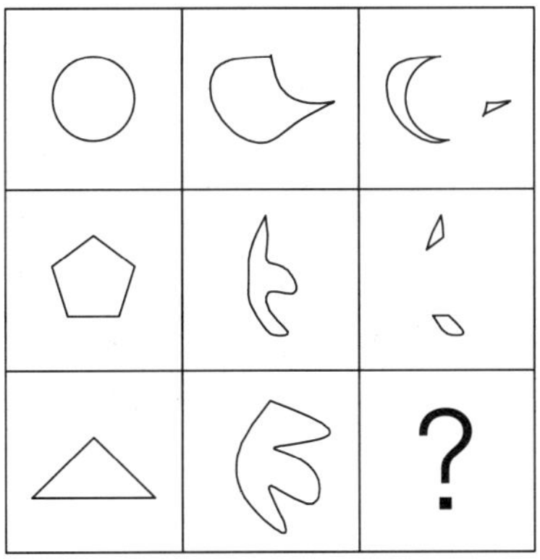

① 

② 

③ 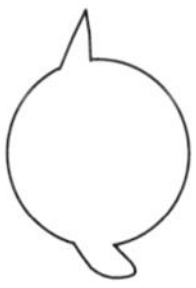

④ 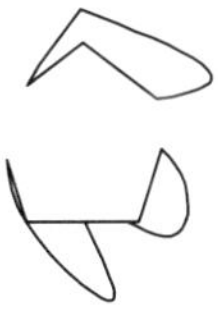

⑤ 

16

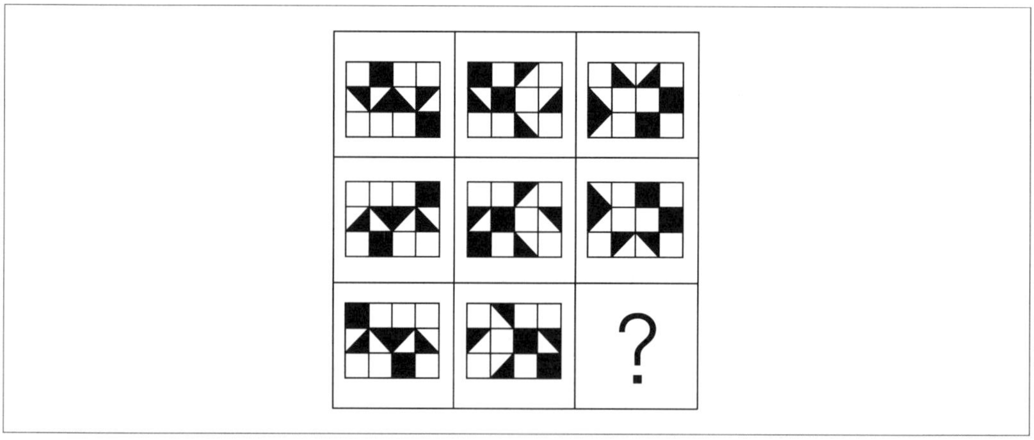

① 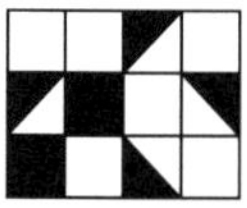

② 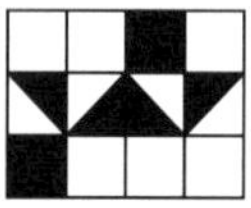

③ 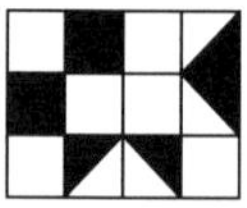

④ 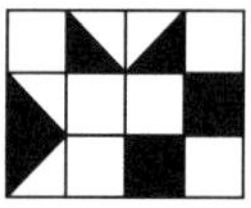

⑤ 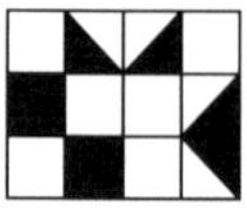

17

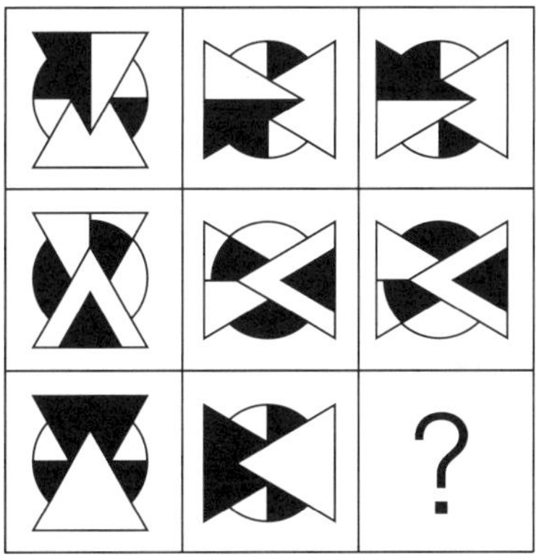

① 

② 

③ 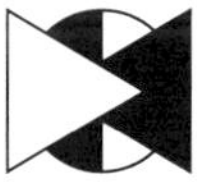

④ 

⑤ 

※ 다음 도식에서 기호들은 일정한 규칙에 따라 문자를 변화시킨다. 물음표에 들어갈 문자로 알맞은 것을 고르시오(단, 규칙은 가로와 세로 중 한 방향으로만 적용된다). **[18~21]**

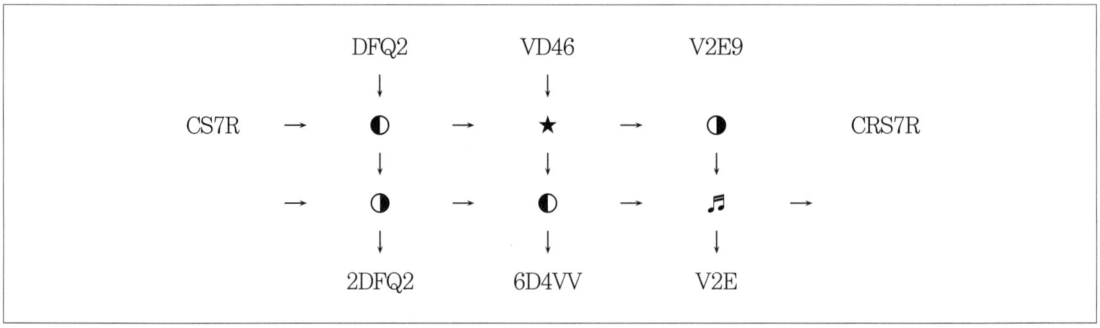

18

VWD → ★ → ?

① DWV
② DVW
③ VDW
④ WDV
⑤ WVD

19

KH7 → ◐ → ◑ → ?

① HK77
② K7HH
③ 7KH7
④ KH77
⑤ 7K7H

20

E62G → ★ → ♬ → ?

① E6G
② 62E
③ G6E
④ EG2
⑤ G26

21

WHB → ◑ → ♬ → ◐ → ?

① HHW
② BWW
③ HWB
④ WBH
⑤ WHH

※ 다음 문단을 논리적 순서대로 바르게 나열한 것을 고르시오. [22~23]

22

(가) 그런데 예술 작품 중에서는 우리의 감각으로 파악하기에 적합한 크기와 형식에서 벗어난 거대한 건축물이나 추상적인 작품이 있다. 이러한 경우에도 우리는 아름다움을 느끼게 되는데, 그 이유는 무엇일까?
(나) 우리가 한두 가지 단조로운 색으로 칠해진 거대한 추상화에서 모호하고도 경이로운 존재의 신비를 느꼈다면, 그것은 비감각적 차원에서 유사성을 지각함으로써 정신적 합일을 통한 아름다움을 느낀 것이다.
(다) 이는 예술 작품에서 표현된 것은 색채나 형태 그 자체가 아니라 그것을 넘어서 있는 어떤 정신적인 것일 경우가 많기 때문이다. 이러한 정신적인 것을 우리의 감각에 적합한 형식으로 나타낼 수 없기 때문에 작가는 내용을 암시만 하는 정도로 색채나 형태와 같은 감각적 매체를 사용할 수밖에 없다.
(라) 아름다운 것이란 일반적으로 적절한 크기와 형식을 가질 때 성립한다. 어떤 대상이 우리의 감각으로 파악하기에 적합한 크기와 형식을 벗어날 때 우리는 아름다움이나 조화보다는 불편함을 느끼게 된다.

① (가) – (라) – (다) – (나)
② (나) – (가) – (다) – (라)
③ (나) – (다) – (가) – (라)
④ (라) – (가) – (다) – (나)
⑤ (라) – (다) – (가) – (나)

23

(가) 정책 수단 선택의 사례로 환율과 관련된 경제 현상을 살펴보자. 외국 통화에 대한 자국 통화의 교환 비율을 의미하는 환율은 장기적으로 한 국가의 생산성과 물가 등 기초경제 여건을 반영하는 수준으로 수렴된다.
(나) 이처럼 환율이나 주가 등 경제 변수가 단기에 지나치게 상승 또는 하락하는 현상을 오버슈팅(Over Shooting)이라고 한다.
(다) 이러한 오버슈팅은 물가 경직성 또는 금융시장변동에 따른 불안 심리 등에 의해 촉발되는 것으로 알려져 있다. 여기서 물가 경직성은 시장에서 가격이 조정되기 어려운 정도를 의미한다.
(라) 그러나 단기적으로 환율은 이와 괴리되어 움직이는 경우가 있다. 만약 환율이 예상과는 다른 방향으로 움직이거나 또는 비록 예상과 같은 방향으로 움직이더라도 변동 폭이 예상보다 크게 나타날 경우 경제 주체들은 과도한 위험에 노출될 수 있다.

① (가) – (나) – (다) – (라)
② (가) – (다) – (나) – (라)
③ (가) – (라) – (나) – (다)
④ (나) – (다) – (라) – (가)
⑤ (나) – (라) – (다) – (가)

24 다음 글의 내용이 참일 때 항상 거짓인 것은?

길을 걷고, 한강을 달리고, 손을 흔들고, 책장을 넘기는 이와 같은 인체의 작은 움직임(주파수 2 ~ 5Hz)도 스마트폰이나 웨어러블(안경, 시계, 의복 등과 같이 신체에 작용하는 제품) 기기들의 전기 에너지원으로 사용될 수 있다. 이러한 인체의 움직임처럼 버려지는 운동에너지로부터 전기를 생산하는 기술을 '에너지 하베스팅(Harvesting, 수확)'이라 한다.
최근 과학기술의 발전과 더불어 피트니스·헬스케어 모니터링 같은 다기능 휴대용·웨어러블 스마트 전자기기가 일상생활에서 많이 사용되고 있다. 동시에 사물인터넷(IoT)의 발달로 센서의 사용 또한 크게 늘고 있다. 이러한 스마트 전자기기 및 센서들은 소형, 경량, 이동성 및 내구성을 갖춘 전원공급원이 반드시 필요하다. 교체 및 충전식 전기화학 배터리는 전원공급에는 탁월하지만 수명이 짧다. 또한 재충전 및 교체가 어렵다. 나아가 배터리 폐기로 인한 환경오염을 유발한다는 단점도 있다. 그러나 인체 움직임과 같은 작은 진동에너지 기반의 친환경 에너지 하베스팅 기술은 스마트폰 및 웨어러블 스마트기기를 위한 지속 가능한 반영구적 전원으로서 활용될 수 있다.
진동은 우리의 일상생활에 존재하며 버려지는 가장 풍부한 기계적 움직임 중 하나다. 진동은 여러 유형과 넓은 범위의 주파수 및 진폭을 가지고 있다. 기계적 진동원은 움직이는 인체, 자동차, 진동 구조물, 물이나 공기의 흐름에 의한 진동 등 모두를 포함한다. 따라서 진동에너지를 효율적으로 수확하고 이를 전기에너지로 변환하기 위해서는 에너지 하베스팅 소자를 진동의 특성에 맞도록 설계해 제작해야 한다. 기계적 진동에너지 수집은 몇 가지 변환 메커니즘에 의해 이루어진다. 가장 활발하게 연구가 이루어지고 있는 진동 기반 에너지 하베스팅 기술에는 압전기력, 전자기력, 마찰전기 에너지 등이 활용된다. 압전기력 기반은 압전효과를 이용하여 기계적 진동에너지를 전기 에너지로 변환하는 기술이다. 압전 소재와 기타 적절한 기판을 사용하여 제작되며, 높은 출력전압을 발생시키지만 발생된 전류는 상대적으로 낮다. 전자기력 기반은 코일과 자석 사이의 상대적 움직임으로부터 얻어지는 기전력(패러데이의 유도 법칙)을 이용하여 전기를 생산하는 기술이다. 낮은 주파수의 기계적 에너지를 전기에너지로 변환하는 매우 효율적인 방법이다. 마찰전기 기반은 맥스웰의 변위전류를 이용하여 전기를 생산하는 기술이다. 저주파 진동 범위에서 높은 출력전압을 수확하는 데 매우 효율적이다.

① 물이나 공기의 흐름 역시 진동원의 하나가 될 수 있다.
② 디지털 기술이 발달함에 따라 센서의 사용은 감소하는 추세이다.
③ 3Hz의 소량의 주파수도 전자기기의 에너지원으로 사용될 수 있다.
④ 전기를 충전해야 하는 배터리 기술은 사용기간이 짧다는 단점을 가지고 있다.
⑤ 패러데이의 유도 법칙을 이용하면 낮은 주파수의 에너지를 효율적으로 사용할 수 있다.

25 다음 글의 내용이 참일 때 항상 참인 것은?

> 방사성 오염물질은 크기가 초미세먼지(2.5마이크로미터)의 1만 분의 1 정도로 작은 원자들이다. 제논-125처럼 독립된 원자 상태로 존재하는 경우도 있지만, 대부분은 다른 원소들과 화학적으로 결합한 분자 상태로 존재한다. 전기적으로 중성인 경우도 있고, 양전하나 음전하를 가진 이온의 상태로 존재하기도 한다. 기체 상태로 공기 중에 날아다니기도 하고, 물에 녹아있기도 하고, 단단한 고체에 섞여있는 경우도 있다.
> 후쿠시마 원전 사고 부지에서 흘러나오는 '오염수'도 마찬가지다. 후쿠시마 원전 오염수는 2011년 3월 동일본 대지진으로 발생한 쓰나미(지진해일)로 파괴되어 땅속에 묻혀있는 원자로 3기의 노심(연료봉)에서 녹아나온 200여 종의 방사성 핵종이 들어있는 지하수다. 당초 섭씨 1,000도 이상으로 뜨거웠던 노심은 시간이 지나면서 천천히 차갑게 식어있는 상태가 되었다. 사고 직후에는 하루 470t씩 흘러나오던 오염수도 이제는 하루 140t으로 줄어들었다. 단단한 합금 상태의 노심에서 녹아나오는 방사성 핵종의 양도 시간이 지나면서 점점 줄어들고 있다. 현재 후쿠시마 사고 현장의 탱크에는 125만t의 오염수가 수거되어 있다.
> 일본은 처리수를 충분히 희석시켜서 삼중수소의 농도가 방류 허용 기준보다 훨씬 낮은 리터당 1,500베크렐로 저감시킬 계획이다. 125만t의 오염수를 400배로 희석시켜서 5억t으로 묽힌 후에 30년에 걸쳐서 느린 속도로 방류하겠다는 것이다. 파괴된 노심을 완전히 제거하는 2051년까지 흘러나오는 오염수도 같은 방법으로 정화・희석 시켜서 방류한다는 것이 일본의 계획이다.
> 희석을 시키더라도 시간이 지나면 방사성 오염물질이 다시 모여들 수 있다는 주장은 엔트로피 증가의 법칙을 무시한 억지다. 물에 떨어뜨린 잉크는 시간이 지나면 균일하게 묽어진다. 묽어진 잉크는 아무리 시간이 지나도 다시 모여들어서 진해지지 않는다. 태평양으로 방류한 삼중수소도 마찬가지다. 시간이 지나면 태평양 전체로 퍼져버리게 된다. 태평양 전체에 퍼져버린 삼중수소가 방출하는 모든 방사선에 노출되는 일은 현실적으로 불가능하다.

① 방사성 오염물질은 초미세먼지와 비슷한 크기이다.
② 방사성 오염물질은 보통 독립된 원자 상태로 존재한다.
③ 방사성 물질이 이온 상태로 존재하는 경우는 거의 없다.
④ 대지진 당시 노심은 섭씨 1,000도까지 올랐다가 바로 차갑게 식었다.
⑤ 오염수를 희석시켜 방류하면 일정 시간 후 다시 오염물질이 모여들 걱정을 하지 않아도 된다.

26 다음 글의 주제로 가장 적절한 것은?

최근에 사이버공동체를 중심으로 한 시민의 자발적 정치참여 현상이 많은 관심을 끌고 있다. 이러한 현상과 관련하여 A의 연구가 새삼 주목받고 있다. A의 연구에 따르면 공동체의 구성원이 됨으로써 얻게 되는 '사회적자본'이 시민사회의 성숙과 민주주의 발전을 가져오는 원동력이다. A의 이론에서는 공동체에 대한 자발적 참여를 통해 사회구성원 간의 상호 의무감과 신뢰, 구성원들이 공유하는 규칙과 관행, 사회적 유대관계와 같은 사회적자본이 늘어나면, 사회구성원 간의 협조적인 행위가 가능하게 된다고 보았다. 더 나아가 A는 자원봉사자와 같이 공동체 참여도가 높은 사람이 투표할 가능성이 높고 정부 정책에 대한 의견 개진도 활발해지는 등 정치참여도가 높아진다고 주장하였다.
몇몇 학자들은 A의 이론을 적용하여 면대면 접촉에 따른 인간관계의 산물인 사회적자본이 사이버공동체에서도 충분히 형성될 수 있다고 보았다. 그리고 사이버공동체에서 사회적자본의 증가는 곧 정치참여도 활성화시킬 것으로 기대했다. 하지만 이러한 기대와는 달리 정치참여가 활성화되지 않았다. 요즘 젊은이들을 보면 각종 사이버공동체에 자발적으로 참여하는 수준은 높지만 투표나 다른 정치활동에는 무관심하거나 심지어 정치를 혐오하기도 한다. 이런 측면에서 A의 주장은 사이버공동체가 활성화된 오늘날에는 잘 맞지 않는다.
이러한 이유 때문에 오늘날 사이버공동체를 중심으로 한 정치참여를 더 잘 이해하기 위해서 '정치적자본' 개념의 도입이 필요하다. 정치적자본은 사회적자본의 구성요소와는 달리 정치정보의 습득과 이용, 정치적토론과 대화, 정치적 효능감 등으로 구성된다. 정치적자본은 사회적자본과 마찬가지로 공동체 참여를 통해서 획득되지만, 정치과정에의 관여를 촉진한다는 점에서 사회적자본과는 구분될 필요가 있다. 사회적자본만으로 정치참여를 기대하기 어렵고, 사회적자본과 정치참여 사이를 정치적자본이 매개할 때 비로소 정치참여가 활성화된다.

① 사이버공동체를 통해 축적된 사회적자본에 정치적자본이 더해질 때 정치참여가 활성화된다.
② 사회적자본은 정치적자본을 포함하기 때문에 그 자체로 정치참여의 활성화를 가져온다.
③ 사회적자본이 많은 사회는 정치참여가 활발하기 때문에 민주주의가 실현된다.
④ 사이버공동체의 특수성으로 인해 시민들의 정치참여가 어렵게 되었다.
⑤ 사이버공동체에의 자발적 참여 증가는 정치참여를 활성화시킨다.

27 다음 글의 주장에 대한 반박으로 적절하지 않은 것은?

> 문화재 관리에서 중요한 개념이 복원과 보존이다. 복원은 훼손된 문화재를 원래대로 다시 만드는 것을, 보존은 더 이상 훼손되지 않도록 잘 간수하는 것을 의미한다. 이와 관련하여 훼손된 탑의 관리에 대한 논의가 한창이다.
>
> 나는 복원보다는 보존이 다음과 같은 근거에서 더 적절하다고 생각한다. 우선 탑을 보존하면 탑에 담긴 역사적 의미를 온전하게 전달할 수 있어 진정한 역사교육이 가능하다. 탑은 백성들의 평화로운 삶을 기원하기 위해 만들어졌고, 이후 역사의 흐름 속에서 전란을 겪으며 훼손된 흔적들이 더해져 지금 모습으로 남아 있다. 그런데 탑을 복원하면 이런 역사적 의미들이 사라져 그 의미를 온전하게 전달할 수 없다.
>
> 다음으로 정확한 자료가 없이 탑을 복원하면 이는 결국 탑을 훼손하는 것이 될 수밖에 없다. 따라서 원래의 재료를 활용하지 못하고 과거의 건축 과정에 충실하게 탑을 복원하지 못하면 탑의 옛 모습을 온전하게 되살리는 것은 불가능하므로 탑을 보존하는 것이 더 바람직하다.
>
> 마지막으로 탑을 보존하면 탑과 주변 공간의 조화가 유지된다. 전문가에 따르면 탑은 주변 산수는 물론 절 내부 건축물들과의 조화를 고려하여 세워졌다고 한다. 이런 점을 무시하고 탑을 복원한다면 탑과 기존공간의 조화가 사라지기 때문에 보존하는 것이 적절하다.
>
> 따라서 탑은 보존하는 것이 복원하는 것보다 더 적절하다고 생각한다. 건축 문화재의 경우 복원보다는 보존을 중시하는 국제적인 흐름을 고려했을 때도, 탑이 더 훼손되지 않도록 지금의 모습을 유지하고 관리하는 것이 문화재로서의 가치를 지키고 계승할 수 있는 바람직한 방법이라고 생각한다.

① 탑을 복원하는 비용보다 보존하는 비용이 더 많이 든다.
② 탑을 복원하더라도 탑에 담긴 역사적 의미는 사라지지 않는다.
③ 주변 공간과의 조화를 유지하는 방법으로 탑을 복원할 수 있다.
④ 탑 복원에 필요한 자료를 충분히 수집하여 탑을 복원하면 탑의 옛 모습을 되살릴 수 있다.
⑤ 탑을 복원하면 형태가 훼손된 탑에서는 느낄 수 없었던 탑의 형태적 아름다움을 느낄 수 있다.

28 **다음 글을 읽고 추론한 내용으로 적절하지 않은 것은?**

공장 굴뚝에서 방출된 연기나 자동차의 배기가스 등 대기오염물질은 기상이나 지형 조건에 의해 다른 지역으로 이동, 확산되거나 한 지역에 농축된다. 대기권 중 가장 아래층인 대류권 안에서 기온의 일반적인 연직 분포는 위쪽이 차갑고 아래쪽이 따뜻한 불안정한 상태를 보인다. 이러한 상황에서 따뜻한 공기는 위로, 차가운 공기는 아래로 이동하는 대류운동이 일어나게 되고, 이 대류 운동에 의해 대기오염물질이 대류권에 확산된다. 반면, 아래쪽이 차갑고 위쪽이 따뜻한 경우에는 공기층이 매우 안정되기 때문에 대류 운동이 일어나지 않는다. 이와 같이 대류권의 정상적인 기온 분포와 다른 현상을 '기온역전현상'이라 하며 이로 인해 형성된 공기층을 역전층이라 한다. 기온역전현상은 일교차가 큰 계절이나, 지표가 눈으로 덮이는 겨울, 호수나 댐 주변 등에서 많이 발생한다. 또한 역전층 상황에서는 지표의 기온이 낮기 때문에 공기 중의 수증기가 응결하여 안개가 형성되는데, 여기에 오염물질이 많이 포함되어 있으면 스모그가 된다. 안개는 해가 뜨면 태양의 복사열로 지표가 데워지면서 곧 사라지지만, 스모그는 오염물질이 포함되어 있어 오래 지속되기도 한다.

① 겨울철 방바닥에 난방을 하면 실내에서도 대류현상이 일어날 것이다.
② 대류권에서 역전층 현상이 발생했다면 위로 상승할수록 기온이 낮아질 것이다.
③ 해가 뜨면 안개가 사라지는 이유는 태양의 열로 인해 공기층이 불안정해지기 때문일 것이다.
④ 다른 조건이 동일한 상태에서 같은 부피라면 따뜻한 공기가 차가운 공기에 비해 가벼울 것이다.
⑤ 대기 중 오염 물질의 농도가 같다면 스모그 현상은 공기층이 매우 안정된 상태에서 잘 발생할 것이다.

29 다음 글을 읽고 4D 프린팅으로 구현할 수 있는 제품으로 가장 적절한 것을 고르면?

> 3D 프린팅을 넘어 4D 프린팅이 차세대 블루오션 기술로 주목받고 있다. 스스로 크기와 모양을 바꾸는 등 이제껏 없던 전혀 새로운 방식의 제품 설계가 가능하기 때문이다. 4D 프린팅은 3D 프린팅에 '시간'이라는 한 차원(Dimension)을 추가한 개념으로, 시간의 경과, 온도의 변화 등 특정 상황에 놓일 경우 4D 프린팅 출력물의 외형과 성질이 변한다. 변화의 비결은 자가 변형이 가능한 '스마트 소재'의 사용에 있는데, 가열하면 본래 형태로 돌아오는 '형상기억합금'이 대표적인 스마트 소재이다.
>
> 4D 프린팅은 외부 환경의 변화에 따라 형태를 바꾸는 것은 물론 별다른 동력 없이도 움직일 수 있어 활용 가능성이 넓다. 이는 4D 프린팅이 3D 프린팅의 '크기' 한계를 넘었기 때문이다. 현재 3D 프린팅으로 건물을 찍어내기 위해서는 건물과 같은 크기의 3D 프린터가 있어야 하지만 4D 프린팅은 그렇지 않다. 소형으로 압축 출력한 스마트 소재가 시간이 지나면서 건물 한 동 크기로 쑥쑥 자라날 수 있는 것이다. 즉, 자동차가 로봇으로 변하는 '트랜스포머' 로봇도 4D 프린팅으로 구현이 가능하다.
>
> 패션·디자인·의료·인프라 등 다양한 분야에서 혁신 제품들을 하나둘 선보이고 있다. 미국 디자인 업체 '너브스시스템'이 4D 프린팅으로 옷·장신구·장식품 등을 제작하는 '키네마틱스 프로젝트' 기획도 그중 하나다. 2016년 너브스시스템은 3D 프린팅으로 만든 드레스와 그 제작 과정을 선보였는데, 프린터에서 출력될 때는 평면이었던 드레스가 시간이 지나면서 입체적인 형태를 이루었다.
>
> 색깔이 변하는 4D 프린팅은 디자인뿐만 아니라 국민 안전 차원에서도 유용할 것으로 보인다. 한 연구원은 "미세먼지, 방사선 노출 등 국민 생활안전 이슈가 점차 중요해지면서 색상 변환 4D 프린팅이 유망할 것으로 본다. 일상이나 작업 환경에 배치한 4D 소재가 오염 정도에 따라 자극을 일으켜 위험 신호를 주는 형태로 활용 가능할 것"이라고 분석했다.
>
> 하지만 3D 프린팅 시장도 제대로 형성되지 않은 현시점에서 4D 프린팅 상용화를 논하기에는 아직 갈 길이 멀다. 워낙 역사 자체가 짧기 때문이다. 시장조사 전문기관의 평가도 이와 다르지 않다. 2016년 발표한 '3D 프린팅 사이클'에서 4D 프린팅은 아직 '기술 태동 단계(Innovation Trigger)'에 불과하다고 전망했다. 연구개발을 이제 막 시작하는 수준이라는 이야기이다.

① 쿠키 반죽을 원료로 활용해 구운 쿠키

② 프린터 내부 금형에 액체 섬유 용액을 부어 만든 옷

③ 사용자 얼굴의 형태에 맞춘 세상에 단 하나뿐인 주문형 안경

④ 열에 반응하는 소재를 사용하여 뜨거운 물에 닿으면 닫히고, 열이 식으면 열리는 수도 밸브

⑤ 줄기세포와 뼈 형성 단백질 등을 재료로 사용하여 혈관조직을 내·외부로 분포시킨 뼈 조직

30 다음 글을 토대로 〈보기〉를 바르게 해석한 것은?

알고리즘은 컴퓨터에서 문제 해결 방법을 논리적인 순서로 설명하거나 표현하는 절차이다. 그런데 문제 해결 방법에는 여러 가지가 있을 수 있어 어떤 방법으로 문제를 해결하느냐에 따라 효율성이 달라진다. 알고리즘의 효율성을 분석할 때 흔히 시간복잡도를 사용하는데, 시간복잡도는 반복적으로 수행되는 연산의 횟수를 이용하여 나타낸다. 이때 연산에는 산술 연산뿐만 아니라 원소 간의 비교를 나타내는 비교 연산도 포함된다. 알고리즘 분야 중 정렬은 원소들을 오름차순이나 내림차순과 같이 특정한 순서에 따라 배열하는 것으로, 정렬을 통해 특정 원소를 탐색하는 데 소요되는 시간을 줄일 수 있다.

삽입정렬은 정렬된 부분에 정렬할 원소의 위치를 찾아 삽입하는 방식이다. 집합 {564, 527, 89, 72, 34, 6, 3, 0}의 원소를 오름차순으로 정렬하는 경우, 먼저 564를 정렬된 부분으로 가정하고 그다음 원소인 527을 564와 비교하여 527을 564의 앞으로 삽입한다. 그리고 그다음 원소인 89를 정렬된 부분인 {527, 564} 중 564와 비교하여 564의 앞으로 삽입하고, 다시 527과 비교하여 527의 앞으로 삽입한다. 정렬된 부분과 정렬할 원소를 비교하여, 삽입할 필요가 없다면 순서를 그대로 유지한다. 삽입정렬은 원소들을 비교하여 삽입하는 과정이 반복되므로 비교 연산의 횟수를 구하여 28번(1+2+3+4+5+6+7)의 시간복잡도를 나타낼 수 있다.

한편 기수정렬은 원소들의 각 자릿수의 숫자를 확인하여 각 자릿수에 해당하는 큐에 넣는 방식이다. 큐는 먼저 넣은 자료를 먼저 내보내는 자료구조이다. 원소들의 각 자릿수의 숫자를 확인하기 위해서는 나머지를 구하는 모듈로(Modulo) 연산을 수행한다. 집합 {564, 527, 89, 72, 34, 6, 3, 0}의 원소를 오름차순으로 정렬할 때 기수 정렬을 사용하는 경우, 먼저 모듈로 연산으로 일의 자릿수의 숫자를 확인하여 564를 큐4에, 527을 큐7에, 89를 큐9에, 72를 큐2에, 34를 큐4에, 6을 큐6에, 3을 큐3에, 0을 큐0에 넣는다. 이렇게 1차 정렬된 원소들을 다시 모듈로 연산으로 십의 자릿수의 숫자를 확인하여 차례대로 해당하는 큐에 넣어 2차 정렬한다. 이때 해당하는 자릿수가 없다면 자릿수의 숫자를 0으로 간주하여 정렬한다.

기수 정렬은 원소들 중 자릿수가 가장 큰 원소의 자릿수만큼 원소들의 자릿수의 숫자를 확인하는 과정이 반복되므로 모듈로 연산의 횟수를 구하여 24번(8+8+8)의 시간복잡도를 나타낼 수 있다.

보기

A씨는 삽입정렬 또는 기수정렬을 사용하여 집합 {564, 527, 89, 72, 0}의 원소를 오름차순으로 정렬하고자 한다.

① A씨는 삽입정렬보다 기수정렬을 사용하는 것이 더 효율적이다.
② A씨가 삽입정렬을 사용하여 정렬하면 시간복잡도는 8번이 된다.
③ A씨가 기수정렬을 사용하여 정렬하면 시간복잡도는 12번이 된다.
④ A씨가 두 가지 정렬 중 하나를 선택하여 정렬하더라도 시간복잡도는 서로 동일하다.
⑤ A씨가 두 가지 정렬 중 하나를 선택하여 정렬하더라도 시간복잡도는 모두 10번 이상이 된다.

2일 차
기출응용 모의고사

〈문항 수 및 시험시간〉

삼성 온라인 GSAT		
영역	문항 수	시험시간
수리	20문항	30분
추리	30문항	30분

삼성 온라인 GSAT

2일 차 기출응용 모의고사

문항 수 : 50문항
시험시간 : 60분

| 01 | 수리

01 A～I 9명이 2명, 3명, 4명씩 나누어 앉을 수 있는 경우의 수는?

① 1,240가지
② 1,260가지
③ 1,280가지
④ 1,300가지
⑤ 1,320가지

02 S사는 제품 a, b에 대한 상품성을 조사하기 위해 임의로 400명을 선정하여 선호도 조사를 하였다. 응답률은 25%였고 복수 응답이 가능했다. 제품 a를 선호하는 사람은 41명, 제품 b를 선호하는 사람은 57명으로 집계되었다. 제품 a, b 둘 다 선호하지 않는 사람은 제품 a, b 둘 다 선호하는 사람의 두 배보다 3명이 적을 때, 제품 a, b 둘 다 선호하지 않는 사람은 몇 명인가?

① 5명
② 6명
③ 7명
④ 8명
⑤ 9명

03 다음은 남자 고등학생을 대상으로 신장을 조사한 것이다. 신장이 170cm 미만인 학생 수가 전체의 40%일 때, (가)에 들어갈 수는?

신장(cm)	학생 수(명)
155 이상 ~ 160 미만	2
160 ~ 165	8
165 ~ 170	(가)
170 ~ 175	44
175 ~ 180	17
180 ~ 185	10
185 ~ 190	1
합계	(나)

① 34
② 38
③ 42
④ 46
⑤ 50

04 다음은 자영업 종사자를 대상으로 실시한 업종 전환 의향에 대한 설문조사 결과를 정리한 자료이다. 이에 대한 설명으로 옳은 것은?

〈업종 전환 의향 및 전환 이유에 대한 설문조사 결과〉

(단위 : %)

구분		전환 의향		전환 이유					
		있음	없음	영업 이익 감소	동일 업종 내 경쟁 심화	권리금 수취	구인의 어려움	외식 산업 내 경쟁 심화	제도적 규제
전체		2.1	97.9	56.3	21.1	0.7	2.3	15.1	4.5
운영 형태별	프랜차이즈	1.3	98.7	45.1	20.2	6.0	10.6	13.1	5.0
	비(非)프랜차이즈	2.3	97.7	57.9	21.2	–	1.1	15.3	4.5
매출액 규모별	5천만 원 미만	7.4	92.6	54.9	36.1	–	–	3.8	5.2
	5천만 원 이상 1억 원 미만	3.3	96.7	56.0	19.2	–	–	22.8	2.0
	1억 원 이상 5억 원 미만	1.2	98.8	57.4	12.0	2.1	6.5	14.7	7.3
	5억 원 이상	0.8	99.2	61.4	28.4	–	6.3	3.9	–

① 프랜차이즈 형태로 운영하는 경우, 그렇지 않은 경우보다 업종 전환 의향에 대한 긍정적 응답 비율이 높다.
② 비(非)프랜차이즈 형태로 운영하는 경우, 업종 전환의 가장 큰 이유는 외식 산업 내 경쟁 심화이다.
③ 매출액 규모가 클수록 업종 전환 이유에 대해 영업이익 감소라고 응답한 비율이 높다.
④ 매출액이 5억 원 이상인 경우, 업종 전환의 가장 큰 이유는 제도적 규제이다.
⑤ 구인난은 매출액 규모와 관계없이 업종 전환에 대한 이유가 될 수 있다.

05 다음은 제54회 전국기능경기대회 지역별 결과에 대한 자료이다. 이에 대한 설명으로 옳은 것은?

〈제54회 전국기능경기대회 지역별 결과〉

(단위 : 개)

상 / 지역	금메달	은메달	동메달	최우수상	우수상	장려상
합계(점)	3,200	2,170	900	1,640	780	1,120
서울	2	5		10		
부산	9		11	3	4	
대구	2					16
인천			1	2	15	
울산	3				7	18
대전	7		3	8		
제주		10				
경기도	13	1				22
경상도	4	8		12		
충청도		7		6		

※ 합계는 전체 참가지역의 각 메달 및 상의 점수합계임

① 메달 및 상을 가장 많이 획득한 지역은 경상도이다.

② 울산 지역에서 획득한 메달 및 상의 총점은 800점이다.

③ 전국기능경기대회 결과표에서 메달 및 상 중 동메달 개수가 가장 많다.

④ 메달 1개당 점수는 금메달은 80점, 은메달은 70점, 동메달은 60점이다.

⑤ 장려상을 획득한 지역 중 금・은・동메달 총 개수가 가장 적은 지역은 대전이다.

06 다음은 시도별 인구변동 현황에 대한 자료이다. 이에 대한 〈보기〉의 설명 중 옳은 것을 모두 고르면?

〈시도별 인구변동 현황〉

(단위 : 천 명)

구분	2018년	2019년	2020년	2021년	2022년	2023년	2024년
전국	49,582	49,782	49,990	50,269	50,540	50,773	51,515
서울	10,173	10,167	10,181	10,193	10,201	10,208	10,312
부산	3,666	3,638	3,612	3,587	3,565	3,543	3,568
대구	2,525	2,511	2,496	2,493	2,491	2,489	2,512
인천	2,579	2,600	2,624	2,665	2,693	2,710	2,758
광주	1,401	1,402	1,408	1,413	1,423	1,433	1,455
대전	1,443	1,455	1,466	1,476	1,481	1,484	1,504
울산	1,081	1,088	1,092	1,100	1,112	1,114	1,126
경기	10,463	10,697	10,906	11,106	11,292	11,460	11,787

보기

ㄱ. 서울 인구와 경기 인구의 차이는 2018년에 비해 2024년에 더 커졌다.
ㄴ. 2018년과 비교했을 때, 2024년 인구가 감소한 지역은 부산뿐이다.
ㄷ. 전년 대비 증가한 인구수를 비교했을 때, 광주는 2024년에 가장 많이 증가하였다.
ㄹ. 대구는 2020년부터 전년 대비 인구가 꾸준히 감소하였다.

① ㄱ, ㄴ
② ㄱ, ㄷ
③ ㄴ, ㄷ
④ ㄷ, ㄹ
⑤ ㄱ, ㄴ, ㄹ

07 다음은 대형마트 이용자를 대상으로 소비자 만족도를 조사한 자료이다. 이에 대한 설명으로 옳은 것은?

〈대형마트 업체별 소비자 만족도〉

(단위 : 점 / 5점 만점)

구분	종합만족도	서비스 품질					서비스 쇼핑 체험
		쇼핑 체험 편리성	상품 경쟁력	매장환경 / 시설	고객접점 직원	고객관리	
A마트	3.72	3.97	3.83	3.94	3.70	3.64	3.48
B마트	3.53	3.84	3.54	3.72	3.57	3.58	3.37
C마트	3.64	3.96	3.73	3.87	3.63	3.66	3.45
D마트	3.51	3.77	3.75	3.44	3.61	3.42	3.30

〈대형마트 인터넷 / 모바일쇼핑 소비자 만족도〉

(단위 : 점 / 5점 만점)

분야별 이용 만족도	이용률	A마트	B마트	C마트	D마트
인터넷쇼핑	65.4%	3.88	3.80	3.88	3.64
모바일쇼핑	34.6%	3.95	3.83	3.91	3.69

① 인터넷쇼핑과 모바일쇼핑의 소비자 만족도가 가장 큰 차이를 보이는 곳은 D마트이다.

② 종합만족도는 5점 만점에 평균 3.5점이며, 업체별로는 A마트가 가장 높고, C마트, B마트 순서로 나타났다.

③ 대형마트 인터넷쇼핑 이용률이 65.4%로 모바일쇼핑에 비해 높으나, 만족도에서는 모바일쇼핑이 평균 0.1점 더 높게 평가되었다.

④ 대형마트를 이용하면서 느낀 감정이나 기분을 반영한 서비스 쇼핑 체험 부문의 만족도는 평균 3.4점으로 서비스 품질 부문들보다 낮았다.

⑤ 서비스 품질 부문에 있어 대형마트는 평균적으로 쇼핑 체험 편리성에 대한 만족도가 상대적으로 가장 높게 평가되었으며, 반대로 고객접점직원 서비스가 가장 낮게 평가되었다.

08 다음은 2024년 8월부터 2025년 1월까지의 산업별 월간 국내카드 승인액에 대한 자료이다. 이에 대한 〈보기〉의 설명 중 옳은 것을 모두 고르면?

〈산업별 월간 국내카드 승인액〉

(단위 : 억 원)

구분	2024년 8월	2024년 9월	2024년 10월	2024년 11월	2024년 12월	2025년 1월
도매 및 소매업	3,115	3,245	3,267	3,250	3,390	3,240
운수업	160	145	165	150	140	160
숙박 및 음식점업	1,107	1,020	1,060	1,050	1,160	1,035
사업시설관리 및 사업지원 서비스업	40	42	43	42	47	48
교육 서비스업	127	104	110	120	150	123
보건 및 사회복지 서비스업	375	340	385	387	403	423
예술, 스포츠 및 여가 관련 서비스업	106	113	120	105	90	80
협회 및 단체, 수리 및 기타 개인 서비스업	163	153	167	165	170	163

보기

ㄱ. 교육 서비스업의 2025년 1월 국내카드 승인액의 전월 대비 감소율은 20% 이상이다.

ㄴ. 2024년 11월 운수업과 숙박 및 음식점업의 국내카드 승인액의 합은 도매 및 소매업의 국내카드 승인액의 40% 미만이다.

ㄷ. 2024년 10월부터 2025년 1월까지 사업시설관리 및 사업지원 서비스업과 예술, 스포츠 및 여가 관련 서비스업 국내카드 승인액의 전월 대비 증감 추이는 같다.

ㄹ. 2024년 9월 협회 및 단체, 수리 및 기타 개인 서비스업의 국내카드 승인액은 보건 및 사회복지 서비스업 국내카드 승인액의 40% 이상이다.

① ㄱ, ㄴ
② ㄱ, ㄷ
③ ㄴ, ㄷ
④ ㄴ, ㄹ
⑤ ㄷ, ㄹ

09 S사원은 사내의 복지 증진과 관련하여 임직원을 대상으로 휴게실 확충에 대한 의견을 수렴하였다. 의견 수렴 결과가 다음과 같을 때, 이에 대한 설명으로 옳지 않은 것은?

〈휴게실 확충에 대한 본부별 · 성별 찬반 의견〉

(단위 : 명)

구분	A본부		B본부	
	여성	남성	여성	남성
찬성	180	156	120	96
반대	20	44	80	104
합계	200	200	200	200

① 남성의 60% 이상이 휴게실 확충에 찬성하고 있다.

② A본부 여성의 찬성 비율이 B본부 여성보다 1.5배 높다.

③ A본부에 휴게실이 확충될지 B본부에 휴게실이 확충될지 확정할 수 없다.

④ B본부 전체 인원 중 여성의 찬성률이 B본부 남성의 찬성률보다 1.2배 이상 높다.

⑤ A, B본부 전체 인원에서 찬성하는 사람의 수는 전체 성별 차이가 본부별 차이보다 크다.

10 다음은 S사의 지역별 지점 수 증감에 대한 자료이다. 2021년에 지점 수가 두 번째로 많은 지역의 지점 수는 몇 개인가?

〈지역별 지점 수 증감〉

(단위 : 개)

구분	2021년 대비 2022년 증감 수	2022년 대비 2023년 증감 수	2023년 대비 2024년 증감 수	2024년 지점 수
서울	2	2	−2	17
경기	2	1	−2	14
인천	−1	2	−5	10
부산	−2	−4	3	10

① 10개

② 12개

③ 14개

④ 16개

⑤ 18개

11 다음은 2024년 공무원 징계 현황에 대한 자료이다. 이에 대한 〈보기〉의 설명 중 옳지 않은 것을 모두 고르면?

〈공무원 징계 현황〉

(단위 : 건)

징계 사유	경징계	중징계
A	3	25
B	174	48
C	170	53
D	160	40
기타	6	5

보기

ㄱ. 경징계 총 건수는 중징계 총 건수의 3배이다.
ㄴ. 전체 징계 건수 중 경징계 총 건수의 비율은 70% 미만이다.
ㄷ. 징계 사유 D로 인한 징계 건수 중 중징계의 비율은 20% 미만이다.
ㄹ. 전체 징계 사유 중 징계의 비율이 가장 높은 것은 C이다.

① ㄱ, ㄴ
② ㄱ, ㄷ
③ ㄴ, ㄷ
④ ㄴ, ㄹ
⑤ ㄷ, ㄹ

12 다음은 주요 곡물별 수급 현황에 대한 자료이다. 이에 대한 설명으로 옳지 않은 것은?

〈주요 곡물별 수급 현황〉

(단위 : 백만 톤)

구분		2022년	2023년	2024년
소맥	생산량	695	650	750
	소비량	697	680	735
옥수수	생산량	885	865	950
	소비량	880	860	912
대두	생산량	240	245	260
	소비량	237	240	247

① 전체적으로 2024년에 생산과 소비가 가장 활발하였다.
② 2024년 생산량 대비 소비량의 비중이 가장 낮았던 곡물은 대두이다.
③ 2022년부터 2024년까지 대두의 생산량과 소비량이 지속적으로 증가하였다.
④ 2023년에 옥수수는 다른 곡물에 비해 전년 대비 소비량의 변화가 가장 작았다.
⑤ 2022년 전체 곡물 생산량과 2024년 전체 곡물 생산량의 차이는 140백만 톤이다.

13 다음은 지난 10년간 우리나라 일부 품목의 소비자 물가지수에 대한 그래프이다. 이에 대한 설명으로 옳지 않은 것은?

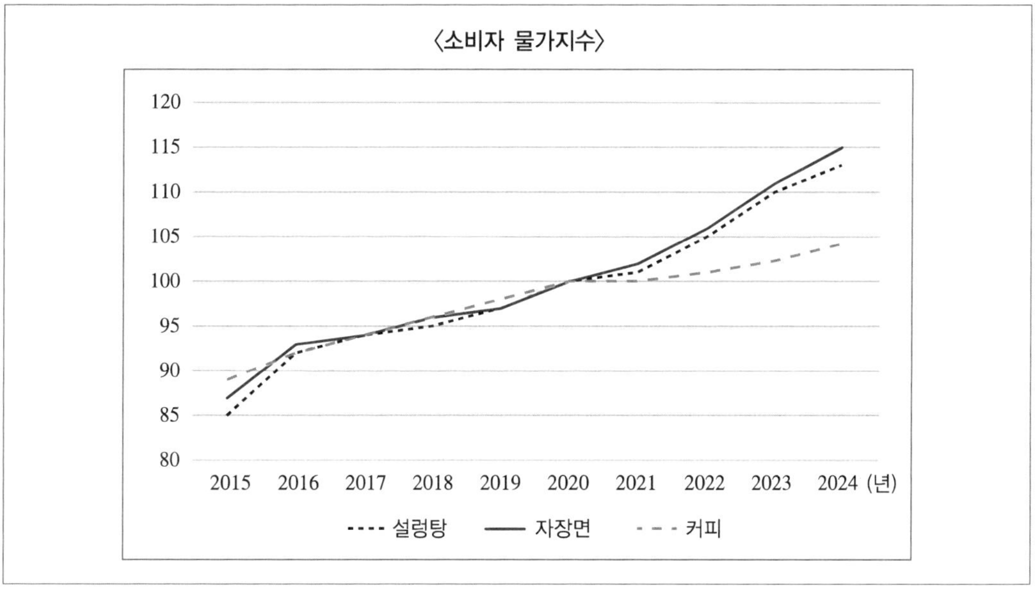

① 2024년 현재 가장 비싼 품목은 자장면이다.

② 설렁탕은 2015년부터 2020년까지 가장 많이 오른 음식이다.

③ 자장면 가격은 2020년 대비 최근까지 가장 많이 오른 음식이다.

④ 2020년 대비 2024년은 자장면 – 설렁탕 – 커피 순으로 가격이 올랐다.

⑤ 제시한 모든 품목의 소비자 물가지수는 2020년 물가를 100으로 하여 등락률을 산정했다.

※ 다음은 국내기업 7개의 정부지원금 현황에 대한 자료이다. 이어지는 질문에 답하시오. **[14~15]**

〈2024년 국내기업 7개 정부지원금 현황〉

(단위 : 만 원)

구분	정부지원금
B기업	48,200
C기업	52,040
D기업	87,190
E기업	79,250
F기업	42,703
G기업	88,740
H기업	56,820

〈2023년 국내기업 7개 정부지원금 현황〉

(단위 : 만 원)

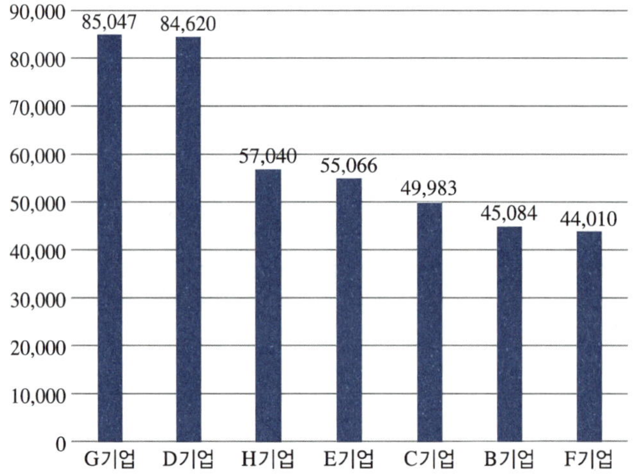

〈2022년 국내기업 5개 정부지원금 현황〉

(단위 : 만 원)

구분	정부지원금
1위	83,045
2위	82,084
3위	58,031
4위	52,053
5위	52,019

14 다음 자료에 대한 〈보기〉의 설명 중 옳은 것을 모두 고르면?

보기

ㄱ. 2023년과 2024년 정부지원금이 동일한 기업은 5개이다.
ㄴ. 정부지원금을 2022년에 G기업이 가장 많이 받았다면 G기업은 3년 연속 1위이다.
ㄷ. 2024년에 정부지원금이 전년 대비 줄어든 기업은 2개이다.
ㄹ. 2024년 상위 7개 기업의 총 정부지원금은 전년 대비 30,000만 원 이상 증가하였다.

① ㄱ, ㄴ
② ㄴ, ㄷ
③ ㄴ, ㄹ
④ ㄱ, ㄴ, ㄷ
⑤ ㄴ, ㄷ, ㄹ

15 다음 〈조건〉을 참고하여 2021년 정부지원금을 기준으로 1위부터 5위 기업을 차례대로 나열한 것은?

조건

- 2023년을 기준으로 1위와 2위가 바뀌었다.
- E기업은 매년 한 순위씩 상승했다.
- 2022년부터 3년간 5위 안에 드는 기업은 동일하다.
- H기업은 2023년까지 매년 3위를 유지하다가 2024년 한 순위 떨어졌다.

① G－D－H－E－C
② G－D－E－H－C
③ D－G－H－C－E
④ D－G－H－E－C
⑤ D－G－E－H－C

※ 다음은 지역별 학생 1인당 월 평균 용돈을 조사한 자료이다. 이어지는 질문에 답하시오. **[16~17]**

〈지역별 학생 1인당 월 평균 용돈〉

(단위 : 원)

구분	초등학생	중학생	고등학생
서울	80,000	180,000	280,000
경기	100,000	160,000	320,000
인천	76,000	156,000	300,000
대전	56,000	120,000	184,000
대구	68,000	128,000	288,000
광주	48,000	116,000	160,000
부산	72,000	140,000	240,000
울산	60,000	120,000	260,000
합계	560,000	1,120,000	2,032,000

16 다음 자료에 대한 〈보기〉의 설명 중 옳은 것을 모두 고르면?

보기

ㄱ. 학생 1인당 월 평균 용돈이 가장 많은 지역은 초·중·고등학생 모두 동일하다.
ㄴ. 중학생 전체의 학생 1인당 월 평균 용돈은 초등학생 전체의 1인당 월 평균 용돈의 2배이다.
ㄷ. 고등학생의 중학생 대비 학생 1인당 월 평균 용돈 증가율은 경기가 대구보다 크다.

① ㄱ
② ㄴ
③ ㄷ
④ ㄱ, ㄴ
⑤ ㄴ, ㄷ

17 다음 중 위 자료에 대한 설명으로 옳지 않은 것은?

① 초등학생, 중학생, 고등학생 모두 서울의 학생 1인당 월 평균 용돈이 울산보다 많다.
② 학생 1인당 월 평균 용돈이 가장 적은 지역은 초등학생, 중학생, 고등학생 모두 광주이다.
③ 초등학생 대비 중학생의 학생 1인당 월 평균 용돈 증가율은 경기가 울산보다 40%p 더 낮다.
④ 1인당 월평균 용돈이 가장 많은 금액과 가장 적은 금액의 차이는 고등학생이 중학생의 2.5배이다.
⑤ 초등학생, 중학생, 고등학생 각각의 전체 1인당 평균 용돈보다 초등학생, 중학생, 고등학생 지역별 1인당 월 평균 용돈이 낮은 지역은 초등학생, 중학생, 고등학생 각각 모두 4곳이 있다.

18 다음은 2020년부터 2024년까지 연도별 동물찻길 사고건수에 대한 자료이다. 이를 그래프로 나타낼 때, 옳지 않은 것은?

〈연도별 동물찻길 사고〉

(단위 : 건)

구분	1월	2월	3월	4월	5월	6월	7월	8월	9월	10월	11월	12월
2020년	94	55	67	224	588	389	142	112	82	156	148	190
2021년	85	55	62	161	475	353	110	80	74	131	149	149
2022년	78	37	61	161	363	273	123	67	69	95	137	165
2023년	57	43	69	151	376	287	148	63	70	135	86	76
2024년	60	40	44	112	332	217	103	66	51	79	79	104

※ 1분기(1 ~ 3월), 2분기(4 ~ 6월), 3분기(7 ~ 9월), 4분기(10 ~ 12월)

① 1 ~ 6월 5개년 합(건)

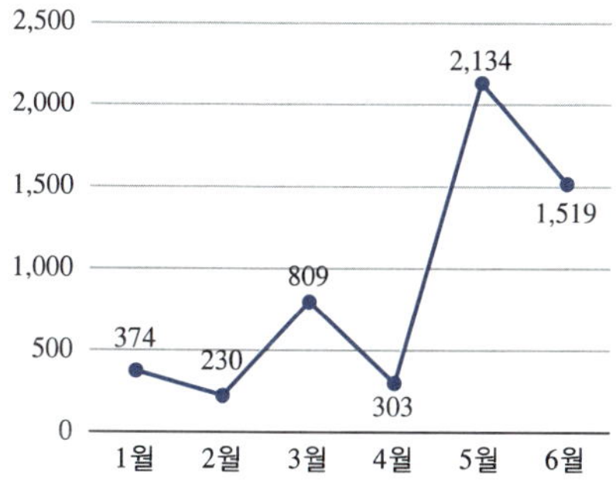

② 7 ~ 12월 5개년 합(건)

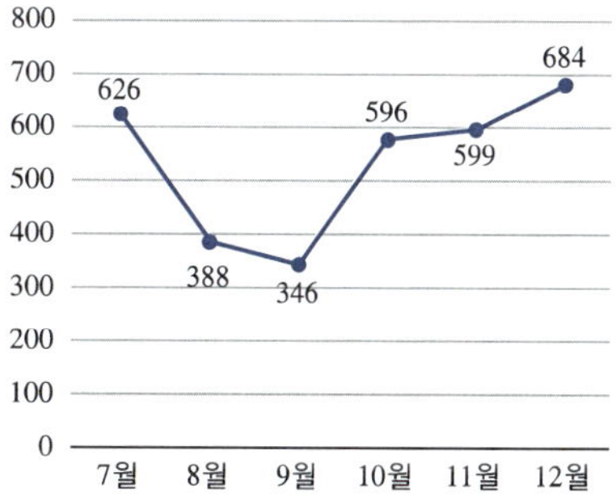

③ 연도별 건수 합(건)

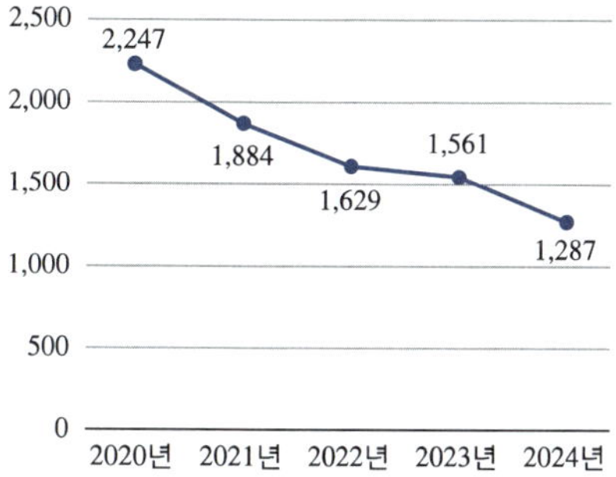

④ 연도별 1분기 합(건)

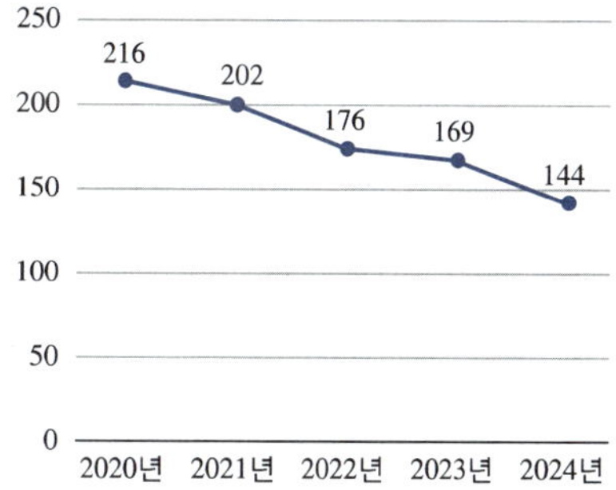

⑤ 연도별 3분기 합(건)

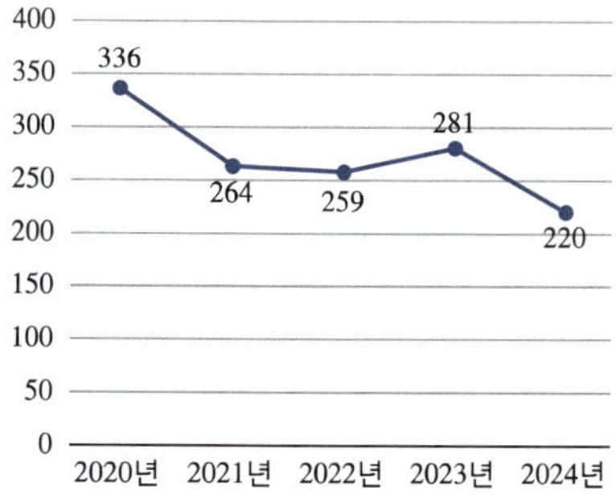

19 어떤 하수도에 사는 미생물의 개체 수가 다음과 같이 일정한 규칙을 보일 때, 7주 후 미생물의 개체 수는?

〈미생물의 개체 수 변화〉

(단위 : 마리)

구분	1주 후	2주 후	3주 후	4주 후
미생물 개체 수	2	120	7,200	432,000

① 9.3312×10^{11}마리
② 4.6656×10^{11}마리
③ 9.3312×10^{10}마리
④ 4.6656×10^{10}마리
⑤ 9.3312×10^{9}마리

20 어느 광산에서 1년간 채굴하는 A광물의 양이 다음과 같이 일정한 규칙으로 감소할 때, A광물의 채굴량이 처음으로 10ton 미만이 되는 해는?

〈연도별 A광물 채굴량〉

(단위 : ton)

구분	2020년	2021년	2022년	2023년	2024년
채굴량	49	45	41	37	33

① 2030년
② 2031년
③ 2032년
④ 2033년
⑤ 2034년

| 02 | 추리

※ 제시된 명제가 모두 참일 때, 다음 중 빈칸에 들어갈 명제로 가장 적절한 것을 고르시오. [1~3]

01

전제1. 허리에 통증이 심하면 나쁜 자세로 공부했다는 것이다. 전제2. 공부를 오래 하면 성적이 올라간다. 전제3. ____________________ 결론. 성적이 떨어졌다는 것은 나쁜 자세로 공부했다는 것이다.

① 성적이 떨어졌다는 것은 공부를 별로 하지 않았다는 증거이다.
② 성적이 올라갔다는 것은 좋은 자세로 공부했다는 것이다.
③ 좋은 자세로 공부한다고 해도 허리의 통증은 그대로이다.
④ 좋은 자세로 공부한다고 해도 공부를 오래 하긴 힘들다.
⑤ 허리에 통증이 약하면 공부를 오래 할 수 있다.

02

전제1. 선생님에게 혼나지 않은 사람은 모두 떠들지 않은 것이다. 전제2. ____________________ 결론. 벌을 서지 않은 사람은 모두 떠들지 않은 것이다.

① 선생님은 떠들지 않는다.
② 벌을 선 사람은 모두 떠든 것이다.
③ 떠든 사람은 모두 벌을 서지 않는다.
④ 떠든 사람은 모두 선생님에게 혼이 난다.
⑤ 선생님에게 혼이 난 사람은 모두 벌을 선다.

03

전제1. A프로젝트에 참여하는 모든 사람은 B프로젝트에 참여한다. 전제2. ____________________ 결론. B프로젝트에 참여하는 어떤 사람은 C프로젝트에 참여한다.

① B프로젝트에 참여하지 않는 모든 사람은 C프로젝트에 참여하지 않는다.
② A프로젝트에 참여하는 모든 사람은 C프로젝트에 참여하지 않는다.
③ A프로젝트에 참여하지 않는 어떤 사람은 C프로젝트에 참여한다.
④ B프로젝트에 참여하는 어떤 사람은 A프로젝트에 참여한다.
⑤ A프로젝트에 참여하는 어떤 사람은 C프로젝트에 참여한다.

04 **주차장에 이부장, 박과장, 김대리 세 사람의 차가 나란히 주차되어 있는데, 순서는 알 수 없다. 다음 중 한 사람의 말이 거짓이라고 할 때, 주차장에 주차된 순서로 옳은 것은?**

- 이부장 : 내 옆에는 박과장 차가 세워져 있더군.
- 박과장 : 제 옆에 김대리 차가 있는 걸 봤어요.
- 김대리 : 이부장님 차가 가장 왼쪽에 있어요.
- 이부장 : 김대리 차는 가장 오른쪽에 주차되어 있던데.
- 박과장 : 저는 이부장님 차 옆에 주차하지 않았어요.

① 김대리 – 이부장 – 박과장
② 박과장 – 김대리 – 이부장
③ 박과장 – 이부장 – 김대리
④ 이부장 – 박과장 – 김대리
⑤ 이부장 – 김대리 – 박과장

05 **S사 영업부 직원들은 사무실 자리 배치를 〈조건〉에 따라 바꾸기로 했다. 다음 중 변경한 사무실 자리 배치에 대한 설명으로 옳지 않은 것은?**

〈사무실 자리 배치표〉

부장	A	B	성대리	C	D
	E	김사원	F	이사원	G

조건

- 같은 직급은 옆자리에 배정하지 않는다.
- 사원 옆자리와 앞자리는 비어있을 수 없다.
- 부장은 동쪽을 바라보며 앉고 부장의 앞자리에는 상무 또는 부장이 앉는다.
- 부장을 제외한 직원들은 마주보고 앉는다.
- S사 영업부 직원은 부장, 사원 2명(김사원, 이사원), 대리 2명(성대리, 한대리), 상무 1명(오상무), 차장 1명(최차장), 과장 2명(김과장, 박과장)이다.

① A와 D는 빈자리이다.
② 차장 앞자리에 빈자리가 있다.
③ F와 G에 김과장과 박과장이 앉는다.
④ C에 최차장이 앉으면 E에는 오상무가 앉는다.
⑤ B와 C에 오상무와 박과장이 앉으면 F에는 한대리가 앉을 수 있다.

06 다음 명제가 모두 참일 때 추론할 수 있는 것은?

- S사의 냉장고 A/S 기간은 세탁기 A/S 기간보다 길다.
- 에어컨의 A/S 기간은 냉장고의 A/S 기간보다 길다.
- 컴퓨터의 A/S 기간은 3년으로 세탁기의 A/S 기간보다 짧다.

① 세탁기의 A/S 기간은 3년 이하이다.
② 세탁기의 A/S 기간이 가장 짧다.
③ 컴퓨터의 A/S 기간이 가장 짧다.
④ 냉장고의 A/S 기간이 가장 길다.
⑤ 세탁기의 A/S 기간은 에어컨의 A/S 기간보다 길다.

07 S사에 근무 중인 A ~ E는 사내 교육프로그램 일정에 따라 요일별로 하나의 프로그램에 참가한다. 제시된 〈조건〉이 모두 참일 때, 다음 중 항상 참인 것은?

월	화	수	목	금
필수1	필수2	선택1	선택2	선택3

조건

- A는 선택 프로그램에 참가한다.
- C는 필수 프로그램에 참가한다.
- D는 C보다 나중에 프로그램에 참가한다.
- E는 A보다 나중에 프로그램에 참가한다.

① D는 반드시 필수 프로그램에 참가한다.
② B가 필수 프로그램에 참가하면 C는 화요일 프로그램에 참가한다.
③ C가 화요일 프로그램에 참가하면 E는 선택2 프로그램에 참가한다.
④ A가 목요일 프로그램에 참가하면 E는 선택3 프로그램에 참가한다.
⑤ E는 반드시 목요일 프로그램에 참가한다.

08 **영업팀의 A ~ E사원은 출장으로 인해 S호텔에 투숙하게 되었다. S호텔은 5층 건물로 A ~ E사원이 서로 다른 층에 묵는다고 할 때, 다음 중 옳은 것은?**

- A사원은 2층에 묵는다.
- B사원은 A사원보다 높은 층에 묵지만, C사원보다는 낮은 층에 묵는다.
- D사원은 C사원 바로 아래층에 묵는다.

① E사원은 1층에 묵는다.

② B사원은 4층에 묵는다.

③ E사원은 가장 높은 층에 묵는다.

④ 가장 높은 층에 묵는 사람은 알 수 없다.

⑤ C사원은 D사원보다 높은 층에 묵지만, E사원보다는 낮은 층에 묵는다.

09 **S사의 A ~ F팀은 월요일부터 토요일까지 하루에 2팀씩 함께 회의를 진행한다. 다음 〈조건〉을 참고할 때, 반드시 참인 것은?(단, 월요일부터 토요일까지 각 팀의 회의 진행 횟수는 서로 같다)**

조건

- 오늘은 목요일이고 A팀과 F팀이 함께 회의를 진행했다.
- B팀은 A팀과 연이은 요일에 회의를 진행하지 않는다.
- B팀은 오늘을 포함하여 이번 주에는 더 이상 회의를 진행하지 않는다.
- C팀은 월요일에 회의를 진행했다.
- D팀과 C팀은 이번 주에 B팀과 한 번씩 회의를 진행한다.
- A팀과 F팀은 이번 주에 이틀을 연이어 함께 회의를 진행한다.

① E팀은 수요일과 토요일 하루 중에만 회의를 진행한다.

② 화요일에 회의를 진행한 팀은 B팀과 E팀이다.

③ C팀과 E팀은 함께 회의를 진행하지 않는다.

④ C팀은 월요일과 수요일에 회의를 진행했다.

⑤ F팀은 목요일과 금요일에 회의를 진행한다.

10 A～E 중 1명이 테이블 위에 놓여있던 사탕을 먹었다. 이들 중 1명의 진술만 거짓일 때, 거짓을 말하는 사람은?

- A : D의 말은 거짓이다.
- B : A가 사탕을 먹었다.
- C : D의 말은 사실이다.
- D : B는 사탕을 먹지 않았다.
- E : D는 사탕을 먹지 않았다.

① A
② B
③ C
④ D
⑤ E

11 S사의 기획부서에는 사원 A～D와 대리 E～G가 소속되어 있으며, 이들 중 4명이 해외 진출 사업을 진행하기 위해 베트남으로 출장을 갈 예정이다. 다음 〈조건〉을 따를 때, 항상 참인 것은?

조건
- 사원 중 적어도 한 사람은 출장을 간다.
- 대리 중 적어도 한 사람은 출장을 가지 않는다.
- A사원과 B사원 중 적어도 한 사람이 출장을 가면, D사원은 출장을 간다.
- C사원이 출장을 가면, E대리와 F대리는 출장을 가지 않는다.
- D사원이 출장을 가면, G대리도 출장을 간다.
- G대리가 출장을 가면, E대리도 출장을 간다.

① A사원은 출장을 간다.
② B사원은 출장을 간다.
③ C사원은 출장을 가지 않는다.
④ D사원은 출장을 가지 않는다.
⑤ G사원은 출장을 가지 않는다.

12 S사는 R사업을 시행함에 따라 A ~ F업체 중 3곳을 시공업체로 선정하고자 한다. 제시된 〈조건〉을 바탕으로 B업체가 선정되지 않았다고 할 때, 다음 중 시공업체로 선정될 수 있는 업체를 모두 고르면?

조건

- A업체가 선정되면, B업체도 선정된다.
- A업체가 선정되지 않으면, D업체가 선정된다.
- B업체가 선정되지 않으면, C업체가 선정된다.
- E업체가 선정되면, D업체는 선정되지 않는다.
- D업체나 E업체가 선정되면, F업체도 선정된다.

① A, C, D업체
② A, C, F업체
③ C, D, F업체
④ C, E, F업체
⑤ D, E, F업체

13 콩쥐, 팥쥐, 향단, 춘향 네 사람은 함께 마을 잔치에 참석하기로 했다. 족두리, 치마, 고무신을 빨간색, 파란색, 노란색, 검은색 색깔별로 총 12개의 물품을 공동으로 구입하여, 제시된 〈조건〉에 따라 각자 다른 색의 족두리, 치마, 고무신을 하나씩 빠짐없이 착용하기로 했다. 예를 들어, 어떤 사람이 빨간색 족두리, 파란색 치마를 착용한다면, 고무신은 노란색 또는 검은색으로 착용해야 할 때, 다음 중 항상 참인 것은?

조건

- 선호하는 것을 배정받고, 싫어하는 것은 배정받지 않는다.
- 콩쥐는 빨간색 치마를 선호하고, 파란색 고무신을 싫어한다.
- 팥쥐는 노란색을 싫어하고, 검은색 고무신을 선호한다.
- 향단이는 검은색 치마를 싫어한다.
- 춘향이는 빨간색을 싫어한다.

① 콩쥐는 검은색 족두리를 착용한다.
② 팥쥐는 노란색 족두리를 착용한다.
③ 향단이는 파란색 고무신을 착용한다.
④ 춘향이는 검은색 치마를 착용한다.
⑤ 빨간색 고무신을 착용하는 사람은 파란색 족두리를 착용한다.

14 **마케팅 1 · 2 · 3팀과 영업 1 · 2 · 3팀, 총무팀, 개발팀 총 8팀의 사무실을 다음 〈조건〉에 따라 배치하려고 할 때, 항상 옳지 않은 것은?**

조건

- 1층과 2층에 각각 5개의 사무실이 일렬로 위치해 있으며, 사무실 크기는 모두 같다.
- 1개의 사무실에 1개의 팀이 들어간다.
- 영업 2팀은 총무팀의 바로 왼쪽에 있다.
- 개발팀은 1층이며, 한쪽 옆은 빈 사무실이다.
- 마케팅 3팀과 영업 1팀은 위 · 아래로 인접해 있다.
- 영업 3팀의 양옆에 사무실이 있으며, 모두 비어있지 않다.
- 영업팀은 모두 같은 층에 위치해 있다.
- 마케팅 2팀 양옆 중 한쪽은 벽이고, 다른 한쪽은 비어있다.
- 마케팅 1팀의 양옆 중 어느 쪽도 벽이 아니다.

① 모든 영업팀은 2층이다.
② 총무팀과 영업 3팀은 서로 인접한다.
③ 마케팅 3팀의 양옆 중 한쪽은 벽이다.
④ 개발팀은 마케팅 1팀과 서로 인접한다.
⑤ 1층과 2층에 사무실이 각각 1개씩 비어있다.

※ 다음 도형의 규칙을 보고 물음표에 들어갈 도형으로 알맞은 것을 고르시오. [15~17]

15

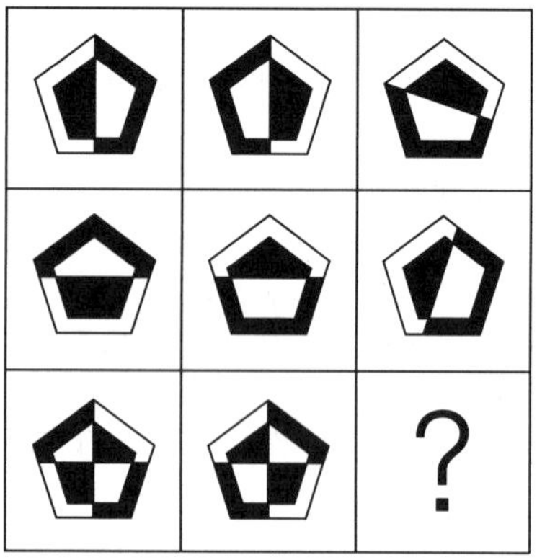

① 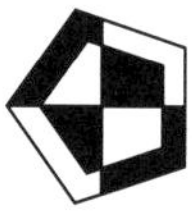

② 

③ 

④ 

⑤ 

16

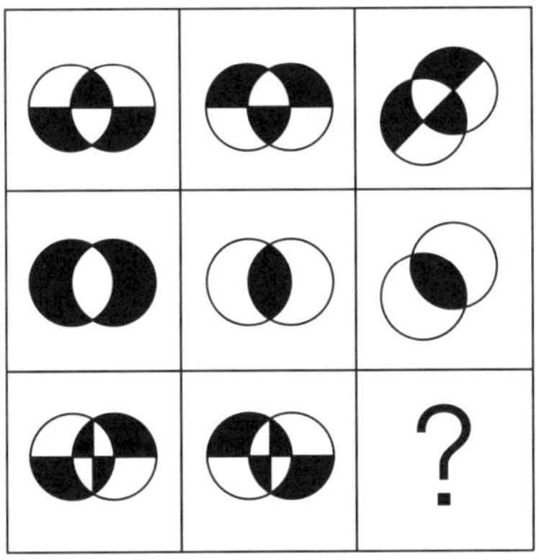

① 

② 

③ 

④ 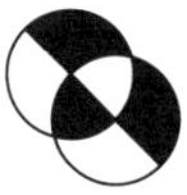

⑤ 

17

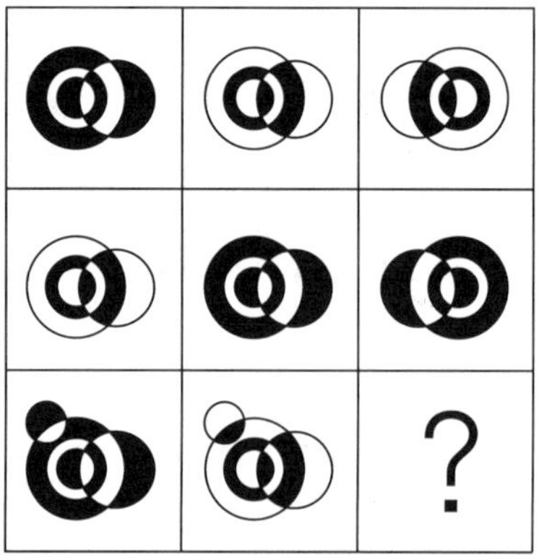

① 

② 

③ 

④ 

⑤ 

※ 다음 도식에서 기호들은 일정한 규칙에 따라 문자를 변화시킨다. 물음표에 들어갈 문자로 알맞은 것을 고르시오(단, 규칙은 가로와 세로 중 한 방향으로만 적용된다). **[18~21]**

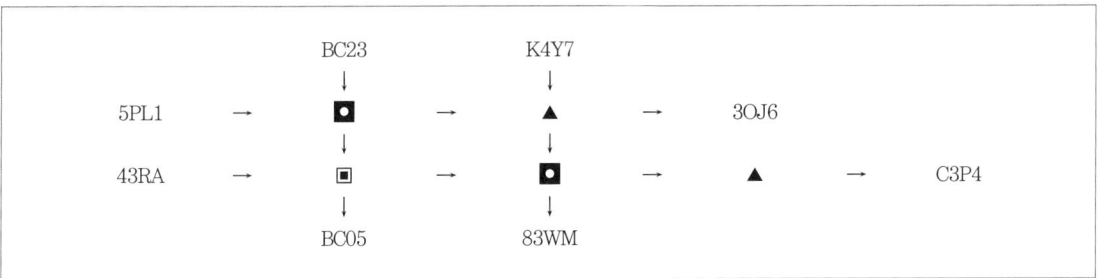

		BC23		K4Y7				
		↓		↓				
5PL1	→	◘	→	▲	→	3OJ6		
		↓		↓				
43RA	→	▣	→	◘	→	▲	→	C3P4
		↓		↓				
		BC05		83WM				

18

652P → ▣ → ▲ → ?

① P625
② W447
③ Q644
④ D525
⑤ 51R2

19

AT3C → ▲ → ◘ → ?

① GT1C
② H1TC
③ DS1C
④ A4ER
⑤ LJ1X

20

S4F3 → ▲ → ◘ → ▣ → ?

① 43DV
② 44TU
③ 5CD1
④ 34DU
⑤ F23K

21

1EB7 → ▣ → ◘ → ▣ → ?

① 0FY9
② 1FZ9
③ 0ZF9
④ 0FZ9
⑤ 1ZF9

※ 다음 문단을 논리적 순서대로 바르게 나열한 것을 고르시오. [22~23]

22

(가) 다만, 기존의 조합별로 분리 운영되던 의료보험 부과체계는 정액 기본보험료 적용에 따른 저소득층 부담 과중, 조합별 보험료 부담의 불공평, 조합 간 재정격차 심화 등의 문제를 안고 있었다. 부과체계 통합의 필요성이 꾸준히 제기됨에 따라 1990년 말부터 단계적 통합과 함께 부과체계 측면의 변화도 시작됐다.
(나) 우리나라 건강보험제도가 입법화된 것은 지난 1963년. 그러나 당시는 경제여건이 갖추어지지 않아 1977년 500인 이상 사업자 근로자를 대상으로 시작한 것이 시초다. 이후 1979년 1월부터 '공무원 및 사립학교 교직원 의료보험'이 실시됐고, 직장건강보험 적용대상 사업장 범위 확대로 대상자가 늘어났다.
(다) 그러나 직장인이 아닌 지역주민의 경우 혜택에서 제외된다는 문제점이 대두됨에 따라 1981년부터 농어촌지역을 중심으로 '1차 지역의료보험의 시범사업'이, 다음 해에는 도시지역을 포함한 '2차 지역의료보험 시범사업'이 실시됐으며, 1988년에는 지역의료보험이 농어촌지역을 시작으로 이듬해 도시지역 주민까지 확대됐다. 바야흐로 '전 국민 건강보험 시대'가 된 것이다.

① (가) – (나) – (다)
② (가) – (다) – (나)
③ (나) – (가) – (다)
④ (나) – (다) – (가)
⑤ (다) – (가) – (나)

23

(가) 초연결사회란 사람, 사물, 공간 등 모든 것들이 인터넷으로 서로 연결돼, 모든 것에 대한 정보가 생성 및 수집되고 공유·활용되는 것을 말한다. 즉, 모든 사물과 공간에 새로운 생명이 부여되고 이들의 소통으로 새로운 사회가 열리고 있는 것이다.
(나) 최근 '초연결사회(Hyper Connected Society)'란 말을 주위에서 심심치 않게 들을 수 있다. 인터넷을 통해 사람 간의 연결은 물론 사람과 사물, 심지어 사물 간의 연결 등 말 그대로 '연결의 영역 초월'이 이뤄지고 있다.
(다) 나아가 초연결사회는 단지 기존의 인터넷과 모바일 발전의 맥락이 아닌 우리가 살아가는 방식 전체, 즉 사회의 관점에서 미래사회의 새로운 패러다임으로 큰 변화를 가져올 전망이다.
(라) 초연결사회에서는 인간 대 인간은 물론, 기기와 사물 같은 무생물 객체끼리도 네트워크를 바탕으로 상호 유기적인 소통이 가능해진다. 컴퓨터, 스마트폰으로 소통하던 과거와 달리 초연결 네트워크로 긴밀히 연결되어 오프라인과 온라인이 융합되고, 이를 통해 새로운 성장과 가치 창출의 기회가 증가할 것이다.

① (가) – (나) – (다) – (라)
② (가) – (나) – (라) – (다)
③ (나) – (가) – (다) – (라)
④ (나) – (가) – (라) – (다)
⑤ (다) – (나) – (가) – (라)

24 다음 글을 읽고 추론한 내용으로 적절하지 않은 것은?

세계적으로 저명한 미국의 신경과학자들은 '의식에 관한 케임브리지 선언'을 통해 동물에게도 의식이 있다고 선언했다. 이들은 포유류와 조류 그리고 문어를 포함한 다른 많은 생물도 인간처럼 의식을 생성하는 신경학적 기질을 갖고 있다고 주장하였다. 즉, 동물도 인간과 같이 의식이 있는 만큼 합당한 대우를 받아야 한다는 이야기이다. 그러나 이들과 달리 아직도 동물에게 의식이 있다는 데 회의적인 과학자가 많다.
인간의 동물관은 고대부터 두 가지로 나뉘어 왔다. 그리스의 철학자 피타고라스는 윤회설에 입각하여 동물에게 경의를 표해야 한다는 것을 주장했으나, 아리스토텔레스는 '동물에게는 이성이 없으므로 동물은 인간의 이익을 위해서만 존재한다.'고 주장했다. 이러한 동물관의 대립은 근세에도 이어졌다. 17세기 철학자 데카르트는 '동물은 정신을 갖고 있지 않으며, 고통을 느끼지 못하므로 심한 취급을 해도 좋다.'라고 주장한 반면, 18세기 계몽철학자 루소는 『인간불평등 기원론』을 통해 인간과 동물은 동등한 자연의 일부라는 주장을 처음으로 제기했다.
그러나 인간은 오랫동안 동물의 본성이나 동물답게 살 권리를 무시한 채로 소와 돼지, 닭 등을 사육해왔다. 오로지 더 많은 고기와 달걀을 얻기 위해 '공장식 축산' 방식을 도입한 것이다. 공장식 축산이란 가축 사육 과정이 공장에서 규격화된 제품을 생산하는 것과 같은 방식으로 이루어지는 것을 말하며, 이러한 환경에서는 소와 돼지, 닭 등이 몸조차 자유롭게 움직일 수 없는 좁은 공간에 갇혀 자라게 된다. 가축은 스트레스를 받아 면역력이 떨어지게 되고, 이는 결국 항생제 대량 투입으로 이어질 수밖에 없다. 우리는 그렇게 생산된 고기와 달걀을 맛있다고 먹고 있는 것이다.
이와 같은 공장식 축산의 문제를 인식하고, 이를 개선하려는 동물 복지 운동은 1960년대 영국을 중심으로 유럽에서 처음 시작되었다. 인간이 가축의 고기 등을 먹더라도 최소한의 배려를 함으로써 항생제 사용을 줄이고, 고품질의 고기와 달걀을 생산하자는 것이다. 한국도 2012년부터 산란계를 시작으로 '동물 복지 축산농장 인증제'를 시행하고 있다. 배고픔 · 영양 불량 · 갈증으로부터의 자유, 두려움 · 고통으로부터의 자유 등의 5대 자유를 보장하는 농장만이 동물 복지 축산농장 인증을 받을 수 있다.
동물 복지는 가축뿐만이 아니라 인간의 건강을 위한 것이기도 하다. 따라서 정부와 소비자 모두 동물 복지에 좀 더 많은 관심을 가져야 한다.

① 피타고라스는 동물에게도 의식이 있다고 생각했다.
② 아리스토텔레스와 데카르트의 동물관에는 일맥상통하는 점이 있다.
③ 동물 복지 축산농장 인증제는 1960년대 영국에서 처음 시행되었다.
④ 좁은 공간에 갇혀 자란 돼지는 그렇지 않은 돼지에 비해 면역력이 낮을 것이다.
⑤ 공장식 축산에서의 항생제 대량 사용은 결국 인간에게 안 좋은 영향을 미칠 것이다.

25 다음 글의 내용이 참일 때 항상 거짓인 것은?

스마트시티란 크게는 첨단 정보통신기술을 이용해 도시 생활 속에서 유발되는 교통 문제, 환경 문제, 주거 문제, 시설 비효율 등을 해결하여 시민들이 편리하고 쾌적한 삶을 누릴 수 있도록 한 '똑똑한 도시'를 뜻한다. 하지만, 각국 경제 및 발전 수준, 도시 상황과 여건에 따라 매우 다양하게 정의 및 활용되고, 접근 전략에도 차이가 있다.
스페인의 경우, 2013년 초부터 노후된 바르셀로나 도시 중심지 본 지구를 재개발하면서 곳곳에 사물 인터넷 기술을 기반으로 한 '스마트시티' 솔루션을 시범 운영했다. 이 경험을 바탕으로 바르셀로나 곳곳이 스마트 환경으로 변화하고 있다. 가장 성공적인 프로젝트 중 하나는 센서가 움직임을 감지하여 에너지를 절약하는 스마트 LED 조명을 광범위하게 설치한 것이다. 이 스마트 가로등은 무선 인터넷의 공유기 역할을 하는 동시에 소음 수준과 공기 오염도를 분석하여 인구 밀집도까지 파악할 수 있다. 아울러 바르셀로나는 원격 관개 제어를 설치해 분수를 원격으로 제어하고, 빌딩을 스마트화해 에너지 모니터링을 시행하고 있다. 또 주차 공간에 차가 있는지 여부를 감지하는 센서를 설치한 '스마트 주차'를 도입하기도 했다.
또 항저우를 비롯한 중국의 여러 도시들은 블록체인 기술을 사물인터넷과 디지털 월렛 등에 적용하여 페이퍼리스 사회를 구현하고 있다. 알리바바의 알리페이를 통해 항저우 택시의 98%, 편의점의 95% 정도에서 모바일 결제가 가능하며, 정부 업무, 차량, 의료 등 60여 종에 달하는 서비스를 이용할 수 있다.
우리나라도 세종과 부산에 스마트시티 국가 시범도시를 조성하고 있다. 세종에서는 인공지능, 블록체인 기술을 기반으로 한 도시를 조성해 모빌리티, 헬스케어, 교육, 에너지환경, 거버넌스, 문화쇼핑, 일자리 등 7대 서비스를 구현한다. 이곳에서는 자율주행 셔틀버스, 전기공유차 등을 이용할 수 있고 개인 맞춤형 의료 서비스 등을 받을 수 있다. 또 부산에서는 고령화, 일자리 감소 등의 도시문제에 대응하기 위해 로봇, 물 관리 관련 신사업을 육성한다. 로봇이 주차를 하거나 물류를 나르는 등 일상생활에서 로봇 서비스를 이용할 수 있고 첨단 스마트 물 관리 기술을 적용해 한국형 물 특화 도시모델을 구축한다.

① 각국에 따라 스마트시티에서 활용되는 기능이 다를 수 있다.
② 스페인의 스마트시티에서는 '스마트 주차' 기능을 통해 대리주차가 가능하다.
③ 맞춤형 의료 서비스가 필요한 환자의 경우 부산보다는 세종 스마트시티가 더 적절하다.
④ 중국의 스마트시티에서는 지갑을 가지고 다니지 않더라도 일부 서비스를 이용할 수 있다.
⑤ 스페인의 스마트시티에서는 직접 인구조사를 하지 않더라도 인구 밀집도를 파악할 수 있다.

26 다음 글의 내용이 참일 때 항상 참인 것은?

개인의 소득을 결정하는 데에는 다양한 요인들이 작용한다. 가장 중요한 변수가 어떤 직업일 것이다. 일반적으로 전문직의 경우 고소득이 보장되며 단순노무직의 경우 저소득층의 분포가 많다. 직업의 선택에 영향을 미치는 요인 가운데 가장 중요한 것이 개인의 학력과 능력일 것이다. 그러나 개인의 학력과 능력을 결정하는 배경변수로 무수히 많은 요인들이 작용한다. 그 가운데에서는 개인의 노력이나 선택과 관련된 요인들이 있고 그것과 무관한 환경적 요인들이 있다. 상급학교에 진학하기 위해 얼마나 공부를 열심히 했는가, 어떤 전공을 선택했는가, 직장에서 요구하는 숙련과 지식을 습득하기 위해 얼마나 노력을 했는가 하는 것들이 전자에 해당된다. 반면 부모가 얼마나 자식의 교육을 위해 투자했는가, 어떤 환경에서 성장했는가, 개인의 성이나 연령은 무엇인가 등은 개인의 선택과 무관한 대표적인 환경적 요인일 것이다. 심지어 운(불운)도 개인의 직업과 소득을 결정하는 데 직·간접적으로 작용한다.

환경적 요인에 대한 국가의 개입이 정당화될 수 있는 근거는 그러한 요인들이 개인의 통제를 벗어난(Beyond One's Control) 요인이라는 것이다. 따라서 개인이 어찌할 수 없는 이유로 발생한 불리함(저소득)에 대해 전적으로 개인에게 책임을 묻는 것은 분배정의론의 관점에서 정당하다고 보기 힘들다. 부모의 학력은 전적으로 개인(자녀)이 선택할 수 없는 변수이다. 그런데 부모의 학력은 부모의 소득과 직결되기 쉽고 따라서 자녀에 대한 교육비지출 등 교육투자의 격차를 발생시키기 쉽다. 가난한 부모에게서 태어나고 성장한 자녀들은 동일한 능력을 가지고 부유한 부모에게서 태어나서 성장한 사람에 비해 본인의 학력과 직업적 능력을 취득할 기회를 상대적으로 박탈당했다고 볼 수 있다. 그 결과 저소득층 자녀들은 고소득층 자녀에 비해 상대적으로 낮은 소득을 얻을 확률이 높다. 이러한 현상이 극단적으로 심화된다면 이른바 빈부격차의 대물림 현상이 나타날 것이다. 이와 같이 부모의 학력이 자녀 세대의 소득에 영향을 미친다면, 자녀세대의 입장에서는 본인의 노력과 무관한 요인에 의해 경제적 불이익을 당하는 것이다. 기회의 균등 원칙은 이러한 분배적 부정의를 해소하기 위한 정책적 개입을 정당화한다.

외국의 경우와 비교하여 볼 때, 사회민주주의 국가의 경우에는 이미 현재의 조세정책으로도 충분히 기회균등화 효과를 거두고 있음을 확인하였다. 반면 미국, 이태리, 스페인 등 영미권이나 남유럽 국가의 경우 우리나라의 경우와 유사하거나 더 심한 기회의 불평등 양상을 보여주었다.

따라서 부모의 학력이 자녀의 소득에 영향을 미치는 효과를 차단하기 위해서는 더욱 적극적인 재정정책이 필요하다. 세율을 보다 높이고 대신 이전지출의 크기를 늘리는 것이 세율을 낮추고 이전지출을 줄이는 것에 비해 재분배효과가 더욱 있으리라는 것은 자명한 사실이다. 기회 균등화란 관점에서 볼 때 우리나라의 재분배 정책은 훨씬 강화되어야 한다는 시사점을 얻을 수 있다.

① 개인의 학력과 능력은 개인의 노력이나 선택에 의해서 결정된다.
② 분배정의론의 관점에서 개인의 선택에 의한 불리함에 대해 개인에게 책임을 묻는 것은 정당하지 않다.
③ 부모의 학력이 자녀의 소득에 영향을 미치는 현상이 심화된다면 빈부격차의 대물림 현상이 나타날 것이다.
④ 사회민주주의 국가의 경우 더 심한 기회의 불평등 양상이 나타나는 것으로 확인된다.
⑤ 이전지출을 줄이는 것은 세율을 낮추는 것보다 재분배효과가 더욱 클 것으로 전망된다.

27 다음 글의 제목으로 가장 적절한 것은?

> 사전적 정의에 의하면 재즈는 20세기 초반 미국 뉴올리언스의 흑인 문화 속에서 발아한 후 미국을 대표하는 음악 스타일이자 문화가 된 음악 장르이다. 서아프리카의 흑인 민속음악이 18세기 후반과 19세기 초반의 대중적이고 가벼운 유럽의 클래식 음악과 만나서 탄생한 것이 재즈다. 그러나 이 정도의 정의로 재즈의 전모를 밝히기에는 역부족이다. 이미 재즈가 미국을 넘어 전 세계에서 즐겨 연주되고 있으며 그 기법 역시 트레이드마크였던 스윙(Swing)에서 많이 벗어났기 때문이다.
>
> 한편 재즈 역사가들은 재즈를 음악을 넘어선 하나의 이상이라고 이야기한다. 그 이상이란 삶 속에서 우러나온 경험과 감정을 담고자 하는 인간의 열정적인 마음이다. 여기에서 영감을 얻은 재즈 작곡가나 연주자는 즉자적으로 곡을 작곡하고 연주해 왔으며, 그러한 그들의 의지가 바로 다사다난한 인생을 관통하여 재즈에 담겨 있다. 초기의 재즈가 미국 흑인들의 한과 고통을 담아낸 흔적이자 역사 그 자체인 점이 이를 증명한다. 억압된 자유를 되찾으려는 그들의 저항 의식은 아름답게 정제된 기존의 클래식 음악의 틀 안에서는 온전하게 표출될 수 없었다. 불규칙적으로 전개되는 과감한 불협화음, 줄곧 어긋나는 듯한 리듬, 정제되지 않은 멜로디, 이들의 총합으로 유발되는 긴장감과 카타르시스……. 당시 재즈 사운드는 충격 그 자체였다. 그렇지만 현 시점에서 이러한 기법과 형식을 담은 장르는 넘쳐날 정도로 많아졌고, 클래식 역시 아방가르드(Avantgarde)라는 새로운 영역을 개척한 지 오래이다. 그러므로 앞에서 언급한 스타일과 이를 가능하게 했던 이상은 더 이상 재즈만의 전유물이라 할 수 없다.
>
> 켄 번스(Ken Burns)의 영화 '재즈(Jazz)'에서 윈튼 마살리스(Wynton Marsalis)는 "재즈의 진정한 힘은 사람들이 모여서 즉흥적인 예술을 만들고 자신들의 예술적 주장을 타협해 나가는 것에서 나온다. 이러한 과정 자체가 곧 재즈라는 예술 행위이다."라고 말한다. 그렇다면 우리의 일상은 곧 재즈 연주와 견줄 수 있다. 출생과 동시에 우리는 다른 사람들과 관계를 맺으며 살아간다. 물론 자신과 타인은 호불호나 삶의 가치관이 제각각일 수밖에 없다. 따라서 자신과 타인의 차이가 옳고 그름의 차원이 아닌 '다름'이라는 것을 알아가는 것, 그리고 그러한 차이를 인정하고 그 속에서 서로 이해하고 배려하려는 노력이 필요하다. 이렇듯 자신과 다른 사람과 함께 '공통의 행복'이라는 것을 만들어 간다면 우리 역시 바로 '재즈'라는 위대한 예술을 구현하고 있는 것이다.

① 재즈와 클래식의 차이

② 재즈의 기원과 본질

③ 재즈의 장르적 우월성

④ 재즈를 감상하는 이유

⑤ 재즈와 인생의 유사성과 차이점

28 다음 주장에 대한 반박으로 가장 적절한 것은?

> 우리는 우리가 생각한 것을 말로 나타낸다. 또 다른 사람의 말을 듣고, 그 사람이 무슨 생각을 가지고 있는가를 짐작한다. 그러므로 생각과 말은 서로 떨어질 수 없는 깊은 관계를 가지고 있다.
> 그러면 말과 생각이 얼마만큼 깊은 관계를 가지고 있을까? 이 문제를 놓고 사람들은 오랫동안 여러 가지 생각을 하였다. 그 가운데 가장 두드러진 것이 두 가지 있다. 그 하나는 말과 생각이 서로 꼭 달라붙은 쌍둥이인데 한 놈은 생각이 되어 속에 감추어져 있고 다른 한 놈은 말이 되어 사람 귀에 들리는 것이라는 생각이다. 다른 하나는 생각이 큰 그릇이고 말은 생각 속에 들어가는 작은 그릇이어서 생각에는 말 이외에도 다른 것이 더 있다는 생각이다.
> 이 두 가지 생각 가운데서 앞의 것은 조금만 깊이 생각해 보면 틀렸다는 것을 즉시 깨달을 수 있다. 우리가 생각한 것은 거의 대부분 말로 나타낼 수 있지만, 누구든지 가슴 속에 응어리진 어떤 생각이 분명히 있기는 한데 그것을 어떻게 말로 표현해야 할지 애태운 경험을 가지고 있을 것이다. 이것 한 가지만 보더라도 말과 생각이 서로 안팎을 이루는 쌍둥이가 아님은 쉽게 판명된다.
> 인간의 생각이라는 것은 매우 넓고 큰 것이며, 말이란 결국 생각의 일부분을 주워 담는 작은 그릇에 지나지 않는다. 그러나 아무리 인간의 생각이 말보다 범위가 넓고 큰 것이라고 하여도 그것을 가능한 한 말로 바꾸어 놓지 않으면 그 생각의 위대함이나 오묘함이 다른 사람에게 전달되지 않기 때문에 생각이 형님이요, 말이 동생이라고 할지라도 생각은 동생의 신세를 지지 않을 수가 없게 되어 있다.

① 말은 생각이 바탕이 되어야 생산될 수 있다.
② 생각을 드러내는 가장 직접적인 수단은 말이다.
③ 말이 통하지 않아도 생각은 얼마든지 전달될 수 있다.
④ 사회적·문화적 배경이 우리의 생각에 영향을 끼친다.
⑤ 말과 생각은 서로 영향을 주고받는 긴밀한 관계를 유지한다.

29 다음 글을 읽고, E. H. Carr가 주장한 역사에 대해 바르게 이해한 것은?

> '역사란 무엇인가.'로 유명한 영국의 사상가 E. H. Carr는, '역사적 사실'이란 넓은 바다를 마음껏 헤엄쳐 다니는 물고기와 같다고 표현하였다. 역사가가 물고기를 건져 올리는 것은 때로는 우연에도 의거하지만 주로 어디에서 고기를 잡느냐, 그리고 어떤 도구를 사용하느냐에 따라 달라진다는 것이다. 더욱 중요한 것은 대개의 역사가들이 자기가 원하는 종류의 사실들만 건져 올린다는 점이다. 어떤 역사든 그 속에 포함돼 있는 역사적 사실들이 순수한 의미로서의 객관성과 공정성을 유지할 수 있는가에 대해서 근본적으로 묻고 있는 것이다. E. H. Carr는 원칙적으로 인간의 사회생활에서 나타나는 모든 사물과 현상은 역사적 사실이 될 수 있지만, 그것이 반드시 역사가 되는 것은 아니라고 주장하였다.
>
> 잘못 쓰인 역사는 더 말할 것도 없고, 곁가지가 잘린 채 줄기만 남아 있는 역사적 사실은 젊은 학도의 사상체계를 근본부터 뒤흔들 위험성이 있다. 늘 말썽이 되고 있는 일본 교과서에서의 한국 역사 왜곡도 일본인들의 이기적인 역사관에서 기인한다. 일본의 양심 있는 역사학자들은 그 원인을 이렇게 진단한다. '정치적인 행동 주체로서의 일본 제국, 그 신민(臣民)으로서의 역사적 자각이 일본사의 바탕을 이루고 있으며, 동양사와 서양사 심지어 세계사까지도 유기적인 연장선상에 놓여 있기 때문'이라는 것이다. 일본의 경우처럼 역사가 자국의 이기주의에 의해 기록으로 남겨지면 그 파장은 상상하지 못할 상황으로까지 치닫게 되는데, 마이크로소프트사에서 울릉도, 독도를 일본 땅으로 표기하는 등 역사를 왜곡한 데 이어 브리태니커, 아메리카나 등 세계 유수의 백과사전들까지 한국 관련 부분을 멋대로 기술한 사실이 밝혀진 것 등이 그 예이다.

① 과거에 있었던 모든 사실은 역사가 된다.
② 역사란 역사가와 사실 사이의 상호 작용의 과정이다.
③ 기록으로 남겨진 역사는 당시 역사관과는 관계가 없다.
④ 역사 연구는 실제 있었던 것을 그대로 밝히는 것일 뿐이다.
⑤ 과거에 일어난 사실을 객관적으로 기록한 것만이 역사이다.

30 다음 글을 토대로 〈보기〉를 바르게 해석한 것은?

통화정책은 정부가 화폐 공급량이나 기준금리 등을 조절하여 경제의 안정성을 유지하려는 정책이다. 예를 들어 경기가 불황에 빠져 있을 때, 정부가 화폐 공급량을 늘리면 이자율이 낮아져 시중에 풍부한 자금이 공급되어 소비자들의 소비지출과 기업들의 투자지출이 늘어나면 총수요*에 영향을 주어 경제가 활성화된다. 재정정책은 정부가 지출이나 조세징수액을 변화시킴으로써 총수요에 영향을 주려는 정책이다. 재정정책에는 경기의 변동에 따라 자동적으로 작동되는 자동안정화장치와 정부의 의사결정과 국회의 동의 절차에 따라 이루어지는 재량적 재정정책이 있다.

이러한 안정화 정책의 효과는 다소간의 시차를 두고 나타나는데 이를 정책시차라고 한다. 정책시차는 내부시차와 외부시차로 구분된다. 내부시차는 정부가 경제에 발생한 문제를 인식하고 실제로 정책을 수립·집행하는 시점까지의 시간을, 외부시차는 시행된 정책이 경제에 영향을 끼쳐 그에 따른 효과가 나타나는 데까지 걸리는 시간을 의미한다.

재량적 재정정책의 경우 추경예산**을 편성하거나 조세제도를 변경해야 할 때 입법과정과 국회의 동의 절차를 거쳐야하기 때문에 내부시차가 길다. 이에 비해 통화정책은 별도의 입법 절차를 거칠 필요 없이 정부의 의지만으로 수립·집행될 수 있기 때문에 내부시차가 짧다. 또한 재량적 재정정책은 외부시차가 짧다. 예를 들어 경기 불황에 의해 실업률이 급격하게 증가할 때 정부는 공공근로사업 등에 대한 지출을 늘려 일자리를 창출하는데 이는 비교적 짧은 시간 안에 소비지출의 변화에 의해 총수요를 변화시킬 수 있다. 반면 통화정책은 정부가 이자율을 변화시켰다 하더라도 소비지출 및 투자지출의 변화가 즉각적으로 나타나지 않기 때문에 외부시차가 길다. 한편 자동안정화장치는 경기의 상황에 따라 재정지출이나 조세 징수액이 자동적으로 조절될 수 있도록 미리 재정제도 안에 마련된 재정정책이다. 따라서 재량적 재정정책과 마찬가지로 외부시차가 짧을 뿐만 아니라, 재량적 재정정책과는 달리 내부시차가 없어 경제 상황의 변화에 신속하게 대응할 수 있다는 장점이 있다. 이러한 자동안정화장치의 대표적인 예로는 누진적소득세와 실업보험제도가 있다.

* 총수요 : 한 나라의 경제 주체들이 일정 기간 동안 소비와 투자를 위해 사려고 하는 재화와 서비스의 총합
** 추경예산 : 예산을 집행하다 수입(세입)이 줄거나 예기치 못한 지출요인이 생길 때 고치는 예산

보기

누진적소득세는 납세자의 소득 금액에 따른 과세의 비율을 미리 정하여 소득이 커질수록 높은 세율을 적용하도록 정한 제도이다. 경기가 활성화되어 국민소득이 늘어날 경우 경기가 지나치게 과열될 우려가 있는데, 이 때 소득 수준이 높을수록 더 높은 세율을 적용받게 되므로 전반적 소득 증가와 더불어 세금이 자동적으로 늘어나게 된다. 이는 소비지출의 억제로 이어져 경기가 심하게 과열되지 않도록 진정하는 효과를 얻게 된다.

① 누진적소득세는 입법 절차로 인해 내부시차가 길다.
② 누진적소득세를 통해 화폐 공급량을 조절할 수 있다.
③ 누진적소득세 시행을 위해서는 국회의 동의 절차가 필요하다.
④ 누진적소득세는 변화하는 경제 상황에 신속하게 대응할 수 있다.
⑤ 누진적소득세가 실시되어도 즉각적인 소비지출의 변화가 나타나지 않기 때문에 외부시차가 길다.

3일 차
기출응용 모의고사

〈문항 수 및 시험시간〉

삼성 온라인 GSAT		
영역	문항 수	시험시간
수리	20문항	30분
추리	30문항	30분

삼성 온라인 GSAT

3일 차 기출응용 모의고사

문항 수 : 50문항
시험시간 : 60분

| 01 | 수리

01 S사 신입사원 채용시험의 응시자는 100명이다. 시험 점수 전체 평균이 64점이고, 합격자 평균과 불합격자 평균이 각각 80점, 60점이라고 할 때 합격률을 구하면?

① 15%
② 18%
③ 20%
④ 22%
⑤ 25%

02 다음과 같은 도로가 있고 P지점에서 R지점까지 이동하려고 한다. Q지점과 S지점을 반드시 거쳐야 할 때, 최단 거리로 이동 가능한 경우의 수는?

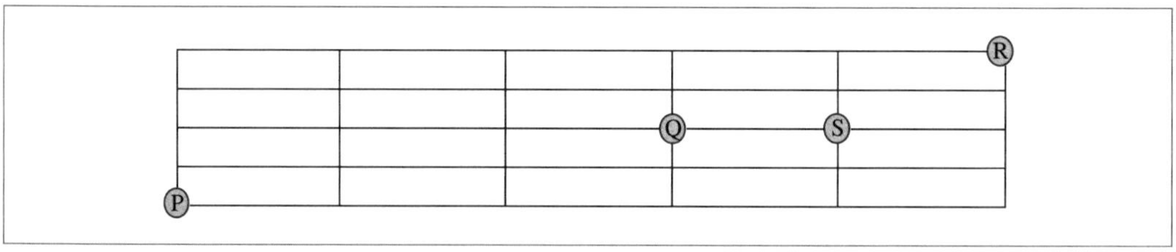

① 18가지
② 30가지
③ 32가지
④ 44가지
⑤ 48가지

03 다음은 A ~ D사의 연간 매출액에 대한 자료이다. 연간 매출액이 일정한 증감률을 보인다고 할 때, 빈칸에 들어갈 수는?

〈A ~ D사의 연간 매출액〉

(단위 : 백억 원)

구분		2019년	2020년	2021년	2022년	2023년	2024년
A사	매출액	300	350	400	450	500	550
	순이익	9	10.5	12	13.5	15	16.5
B사	매출액	200	250	200	250	200	250
	순이익	4	7.5	4	7.5	4	7.5
C사	매출액	250	350	300	400	350	450
	순이익	5	10.5	12	20		31.5
D사	매출액	350	300	250	200	150	100
	순이익	7	6	5	4	3	2

※ (순이익)=(매출액)×(이익률)

① 21
② 23
③ 25
④ 27
⑤ 29

04 다음은 자동차 생산 · 내수 · 수출 현황에 대한 자료이다. 이에 대한 설명으로 옳지 않은 것은?

〈자동차 생산 · 내수 · 수출 현황〉

(단위 : 대, %)

구분		2020년	2021년	2022년	2023년	2024년
생산	차량 대수	4,086,308	3,826,682	3,512,926	4,271,741	4,657,094
	증감률	(6.4)	(▽6.4)	(▽8.2)	(21.6)	(9.0)
내수	차량 대수	1,219,335	1,154,483	1,394,000	1,465,426	1,474,637
	증감률	(4.7)	(▽5.3)	(20.7)	(5.1)	(0.6)
수출	차량 대수	2,847,138	2,683,965	2,148,862	2,772,107	3,151,708
	증감률	(7.5)	(▽5.7)	(▽19.9)	(29.0)	(13.7)

① 수출이 증가했던 해는 생산과 내수 모두 증가했다.
② 생산이 증가했지만 내수나 수출이 감소한 해가 있다.
③ 내수는 증가했지만 생산과 수출이 모두 감소한 해도 있다.
④ 2020년에는 전년 대비 생산, 내수, 수출이 모두 증가했다.
⑤ 내수가 가장 큰 폭으로 증가한 해에는 생산과 수출이 모두 감소했다.

05 다음은 가구의 자녀 수 및 민영생명보험 가입 여부에 따른 가입 보험 비율에 대한 자료이다. 이에 대한 설명으로 옳지 않은 것은?

〈가구의 자녀 수 및 민영생명보험 가입 여부에 따른 가입 보험 비율〉

(단위 : %)

구분		상해 / 재해 보장보험	질병보장 보험	연금 보험	저축성 보험	사망보장 보험	변액 보험	실손의료 보험	기타 보험
전체		46.6	84	24.3	8.6	21	8.4	56.8	4.8
자녀 수	0명	37.7	77.9	16.7	4.1	12.2	4.8	49.2	3.3
	1명	52	84.8	28	7.9	18.5	9.5	56.5	5.8
	2명	49.6	83	28.9	12.2	27.2	10.9	62.1	4.8
	3명 이상	64.2	86	24.7	20.6	26.1	10.1	80.3	11.9
민영생명 보험	가입	47.4	82.7	24.8	8.8	20.5	8.8	56	4.8
	비가입	27.5	60.2	13.1	3.6	3.6	0	28	4.5

※ '전체'에 해당하는 비율은 전체 가구 수에서 각 보험에 가입한 비율임

※ 민영생명보험 가입에 해당하는 비율은 민영생명보험에 가입한 가구 중 보험에 가입한 가구의 비율임(비가입 비율도 동일함)

① 자녀 수가 1명인 가구 중에는 3개 이상의 보험에 중복 가입한 가구가 있다.

② 자녀 수가 2명 이상인 가구 중 변액보험에 가입한 가구의 수는 10% 이상이다.

③ 전체 가구 중 질병보장보험에 가입한 가구 수는 사망보장보험에 가입한 가구 수의 4배이다.

④ 자녀가 없는 가구 중 상해 / 재해보장보험에 가입한 가구 수는 자녀가 2명인 가구 중 연금보험에 가입한 가구 수보다 많다.

⑤ 민영생명보험에 가입한 가구 중 실손의료보험에 가입한 가구의 비율은 민영생명보험에 가입하지 않은 가구 중 실손의료보험에 가입한 가구 비율의 2배이다.

06 다음은 전력사용에 대한 절약 노력 설문조사 결과를 정리한 자료이다. 이에 대한 설명으로 옳은 것은?(단, 복수응답과 무응답은 없다)

〈전력사용 절약 노력 설문조사 결과〉

(단위 : %)

구분	2023년				2024년			
	노력 안 함	조금 노력함	노력함	매우 노력함	노력 안 함	조금 노력함	노력함	매우 노력함
남성	2.5	38.0	43.5	15.5	3.5	32.5	42.0	22.0
여성	3.5	35.5	45.0	16.0	4.0	35.0	41.0	20.0
10대	12.5	48.0	22.5	17.0	13.0	43.3	25.7	18.0
20대	10.5	39.5	27.0	23.0	10.0	37.5	29.0	23.5
30대	11.5	26.5	38.5	23.5	10.7	21.3	44.0	24.0
40대	11.5	25.0	42.0	21.5	9.5	24.0	44.0	22.5
50대	10.0	28.0	40.5	21.5	10.0	30.0	39.0	21.0
60대 이상	10.5	30.0	33.2	26.3	10.3	29.7	34.0	26.0

① 2024년에 '노력함'을 선택한 인원은 남성과 여성 모두 전년 대비 증가하였다.

② 2023년과 2024년 모든 연령대에서 '노력 안 함'을 선택한 비율은 50대가 가장 낮다.

③ 여성 조사인구가 매년 500명일 때, '매우 노력함'을 선택한 인원은 2024년에 전년 대비 15명 이상 증가하였다.

④ 2024년에 60대 이상에서 '조금 노력함'을 선택한 비율은 전년 대비 2% 이상의 감소율을 보인다.

⑤ '매우 노력함'을 선택한 비율은 2023년 대비 2024년에 모든 연령대에서 증가하였다.

07 다음은 사교육의 과목별 동향에 대한 자료이다. 이에 대한 <보기>의 설명 중 옳은 것을 모두 고르면?

〈과목별 동향〉

(단위 : 명, 만 원)

구분		2019년	2020년	2021년	2022년	2023년	2024년
국·영·수	월 최대 수강자 수	350	385	379	366	360	378
	월 평균 수강자 수	312	369	371	343	341	366
	월 평균 수업료	55	65	70	70	70	75
탐구	월 최대 수강자 수	241	229	281	315	332	301
	월 평균 수강자 수	218	199	253	289	288	265
	월 평균 수업료	35	35	40	45	50	50

보기

ㄱ. 2020 ~ 2024년 동안 전년 대비 국·영·수의 월 최대 수강자 수와 월 평균 수강자 수는 같은 증감 추이를 보인다.

ㄴ. 2020 ~ 2024년 동안 전년 대비 국·영·수의 월 평균 수업료는 월 최대 수강자 수와 같은 증감 추이를 보인다.

ㄷ. 국·영·수의 월 최대 수강자 수의 전년 대비 증가율은 2020년에 가장 높다.

ㄹ. 2019 ~ 2024년 동안 월 평균 수강자 수가 국·영·수 과목이 최대였을 때는 탐구 과목이 최소였고, 국·영·수 과목이 최소였을 때는 탐구 과목이 최대였다.

① ㄴ
② ㄷ
③ ㄱ, ㄷ
④ ㄱ, ㄹ
⑤ ㄴ, ㄹ

08 다음은 2019 ~ 2024년 관광통역 안내사 자격증 취득 현황에 대한 자료이다. 이에 대한 〈보기〉의 설명 중 옳지 않은 것을 모두 고르면?

〈관광통역 안내사 자격증 취득 현황〉

(단위 : 명)

구분	영어	일어	중국어	불어	독어	스페인어	러시아어	베트남어	태국어
2019년	150	353	370	2	2	1	5	2	3
2020년	165	270	698	2	2	2	3	-	12
2021년	235	245	1,160	3	4	3	5	4	8
2022년	380	265	2,469	3	2	4	6	14	35
2023년	345	137	1,963	7	3	4	5	5	17
2024년	460	150	1,350	6	2	3	6	5	15
합계	1,735	1,420	8,010	23	15	17	30	30	90

보기

ㄱ. 영어와 스페인어 관광통역 안내사 자격증 취득자 수는 2020년부터 2024년까지 매년 증가하였다.
ㄴ. 2024년 중국어 관광통역 안내사 자격증 취득자 수는 일어 관광통역 안내사 자격증 취득자 수의 9배이다.
ㄷ. 2021년과 2022년의 태국어 관광통역 안내사 자격증 취득자 수 대비 베트남어 관광통역 안내사 자격증 취득자 수의 비율 차이는 10%p이다.
ㄹ. 불어 관광통역 안내사 자격증 취득자 수와 독어 관광통역 안내사 자격증 취득자 수는 2020년부터 2024년까지 전년 대비 증감 추이가 같다.

① ㄱ, ㄴ
② ㄱ, ㄹ
③ ㄴ, ㄹ
④ ㄱ, ㄷ, ㄹ
⑤ ㄴ, ㄷ, ㄹ

09 다음은 2024년 1 ~ 7월 서울 지하철 승차인원에 대한 자료이다. 이에 대한 설명으로 옳지 않은 것은?

〈2024년 1 ~ 7월 서울 지하철 승차인원〉

(단위 : 만 명)

구분	1월	2월	3월	4월	5월	6월	7월
1호선	818	731	873	831	858	801	819
2호선	4,611	4,043	4,926	4,748	4,847	4,569	4,758
3호선	1,664	1,475	1,807	1,752	1,802	1,686	1,725
4호선	1,692	1,497	1,899	1,828	1,886	1,751	1,725
5호선	1,796	1,562	1,937	1,910	1,939	1,814	1,841
6호선	1,020	906	1,157	1,118	1,164	1,067	1,071
7호선	2,094	1,843	2,288	2,238	2,298	2,137	2,160
8호선	550	480	593	582	595	554	572
합계	14,245	12,537	15,480	15,007	15,389	14,379	14,671

① 1 ~ 7월 중 3월의 전체 승차인원이 가장 많다.

② 3호선과 4호선의 승차인원 차이는 5월에 가장 크다.

③ 8호선의 7월 승차인원은 1월 대비 3% 이상 증가했다.

④ 2 ~ 7월 동안 2호선과 8호선의 전월 대비 증감 추이는 같다.

⑤ 4호선을 제외한 7월의 호선별 승차인원은 전월보다 모두 증가했다.

10 다음은 두 국가의 월별 이민자 수에 대한 자료이다. 이에 대한 설명으로 옳은 것은?

〈A, B국의 이민자 수 추이〉

(단위 : 명)

구분	A국	B국
2023년 12월	3,400	2,720
2024년 1월	3,800	2,850
2024년 2월	4,000	2,800

① 월별 이민자 수 차이는 2023년 12월이 가장 크다.

② 2023년 12월 B국 이민자 수는 A국 이민자 수의 75% 미만이다.

③ A국 이민자 수에 대한 B국 이민자 수의 비는 2023년 12월이 가장 크다.

④ 2024년 2월 A국 이민자 수는 2024년 2월 A, B국의 이민자 수의 평균보다 800명 더 많다.

⑤ 2024년 1월 A국과 B국 이민자 수의 차이는 2024년 1월의 A국 이민자 수의 30% 이상이다.

11 다음은 2023년과 2024년의 업종별 자영업자와 신규사업자 및 폐업자 수 현황에 대한 자료이다. 이에 대한 〈보기〉의 설명 중 옳은 것을 모두 고르면?

〈업종별 자영업자, 신규사업자 및 폐업자 수 현황〉

(단위 : 천 명)

구분	2023년			2024년		
	자영업자	신규사업자	폐업자	자영업자	신규사업자	폐업자
도소매업	122	52	36	(마)	45	21
숙박업	79	48	(가)	86	44	37
음식점업	92	28	5	115	30	20
출판업	27	8	(나)	35	5	2
교육업	33	3	8	28	7	4
부동산업	31	3	7	27	2	8
제조업	72	11	(다)	80	8	12
복지업	61	7	(라)	66	15	7
예술업	17	4	6	15	1	4
시설업	11	1	3	9	2	1

※ (해당연도 자영업자 수)=(전년도 자영업자 수)+(전년도 신규사업자 수)−(전년도 폐업자 수)

보기

ㄱ. 10개 업종 중 2024년 전년 대비 자영업자 수가 감소한 업종보다 증가한 업종이 많다.
ㄴ. (마)의 수치는 (가)의 수치의 3배 이상이다.
ㄷ. (나), (다), (라) 중 가장 적은 인원은 (나)이다.
ㄹ. 2024년 폐업자가 세 번째로 많은 업종의 2023년 대비 2024년 자영업자 수의 증가율은 30% 이상이다.

① ㄱ, ㄴ
② ㄴ, ㄷ
③ ㄱ, ㄴ, ㄷ
④ ㄱ, ㄷ, ㄹ
⑤ ㄴ, ㄷ, ㄹ

12 다음은 선박 종류별 기름 유출사고 발생 현황에 대한 자료이다. 이에 대한 설명으로 옳은 것은?

〈선박 종류별 기름 유출사고 발생 현황〉

(단위 : 건, kL)

구분		유조선	화물선	어선	기타	합계
2020년	사고 건수	37	53	151	96	337
	유출량	956	584	53	127	1,720
2021년	사고 건수	28	68	245	120	461
	유출량	21	51	147	151	370
2022년	사고 건수	27	61	272	123	483
	유출량	3	187	181	212	583
2023년	사고 건수	32	33	217	102	384
	유출량	38	23	105	244	410
2024년	사고 건수	60	65	150	205	480
	유출량	1,223	66	30	143	1,462

① 2024년 총 사고 건수는 전년 대비 20% 미만으로 증가하였다.

② 연도별 총 사고 건수에 대한 유조선 사고 건수 비율은 매년 감소하고 있다.

③ 2021 ~ 2024년 동안 연도별 총 사고 건수와 총 유출량의 전년 대비 증감 추이는 같다.

④ 기타를 제외하고 2020 ~ 2024년 동안 전체 유출량이 두 번째로 많은 선박 종류는 어선이다.

⑤ 총 유출량이 가장 적은 연도에서 기타를 제외하고 사고 건수 대비 유출량이 가장 적은 선박 종류는 어선이다.

13 다음은 S국 6개 수종의 기건비중 및 강도에 대한 자료이다. 제시된 〈조건〉에 따라 A와 C에 해당하는 수종이 바르게 연결된 것은?

〈6개 수종의 기건비중 및 강도〉

수종	기건비중 (ton/m^3)	강도(N/mm^2)			
		압축강도	인장강도	휨강도	전단강도
A	0.53	50	52	88	10
B	0.89	60	125	118	12
C	0.61	63	69	82	9
삼나무	0.37	42	45	72	7
D	0.31	24	27	39	6
E	0.43	49	59	80	7

조건

- 전단강도 대비 압축강도 비가 큰 상위 2개 수종은 낙엽송과 전나무이다.
- 휨강도와 압축강도 차가 큰 상위 2개 수종은 소나무와 참나무이다.
- 참나무의 기건비중은 오동나무 기건비중의 2배 이상이다.
- 압축강도와 인장강도의 차가 두 번째로 큰 수종은 전나무이다.

	A	C
①	소나무	낙엽송
②	소나무	전나무
③	오동나무	낙엽송
④	참나무	소나무
⑤	참나무	전나무

※ 다음은 S사 직원 1,200명의 통근현황이다. 이어지는 질문에 답하시오. [14~15]

〈출·퇴근 수단 이용률〉

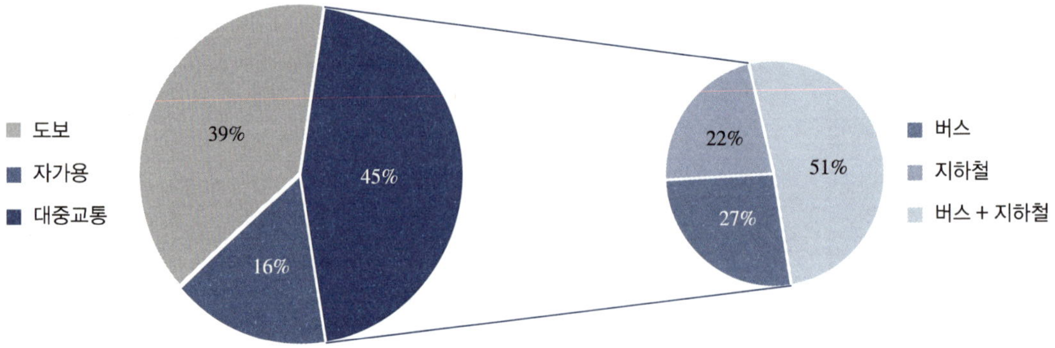

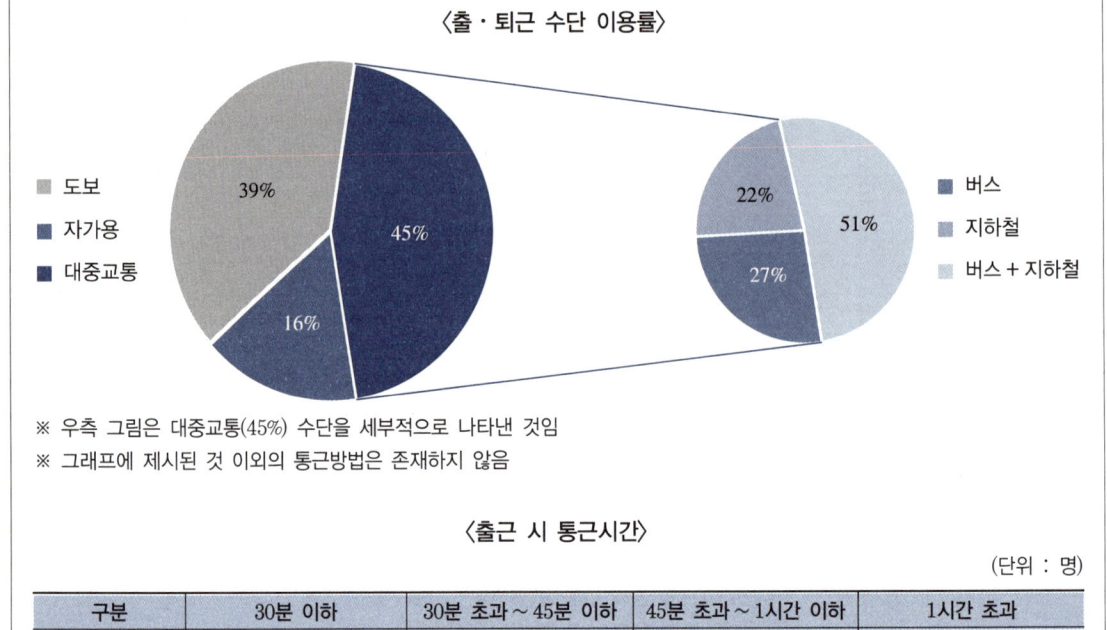

※ 우측 그림은 대중교통(45%) 수단을 세부적으로 나타낸 것임
※ 그래프에 제시된 것 이외의 통근방법은 존재하지 않음

〈출근 시 통근시간〉

(단위 : 명)

구분	30분 이하	30분 초과~45분 이하	45분 초과~1시간 이하	1시간 초과
인원	210	260	570	160

14 다음 중 위 자료에 대한 설명으로 옳지 않은 것은?(단, 소수점 첫째 자리에서 반올림한다)

① 통근시간이 30분 이하인 직원은 전체의 17.5%이다.
② 통근시간이 45분 이하인 직원은 1시간 초과인 직원의 3.5배 미만이다.
③ 전체 직원이 900명이라고 할 때, 자가용을 이용하는 인원은 144명이다.
④ 버스와 지하철을 모두 이용하는 직원은 도보를 이용하는 직원보다 174명 적다.
⑤ 대중교통을 이용하는 인원 모두 통근시간이 45분을 초과하고, 그중 $\frac{1}{4}$의 통근시간이 60분을 초과할 때, 이들은 60분 초과 인원의 80% 이상을 차지한다.

15 도보 또는 버스만 이용하는 직원 중 25%의 통근시간이 30분 초과 45분 이하이다. 통근시간이 30분 초과 45분 이하인 인원에서 도보 또는 버스만 이용하는 직원 외에는 모두 자가용을 이용한다고 할 때, 이 인원이 자가용으로 출근하는 전체 인원에서 차지하는 비중은 얼마인가?(단, 비율은 소수점 첫째 자리에서 반올림한다)

① 55%
② 67%
③ 74%
④ 80%
⑤ 92%

※ 다음은 2022 ~ 2024년 영화 범주별 자료이다. 이어지는 질문에 답하시오. [16~17]

〈2022 ~ 2024년 영화 범주별 자료〉

구분		상업영화	예술영화	다큐멘터리	애니메이션
평균 제작비 (억 원)	2022년	138	27.6	3	69
	2023년	160	40	3.2	96
	2024년	180	41.4	3.8	99
평균 손익분기점 (만 명)	2022년	420	96.6	5	125
	2023년	450	104	8	158
	2024년	495	103.5	7	172
평균 총 관객 수 (만 명)	2022년	550	95	11	185
	2023년	700	130	8	166
	2024년	660	115	6	154

※ (티켓값)×(평균 손익분기점)=(극장·영진위 등 평균 지급비용)+(투자배급사 평균 수익)
※ (평균 제작비)=(투자배급사 평균 수익)

16 다음을 참고하여 〈보기〉에서 옳은 것을 모두 고르면?

• 2021년 평균 제작비
상업영화 120억 원, 예술영화 18억 원, 다큐멘터리 5억 원, 애니메이션 66억 원

보기

ㄱ. 2022 ~ 2024년 사이 영화 범주별 평균 제작비는 매년 전년 대비 증가하고 있다.
ㄴ. 상업영화의 전년 대비 평균 제작비 상승률은 2022년이 2024년보다 3%p 높다.
ㄷ. 1만 명당 비용을 1억 원으로 계산할 때, 2024년 상업영화의 평균 손익분기점 수치는 평균 제작비 수치의 2.8배 미만이다.
ㄹ. 2023년의 상업영화 티켓값이 10,000원이라면 극장·영진위 등 평균 지급비용은 290억 원이다.

① ㄱ, ㄴ
② ㄱ, ㄷ
③ ㄴ, ㄷ
④ ㄴ, ㄹ
⑤ ㄷ, ㄹ

17 다음 중 위 자료에 대한 설명으로 옳지 않은 것은?

① 2022년에 개봉한 모든 예술영화는 손익분기점을 넘지 못하였다.
② 2023 ~ 2024년에 영화의 평균 제작비는 전년 대비 증가하였다.
③ 2023년 다큐멘터리의 평균 제작비는 상업영화의 평균 제작비의 2%이다.
④ 2023년 애니메이션의 평균 제작비는 상업영화의 60%이며, 다큐멘터리 평균 제작비의 30배이다.
⑤ 2024년 상업영화와 예술영화의 평균 총 관객 수는 평균 손익분기점을 넘어섰지만, 다큐멘터리와 애니메이션은 넘지 못하였다.

18 다음은 외상 후 스트레스 장애 진료인원에 대한 자료이다. 이를 그래프로 바르게 변환한 것은?(단, 그래프의 단위는 '명'이다)

〈연도별 외상 후 스트레스 장애 진료인원〉

(단위 : 명)

구분	전체	남성	여성	성비
2020년	7,268	2,966	4,302	69
2021년	7,901	3,169	4,732	67
2022년	8,282	3,341	4,941	68
2023년	9,648	3,791	5,857	65
2024년	10,570	4,170	6,400	65

※ $(\text{성비}) = \frac{(\text{남성 수})}{(\text{여성 수})} \times 100$

※ 성비는 소수점 첫째 자리에서 반올림한 값임

①
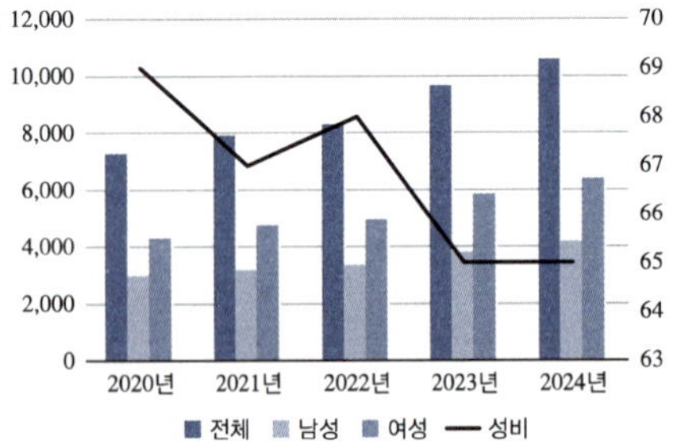

②
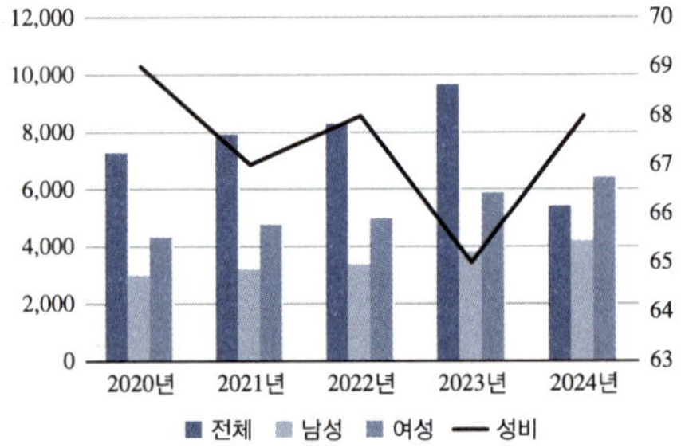

③
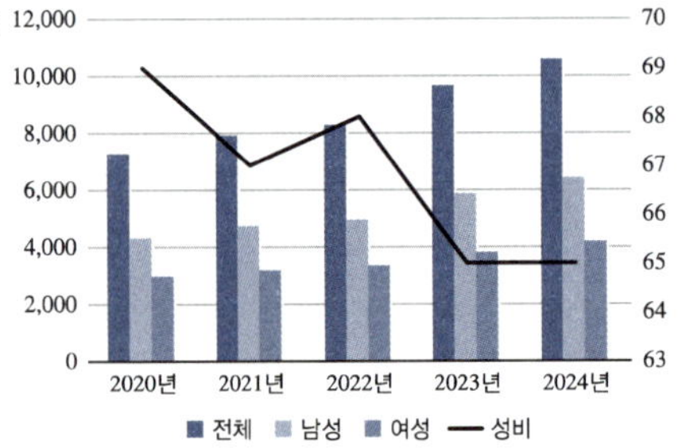

④
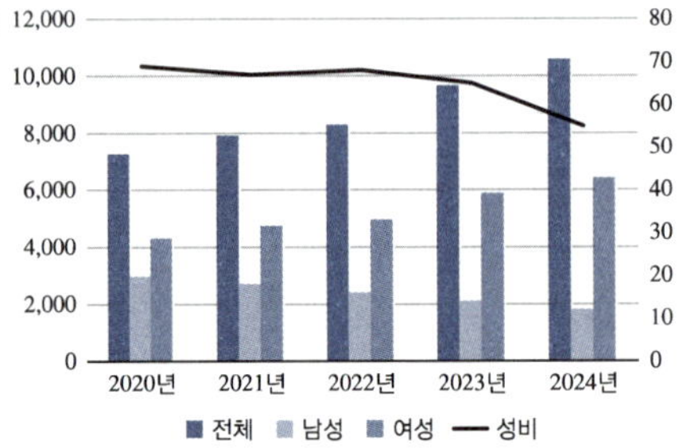

⑤
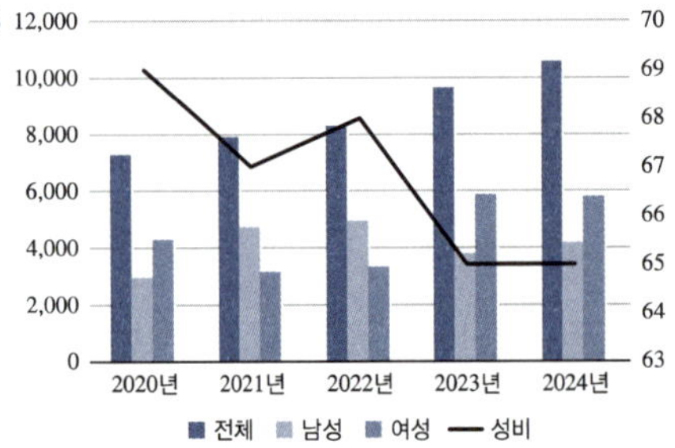

19 다음은 실내공간 $1m^3$당 환기시간에 따른 미세먼지 양을 나타낸 자료이다. 미세먼지와 환기시간의 관계가 주어진 자료와 식과 같을 때 ㉠과 ㉡에 들어갈 숫자로 알맞은 것은?

〈환기시간에 따른 미세먼지〉

환기시간(시간)	1	2	3	4
미세먼지($\mu g/m^3$)	363	192	㉠	㉡

※ $(\text{미세먼지})=a\times(\text{환기시간})^2+\frac{b}{(\text{환기시간})}$

	㉠	㉡
①	143	130
②	145	138
③	145	130
④	147	138
⑤	147	130

20 S사에서 새로 출시한 신규 서비스 가입자 수가 다음과 같이 일정한 규칙으로 증가할 때, 2025년 2월의 신규 가입자 수는?

〈S사 신규 서비스 가입자 수〉

(단위 : 명)

구분	2024년 7월	2024년 8월	2024년 9월	2024년 10월	2024년 11월
가입자 수	24	48	96	192	384

① 3,030명
② 3,044명
③ 3,056명
④ 3,068명
⑤ 3,072명

| 02 | 추리

※ 제시된 명제가 모두 참일 때, 다음 중 빈칸에 들어갈 명제로 가장 적절한 것을 고르시오. [1~3]

01

전제1. 공부를 잘하는 사람은 모두 꼼꼼하다.
전제2. ____________________
결론. 꼼꼼한 사람 중 일부는 시간 관리를 잘한다.

① 꼼꼼한 사람은 시간 관리를 잘하지 못한다.
② 시간 관리를 잘하지 못하는 사람은 꼼꼼하다.
③ 공부를 잘하는 사람 중 일부는 꼼꼼하지 않다.
④ 공부를 잘하는 어떤 사람은 시간 관리를 잘한다.
⑤ 시간 관리를 잘하는 사람 중 일부는 꼼꼼하지 않다.

02

전제1. 오늘이 수요일이나 목요일이면 아침에 커피를 마신다.
전제2. ____________________
결론. 아침에 커피를 마시지 않은 날은 회사에서 회의를 한다.

① 회사에서 회의를 하면 수요일이다.
② 수요일에 회사에서 회의하면 목요일은 회의하지 않는다.
③ 회사에서 회의를 하지 않으면 아침에 커피를 마시지 않는다.
④ 수요일 아침에 커피를 마시면 목요일 아침에 커피를 마시지 않는다.
⑤ 회사에서 회의를 하지 않으면 수요일이나 목요일이다.

03

전제1. 금값이 오르면 어떤 사람은 X매물을 매도한다.
전제2. X매물을 매도한 모든 사람은 Y매물을 매수한다.
결론. ____________________

① 금값이 오르면 모든 사람은 Y매물을 매수한다.
② 금값이 오르면 어떤 사람은 Y매물을 매수한다.
③ 모든 사람이 X매물을 매도하면 금값이 오른다.
④ 모든 사람이 Y매물을 매수하면 금값이 오른다.
⑤ Y매물을 매도한 모든 사람은 X매물을 매수한다.

04 백혈병에 걸린 아이들을 돕기 위한 자선 축구대회에 한국, 일본, 중국, 미국 대표팀이 초청되었다. 이들이 월요일부터 금요일까지 〈조건〉에 따라 서울, 수원, 인천, 대전 경기장에서 연습을 하게 된다고 할 때 다음 중 옳지 않은 것은?

> **조건**
> - 각 경기장에는 한 팀씩 연습하며 연습을 쉬는 팀은 없다.
> - 모든 팀은 모든 구장에서 적어도 한 번 이상 연습을 하여야 한다.
> - 외국에서 온 팀의 첫 훈련은 공항에서 가까운 수도권 지역에 배정한다.
> - 이동거리 최소화를 위해 각 팀은 한 번씩 경기장 한 곳을 두 번 연속해서 사용해야 한다.
> - 미국은 월요일과 화요일에 수원에서 연습을 한다.
> - 목요일에 인천에서는 아시아 팀이 연습을 할 수 없다.
> - 금요일에 중국은 서울에서, 미국은 대전에서 연습을 한다.
> - 한국은 인천에서 연속으로 연습을 한다.

① 목요일, 금요일에 연속으로 같은 지역에서 연습하는 팀은 없다.
② 대전에는 한국, 중국, 일본, 미국의 순서로 연습을 한다.
③ 한국은 화요일, 수요일에 같은 지역에서 연습을 한다.
④ 미국과 일본은 한 곳을 연속해서 사용하는 날이 같다.
⑤ 수요일에 대전에서는 일본이 연습을 한다.

05 S회사 영업부서 직원들은 사장님의 지시에 따라 금일 건강검진을 받으러 병원에 갔다. 영업부서는 A사원, B사원, C대리, D과장, E부장 총 5명으로 이루어져 있고, 다음 〈조건〉에 따라 이들의 건강검진 순서를 정하려고 할 때, C대리는 몇 번째로 검진을 받을 수 있는가?

> **조건**
> - A사원과 B사원은 이웃하여 있다.
> - B사원은 E부장보다 뒤에 있다.
> - D과장은 A사원보다 앞에 있다.
> - E부장과 B사원 사이에는 2명이 있다.
> - C대리와 A사원 사이에는 2명이 있다.

① 첫 번째 또는 두 번째
② 두 번째 또는 세 번째
③ 세 번째 또는 네 번째
④ 네 번째 또는 다섯 번째
⑤ 첫 번째 또는 세 번째

06 3학년 1반에서는 학생들의 투표를 통해 득표수에 따라 학급 대표를 선출하기로 하였고, 학급 대표 후보로 A～E가 나왔다. 투표 결과 A～E의 득표수가 다음과 같을 때, 바르게 추론한 것은?(단, 1반 학생들은 총 30명이며, 다섯 후보의 득표수는 서로 다르다)

- A는 15표를 얻었다.
- B는 C보다 2표를 더 얻었지만, A보다는 적은 표를 얻었다.
- D는 A보다 적은 표를 얻었지만, C보다는 많은 표를 얻었다.
- E는 1표를 얻어 가장 적은 득표수를 기록했다.

① A가 학급 대표로 선출된다.
② B보다 D의 득표수가 많다.
③ D보다 B의 득표수가 많다.
④ 5명 중 2명이 10표 이상을 얻었다.
⑤ 최다 득표자는 과반수 이상의 표를 얻었다.

07 S사의 부산 지점에서 근무 중인 A과장, B대리, C대리, D대리, E사원은 2명 또는 3명으로 팀을 이루어 세종특별시, 서울특별시, 인천광역시, 광주광역시 네 지역으로 출장을 가야 한다. 지역별로 출장을 가는 팀을 구성한 결과가 다음과 같을 때, 항상 옳은 것은?(단, 모든 직원은 1회 이상의 출장을 가며, 지역별 출장일은 서로 다르다)

- A과장은 네 지역으로 모두 출장을 간다.
- B대리는 모든 특별시로 출장을 간다.
- C대리와 D대리가 함께 출장을 가는 경우는 단 한 번뿐이다.
- 광주광역시에는 E사원을 포함한 2명의 직원이 출장을 간다.
- 한 지역으로만 출장을 가는 사람은 E사원뿐이다.

① B대리는 D대리와 함께 출장을 가지 않는다.
② B대리는 C대리와 함께 출장을 가지 않는다.
③ C대리는 특별시로 출장을 가지 않는다.
④ D대리는 특별시로 출장을 가지 않는다.
⑤ D대리는 E사원과 함께 출장을 가지 않는다.

08 5층인 S빌라에 A～E 5명이 각 층마다 1명씩 살고 있다. 다음 진술 중 1명이 거짓을 말했다면, 거짓을 말한 사람은 누구인가?

- A : C는 가장 위에 살고 있어.
- B : D의 바로 위층에는 C가 살고 있어.
- C : E보다 위에 사는 사람은 총 4명이야.
- D : C의 바로 아래층에는 B가 살고 있어.
- E : 내 바로 위층에는 A가 살고, 나는 D와 2층 차이가 나.

① A
② B
③ C
④ D
⑤ E

09 8조각의 피자를 A～D가 나눠 먹는다고 할 때, 다음 중 참이 아닌 것은?

- 4명의 사람 중 피자를 1조각도 먹지 않은 사람은 없다.
- A는 피자 2조각을 먹었다.
- 피자를 가장 적게 먹은 사람은 B이다.
- C는 D보다 피자 1조각을 더 많이 먹었다.

① 피자 1조각이 남는다.
② 2명이 짝수 조각의 피자를 먹었다.
③ A와 D가 먹은 피자 조각 수는 같다.
④ C가 가장 많은 조각의 피자를 먹었다.
⑤ B는 D보다 피자 1조각을 덜 먹었다.

10 S사에서는 직원 A ~ G 7명을 대상으로 서비스만족도 조사를 진행했다. 서비스만족도 조사 결과가 다음과 같을 때, 반드시 참인 것은?

> • A대리는 B사원보다 높은 점수를 받았다.
> • B사원은 C과장보다 높은 점수를 받았다.
> • C과장은 D사원보다 높은 점수를 받았다.
> • E부장은 가장 낮은 점수를 받지 않았다.
> • F대리는 B사원과 E부장보다 높은 점수를 받았지만, G사원보다는 낮은 점수를 받았다.

① E부장은 4등 안에 들었다.
② B사원이 4등이면 G사원은 1등이다.
③ F대리가 3등이면 A대리는 1등이다.
④ C과장이 5등이라면 B사원이 4등이다.
⑤ 자신의 등수를 확실히 알 수 있는 사람은 2명이다.

11 S사의 영업팀 팀장은 팀원들의 근태를 평가하기 위하여 영업팀 직원 A ~ F의 출근 시각을 확인하였다. 확인한 결과가 다음과 같을 때, 항상 옳은 것은?(단, A ~ F의 출근 시각은 모두 다르며, 먼저 출근한 사람만 늦게 출근한 사람의 시간을 알 수 있다)

> • C는 E보다 먼저 출근하였다.
> • D는 A와 B보다 먼저 출근하였다.
> • E는 A가 도착하기 직전 또는 직후에 출근하였다.
> • E는 F보다 늦게 출근하였지만, 꼴찌는 아니다.
> • F는 B가 도착하기 바로 직전에 출근하였다.

① A는 B의 출근 시각을 알 수 있다.
② B는 C의 출근 시각을 알 수 있다.
③ C는 A ~ F의 출근 순서를 알 수 있다.
④ D가 C보다 먼저 출근했다면, A ~ F의 출근 순서를 알 수 있다.
⑤ F가 C보다 먼저 출근했다면, D의 출근 시각을 알 수 있다.

12 S사 재무팀 직원들은 회의를 위해 회의실에 모였다. 회의실의 테이블은 원형이고, 다음 〈조건〉에 따라 자리 배치를 하려고 할 때, 김팀장을 기준으로 시계 방향으로 앉은 사람을 순서대로 나열한 것은?

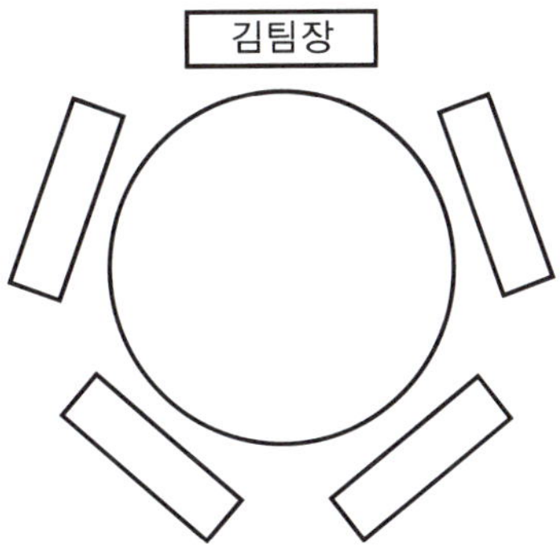

조건

- 정차장과 오과장은 서로 사이가 좋지 않아서 나란히 앉지 않는다.
- 김팀장은 정차장이 바로 오른쪽에 앉기를 바란다.
- 한대리는 오른쪽 귀가 좋지 않아서 양사원이 왼쪽에 앉기를 바란다.

① 김팀장 – 정차장 – 양사원 – 한대리 – 오과장
② 김팀장 – 한대리 – 오과장 – 정차장 – 양사원
③ 김팀장 – 양사원 – 정차장 – 오과장 – 한대리
④ 김팀장 – 오과장 – 양사원 – 한대리 – 정차장
⑤ 김팀장 – 오과장 – 한대리 – 양사원 – 정차장

13 이번 학기에 4개의 강좌 A～D가 새로 개설되는데, 강사 갑～무 5명 중 4명이 한 강좌씩 맡으려 한다. 배정 결과를 궁금해 하는 5명은 제시된 〈조건〉과 같이 예측했다. 배정 결과를 보니 갑～무의 진술 중 1명의 진술만이 거짓이고 나머지는 참임이 드러났을 때, 다음 중 바르게 추론한 것은?

조건

- 갑 : 을이 A강좌를 담당하고 병은 강좌를 담당하지 않을 것이다.
- 을 : 병이 B강좌를 담당할 것이다.
- 병 : 정은 D강좌가 아닌 다른 강좌를 담당할 것이다.
- 정 : 무가 D강좌를 담당할 것이다.
- 무 : 을의 말은 거짓일 것이다.

① 갑은 A강좌를 담당한다.
② 을은 C강좌를 담당한다.
③ 병은 강좌를 담당하지 않는다.
④ 정은 D강좌를 담당한다.
⑤ 무는 B강좌를 담당한다.

14 기획부 부서회의에 최부장, 김과장, 이대리, 조대리, 한사원, 박사원 중 일부만 회의에 참석할 예정이다. 다음 〈조건〉을 바탕으로 최부장이 회의에 참석했을 때, 회의에 반드시 참석하는 직원의 수는?

조건

- 한사원이 회의에 참석하지 않으면 박사원도 참석하지 않는다.
- 조대리가 회의에 참석하면 이대리는 참석하지 않는다.
- 최부장이 회의에 참석하면 이대리도 참석한다.
- 박사원이 회의에 참석하지 않으면 최부장도 참석하지 않는다.

① 1명
② 2명
③ 3명
④ 4명
⑤ 5명

※ 다음 도형의 규칙을 보고 물음표에 들어갈 도형으로 알맞은 것을 고르시오. [15~17]

15

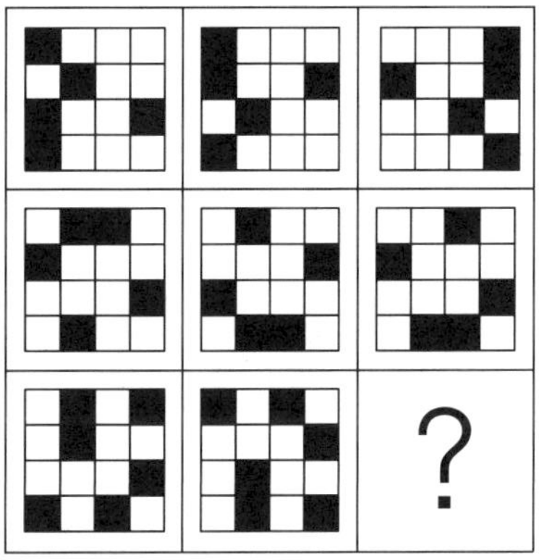

① 

② 

③ 

④ 

⑤ 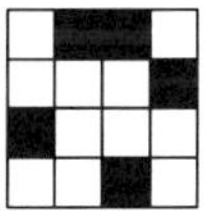

16

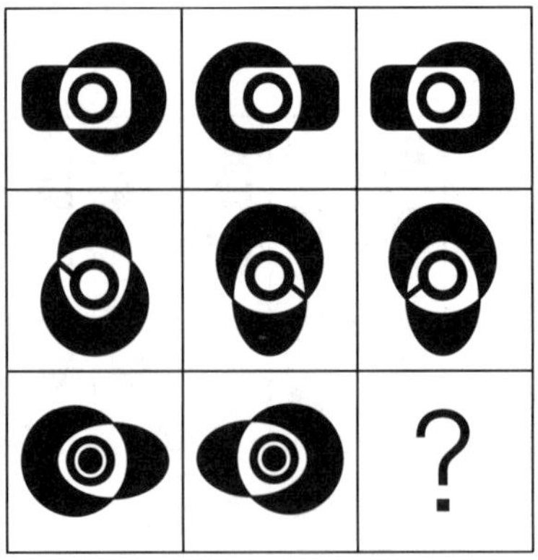

① 

② 

③ 

④ 

⑤ 

17

① 

② 

③ 

④ 

⑤ 

※ 다음 도식에서 기호들은 일정한 규칙에 따라 문자를 변화시킨다. 물음표에 들어갈 문자로 알맞은 것을 고르시오(단, 규칙은 가로와 세로 중 한 방향으로만 적용된다). **[18~21]**

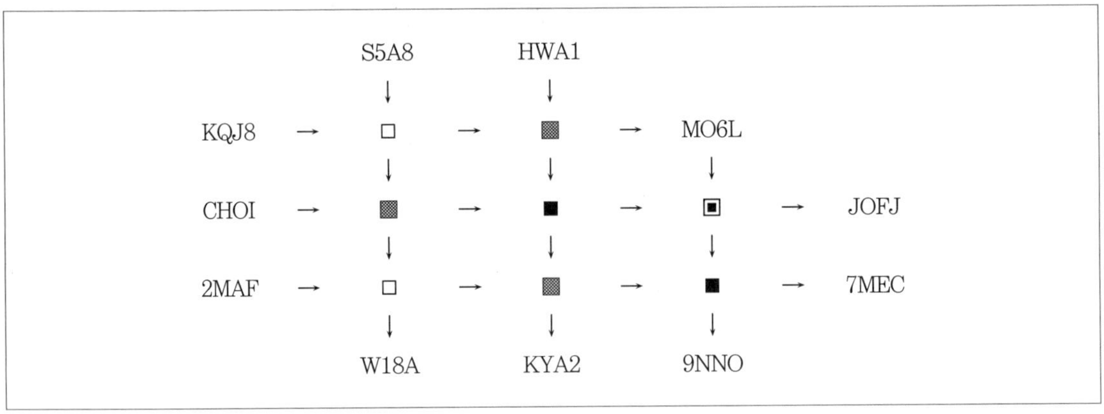

18

VEN8 → ▣ → ▩ → ?

① N8VE
② 8NEV
③ N8EV
④ 8ENV
⑤ 8NVE

19

OK15 → ■ → □ → ?

① 52RM
② RM52
③ 43TK
④ TK43
⑤ 42RK

20

? → □ → ▣ → 55DQ

① BS37
② BS55
③ DQ37
④ DQ55
⑤ QD55

21

? → □ → ■ → PZHK

① XGKM
② MXGK
③ KZEM
④ KEMZ
⑤ ZEMK

※ 다음 문단을 논리적 순서대로 바르게 나열한 것을 고르시오. [22~23]

22

(가) 1980년대 말 미국 제약협회는 특허권을 통해 25년 동안 의약품의 독점 가격을 법으로 보장하도록 칠레 정부를 강하게 압박했다. 1990년 칠레 정부는 특허법 개정안을 제시했지만, 미국 제약협회는 수용을 거부했다.
(나) 그러나 칠레의 사례는 이보다 훨씬 더 큰 사건을 예고하는 것이었다. 바로 세계무역기구에서 관리하는 1994년의 무역 관련 지적재산권 협정이다. 이 협정의 채택은 개별 국가의 정책에 영향을 미치는 강제력이 있는 전 지구적 지적재산권 체제의 시대가 왔음을 의미한다. 12명의 미국인으로 구성된 지적재산권 위원회가 그 모든 결정권자였다.
(다) 결국 칠레는 특허법 개정안을 원점에서 재검토하여 의약품에 대한 15년 동안의 특허 보호를 인정하는 개정안을 마련하였다. 이를 특허법에 반영하였고, 미국 제약협회는 이에 만족한다고 발표하였다.
(라) 1990년 미국의 제약협회가 외국의 주권 국가가 제정한 법률을 거부하고 고치도록 영향력을 행사하는 사건이 일어났다. 1990년 전까지 칠레는 의약품에 대한 특허권을 인정하지 않았다. 특허권과 같은 재산권보다 공중 건강을 더 중시해 필요한 의약품의 가격을 적정 수준으로 유지하려는 노력의 일환이었다.

① (가) – (나) – (라) – (다)
② (나) – (가) – (라) – (다)
③ (다) – (가) – (라) – (나)
④ (라) – (가) – (다) – (나)
⑤ (라) – (나) – (가) – (다)

23

(가) 하지만 영화를 볼 때 소리를 없앤다면 어떤 느낌이 들까? 아마 내용이나 분위기, 인물의 심리 등을 파악하기 힘들 것이다. 이런 점을 고려할 때 영화 속 소리는 영상과 분리해서 생각할 수 없는 필수 요소라고 할 수 있다. 소리는 영상 못지않게 다양한 기능이 있기 때문에 현대 영화감독들은 영화 속 소리를 적극적으로 활용하고 있다.
(나) 이와 같이 영화 속 소리는 다양한 기능을 수행하기 때문에 영화의 예술적 상상력을 빼앗는 것이 아니라 오히려 더 풍부하게 해 준다. 그래서 현대 영화에서 소리를 빼고 작품을 완성한다는 것은 생각하기 어려운 일이 되었다.
(다) 영화의 소리에는 대사, 음향 효과, 음악 등이 있으며, 이러한 소리들은 영화에서 다양한 기능을 수행한다. 우선, 영화 속 소리는 다른 예술 장르의 표현 수단보다 더 구체적이고 분명하게 내용을 전달하는 데 도움을 줄 수 있다. 그리고 줄거리 전개에 도움을 주거나 작품의 상징적 의미를 전달할 뿐만 아니라 주제 의식을 강조하는 역할을 하기도 한다. 또한 영상에 현실감을 줄 수 있으며, 영상의 시공간적 배경을 확인시켜 주는 역할도 하며 영화 속 소리는 영화의 분위기를 조성하고 인물의 내면 심리도 표현할 수 있다.
(라) 유성영화가 등장했던 1920년대 후반에 유럽의 표현주의나 형식주의 감독들은 영화 속의 소리에 대한 부정적인 견해가 컸다. 그들은 가장 영화다운 장면은 소리 없이 움직이는 그림으로만 이루어진 장면이라고 믿었다. 그래서 그들은 영화 속 소리가 시각 매체인 영화의 예술적 효과와 영화적 상상력을 빼앗을 것이라고 내다보았다.

① (가) – (다) – (라) – (나)
② (나) – (라) – (가) – (다)
③ (다) – (가) – (라) – (나)
④ (라) – (가) – (다) – (나)
⑤ (라) – (다) – (가) – (나)

24 다음 글의 제목으로 가장 적절한 것은?

제4차 산업혁명은 인공지능이 기존의 자동화 시스템과 연결되어 효율이 극대화되는 산업 환경의 변화를 의미한다.
2016년 세계경제포럼에서 언급되어, 유행처럼 번지는 용어가 되었다. 학자에 따라 바라보는 견해는 다르지만 대체로 기계학습과 인공지능의 발달이 그 수단으로 꼽힌다.
2010년대 중반부터 드러나기 시작한 제4차 산업혁명은 현재진행형이며 그 여파는 사회 곳곳에서 드러나고 있다. 현재도 사람을 기계와 인공지능이 대체하고 있고, 현재 일자리의 80 ~ 99%까지 대체될 것으로 보는 견해도 있다.
만약 우리가 현재의 경제 구조를 유지한 채로 이와 같은 극단적인 노동 수요 감소를 맞게 된다면, 전후 미국의 대공황 등과는 차원이 다른 끔찍한 대공황이 발생할 것이다. 계속해서 일자리가 줄어들수록 중・하위 계층은 사회에서 밀려날 수밖에 없는데 반면 자본주의 사회의 특성상 많은 비용을 수반하는 과학기술의 연구는 자본에 종속될 수밖에 없기 때문이다. 물론 지금도 이러한 현상이 없는 것은 아니지만, 아직까지는 단순노동이 필요하기 때문에 노동력을 제공하는 중・하위층들도 불합리한 부분들에 파업과 같은 실력행사를 할 수 있었다. 그러나 앞으로 자동화가 더욱 진행되어 노동의 필요성이 사라진다면 그들을 배려해야 할 당위성은 법과 제도가 아닌 도덕이나 인권과 같은 윤리적인 영역에만 남게 되는 것이다.
반면에, 이를 긍정적으로 생각한다면 이처럼 일자리가 없어졌을 때 극소수에 해당하는 경우를 제외한 나머지 사람들은 노동에서 완전히 해방되어 인공지능이 제공하는 무제한적인 자원을 마음껏 향유할 수도 있을 것이다. 하지만 이러한 미래는 지금의 자본주의보다는 사회주의 경제 체제에 가깝다. 이 때문에 많은 경제학자와 미래학자들은 제4차 산업혁명 이후의 미래를 장밋빛으로 바꿔나가기 위해 기본소득제 도입 등의 시도와 같은 고민들을 이어가고 있다.

① 제4차 산업혁명의 의의
② 제4차 산업혁명의 빛과 그늘
③ 제4차 산업혁명의 위험성
④ 제4차 산업혁명에 대한 준비
⑤ 제4차 산업혁명의 시작

25 다음 글의 내용이 참일 때 항상 참이 아닌 것은?

> 스마트폰, 태블릿 등의 각종 스마트기기가 우리 생활 속으로 들어옴에 따라 회사에 굳이 출근하지 않아도 업무 수행이 가능해졌다. 이에 따라 기업들은 일하는 시간과 공간에 제약이 없는 유연근무제를 통해 업무 생산성을 향상시켜 경쟁력을 키워가고 있다. 유연근무제는 근로자와 사용자가 근로시간이나 근로 장소 등을 선택·조정하여 일과 생활을 조화롭게(Work-Life Balance) 하고, 인력 활용의 효율성을 높일 수 있는 제도를 말한다.
>
> 젊은 인재들은 승진이나 금전적 보상과 같은 전통적인 동기부여 요소보다 조직으로부터의 인정, 성장 기회, 업무에 대한 자기 주도성, 일과 삶의 균형 등에서 더 큰 몰입과 충성도를 느낀다. 결국 유연근무제는 그 자체만으로도 큰 유인 요소로 작용할 수 있다.
>
> 유연근무제는 시차출퇴근제, 선택근무제, 재량근무제, 원격근무제, 재택근무제 등의 다양한 형태로 운영될 수 있다. 시차출퇴근제는 주5일, 1일 8시간, 주당 40시간이라는 기존의 소정근로시간을 준수하면서 출퇴근 시간을 조정할 수 있다. 선택근무제 역시 출퇴근 시간을 근로자가 자유롭게 선택할 수 있으나, 시차출퇴근제와 달리 1일 8시간이라는 근로시간에 구애받지 않고 주당 40시간의 범위 내에서 1일 근무시간을 자율적으로 조정할 수 있다. 선택근무제는 기업 상황과 여건에 따라 연구직, 일반 사무관리직, 생산직 등 다양한 직무에 도입할 수 있으나, 근로시간이나 근로일에 따라 업무량의 편차가 발생할 수 있으므로 업무 조율이 가능한 소프트웨어 개발, 사무관리, 연구, 디자인, 설계 등의 직무에 적용이 용이하다.
>
> 재량근무제는 근로시간 및 업무수행 방식을 근로자 스스로 결정하여 근무하는 형태로, 고도의 전문 지식과 기술이 필요하여 업무수행 방법이나 시간 배분을 업무수행자의 재량에 맡길 필요가 있는 분야에 적합하다. 재량근무제 적용이 가능한 업무는 신기술의 연구개발이나 방송 프로그램·영화 등의 감독 업무 등 법으로 규정되어 있으므로 그 외의 업무는 근로자와 합의하여도 재량근무제를 실시할 수 없다.
>
> 원격근무제는 주1일 이상 원격근무용 사무실이나 사무실이 아닌 장소에서 모바일 기기를 이용하여 근무하는 형태로, 크게 위성 사무실형 원격근무와 이동형 원격근무 두 가지 유형으로 구분할 수 있다. 위성 사무실형 원격근무는 주거지, 출장지 등과 가까운 원격근무용 사무실에 출근하여 근무하는 형태로, 출퇴근 거리 감소와 업무 효율성 증진의 효과를 얻을 수 있다. 이동형 원격근무는 사무실이 아닌 장소에서 모바일 기기를 이용하여 장소적 제약 없이 근무하는 형태로, 현장 업무를 신속하게 처리하고 메일이나 결재 처리를 단축시킬 수 있다는 장점이 있다. 원격근무제는 재량근무제와 달리 적용 가능한 직무의 제한을 두지 않으나, 위성 사무실형 원격근무는 개별적·독립적으로 업무수행이 가능한 직무에, 이동형 원격근무는 물리적 작업공간이 필요하지 않는 직무에 용이하다.
>
> 마지막으로 재택근무제는 근로자가 정보통신기술을 활용하여 자택에 업무공간을 마련하고, 업무와 필요한 시설과 장비를 구축한 환경에서 근무하는 형태로, 대부분의 근무를 재택으로 하는 상시형 재택근무와 일주일 중 일부만 재택근무를 하는 수시형 재택근무로 구분할 수 있다.

① 선택근무제는 반드시 주5일의 근무 형태로 운영되어야 한다.
② 시차출퇴근제는 반드시 하루 8시간의 근무 형태로 운영되어야 한다.
③ 일반 사무 업무에서는 근로자와 사용자가 합의하여도 재량근무제를 운영할 수 없다.
④ 현장에서 직접 처리해야 하는 업무가 많은 직무라면 이동형 원격근무제를 운영할 수 있다.
⑤ 근로자를 일주일 중 며칠만 자택에서 근무하게 하더라도 재택근무를 운영하고 있다고 볼 수 있다.

26 다음 글의 내용이 참일 때 항상 참인 것은?

우리는 물놀이를 할 때는 구명조끼, 오토바이를 탈 때는 보호대를 착용한다. 이외에도 각종 작업 및 스포츠 활동을 할 때 안전을 위해 보호 장치를 착용하는데, 위험성이 높을수록 이러한 안전장치의 필요성이 높아진다. 특히 자칫 잘못하면 생명을 위협할 수 있는 송배전 계통에선 감전 등의 전기사고를 방지하기 위한 안전장치가 필요한데 그중에 하나가 '접지'이다.

접지란, 감전 등의 전기사고 예방 목적으로 전기회로 또는 전기기기, 전기설비의 어느 한쪽을 대지에 연결하여 기기와 대지와의 전위차가 0V가 되도록 하는 것으로 전류는 전위차가 있을 때에만 흐르므로 접지가 되어 있는 전기회로 및 설비에는 사람의 몸이 닿아도 감전되지 않게 된다.

접지를 하는 가장 큰 목적은 사람과 가축의 감전을 방지하기 위해서이다. 전기설비의 전선 피복이 벗겨지거나 노출된 상태에서 사람이나 가축이 전선이나 설비의 케이스를 만지면 감전사고로 인한 부상 및 사망 등의 위험이 높아지기 때문이다.

접지의 또 다른 목적 중 하나는 폭발 및 화재방지이다. 마찰 등에 의한 정전기 발생 위험이 있는 장치 및 물질을 취급하는 전기설비들은 자칫하면 정전기 발생이 화재 및 폭발로 이어질 수 있기 때문에 정전기 발생을 사전에 예방하기 위해 접지를 해둬야 한다.

그 외에도 송전선으로부터 인근 통신선의 유도장해 방지, 전기설비의 절연파괴 방지에 따른 신뢰도 향상 등을 위해 접지를 사용하기도 한다.

접지방식에는 비접지방식, 직접 접지방식, 저항 접지방식, 리액터 접지방식이 있다. 비접지방식의 경우 접지를 위해 중성점에 따로 금속선을 연결할 필요는 없으나, 송배전 계통의 전압이 높고 선로의 전압이 높으면 송전선로, 배전선로의 일부가 대지와 전기적으로 연결되는 지락사고를 발생시킬 수 있는 것이 단점이다. 반대로 우리나라에서 가장 많이 사용하는 직접 접지방식은 중성점에 금속선을 연결한 것으로 절연비를 절감할 수 있지만, 금속선을 타고 지락 전류가 많이 흐르므로 계통의 안정도가 나쁘다.

그 밖에도 저항 접지방식은 중성점에 연결하는 선의 저항 크기에 따라 고저항 접지방식과 저저항 접지방식이 있으며, 접지 저항이 너무 작으면 송배전선 인근 통신선에 유도장애가 커지고, 반대로 너무 크면 평상시 대지 전압이 높아진다.

리액터 접지방식도 저항 접지방식과 같이 임피던스의 크기에 따라 저임피던스 접지방식과 고임피던스 접지방식이 있고, 임피던스가 너무 작으면 인근 통신선에 유도장애가 커지고, 너무 크면 평상시 대지 전압이 높아진다.

이처럼 각 접지 종류별로 장단점이 있어 모든 전기사고를 완벽히 방지할 수는 없기에, 더 안전하고 완벽한 접지에 대한 연구의 필요성이 높아진다.

① 접지를 하지 않으면 정전기가 발생한다.
② 전위차가 없더라도 전류가 흐를 수도 있다.
③ 위험성이 낮을 경우 안정장치는 필요치 않게 된다.
④ 전기사고를 방지하는 안정장치는 접지 외에도 다른 방법이 있다.
⑤ 중성점에 연결하는 선의 저항 크기와 임피던스의 크기는 상관관계가 있다.

27 다음 글을 읽고, 뒤르켐이 헤겔에게 비판할 수 있는 주장으로 가장 적절한 것은?

> 시민 사회라는 용어는 17세기에 등장했지만 19세기 초에 이를 국가와 구분하여 개념적으로 정교화한 인물이 헤겔이다. 그가 활동하던 시기에 유럽의 후진국인 프러시아에는 절대주의 시대의 잔재가 아직 남아 있었다. 산업 자본주의도 미성숙했던 때여서 산업화를 추진하고 자본가들을 육성하며 심각한 빈부 격차나 계급 갈등 등의 사회문제를 해결해야 하는 시대적 과제가 있었다. 그는 사익의 극대화가 국부를 증대해준다는 점에서 공리주의를 긍정했으나 그것이 시민 사회 내에서 개인들의 무한한 사익 추구가 일으키는 빈부 격차나 계급 갈등을 해결할 수는 없다고 보았다. 그는 시민 사회가 개인들의 사적 욕구를 추구하며 살아가는 생활 영역이자 그 욕구를 사회적 의존 관계 속에서 추구하게 하는 공동체적 윤리성의 영역이어야 한다고 생각했다. 특히 시민 사회 내에서 사익 조정과 공익 실현에 기여하는 직업 단체와 복지 및 치안 문제를 해결하는 복지 행정 조직의 역할을 설정 하면서, 이 두 기구가 시민 사회를 이상적인 국가로 이끌 연결 고리가 될 것으로 기대했다. 하지만 빈곤과 계급 갈등은 시민 사회 내에서 근원적으로 해결될 수 없는 것이었다. 따라서 그는 국가를 사회 문제를 해결하고 공적 질서를 확립할 최종 주체로 설정하면서 시민 사회가 국가에 협력해야 한다고 생각했다.
>
> 한편 1789년 프랑스 혁명 이후 프랑스 사회는 혁명을 이끌었던 계몽주의자들의 기대와는 다른 모습을 보이고 있었다. 사회는 사익을 추구하는 파편화된 개인들의 각축장이 되어 있었고 빈부 격차와 계급 갈등은 격화된 상태였다. 이러한 혼란을 극복하기 위해 노동자 단체와 고용주 단체 모두를 불법으로 규정한 르샤폴리에법이 1791년부터 약 90년간 시행되었으나, 이 법은 분출되는 사익의 추구를 억제하지도 못하면서 오히려 프랑스 시민 사회를 극도로 위축시켰다.
>
> 뒤르켐은 이러한 상황을 아노미, 곧 무규범 상태로 파악하고 최대 다수의 최대 행복을 표방하는 공리주의가 사실은 개인의 이기심을 전제로 하고 있기에 아노미를 조장할 뿐이라고 생각했다. 그는 사익을 조정하고 공익과 공동체적 연대를 실현할 도덕적 개인주의의 규범에 주목하면서, 이를 수행할 주체로서 직업 단체의 역할을 강조하였다. 뒤르켐은 직업 단체가 정치적 중간 집단으로서 구성원의 이해관계를 국가에 전달하는 한편 국가를 견제해야 한다고 보았던 것이다.

① 직업 단체와 복지행정조직이 시민 사회를 이상적인 국가로 이끌어줄 열쇠예요.
② 직업 단체는 정치적 중간집단의 역할로 빈곤과 계급 갈등을 근원적으로 해결하지 못해요.
③ 국가가 주체이기는 하지만 공동체적 연대의 실현을 수행할 중간 집단으로서의 주체가 필요해요.
④ 국가는 최종 주체로 설정한다면 사익을 조정할 수 있고, 공적 질서를 확립할 수 있어요.
⑤ 공리주의는 개인의 이기심을 전제로 하고 있기 때문에 아노미를 조장할 뿐이에요.

28 다음 글을 통해 추론할 수 있는 내용으로 옳은 것은?

사람의 눈은 지름 약 2.3cm의 크기로 앞쪽이 볼록 튀어나온 공처럼 생겼으며 탄력이 있다. 눈의 가장 바깥 부분은 흰색의 공막이 싸고 있으며 그 안쪽에 검은색의 맥락막이 있어 눈동자를 통해서만 빛이 들어가도록 되어 있다. 눈의 앞쪽은 투명한 각막으로 되어 있는데, 빛은 이 각막을 통과하여 그 안쪽에 있는 렌즈 모양의 수정체에 의해 굴절되어 초점이 맞추어져 망막에 상을 맺는다. 이 망막에는 빛의 자극을 받아들이는 시신경 세포가 있다.

이 시신경세포는 원뿔 모양의 '원추세포'와 간상세포(桿狀細胞)로도 불리는 막대 모양의 '막대세포'라는 두 종류로 이루어진다. 원추세포는 눈조리개의 초점 부근 좁은 영역에 주로 분포되어 있으며, 그 세포 수는 막대 세포에 비해 매우 적다. 이에 반해 막대세포는 망막 전체에 걸쳐 분포되어 있고 그 세포 수는 원추세포에 비해 매우 많다. 원추세포와 막대세포는 각각 다른 색깔의 빛에 민감한데, 원추세포는 파장이 500나노미터 부근의 빛(노랑)에, 막대세포는 파장이 560나노미터 부근의 빛(초록)에 가장 민감하다.

원추세포는 그 수가 많지 않으므로, 우리 눈은 어두운 곳에서 색을 인식하는 능력은 많이 떨어지지만 밝은 곳에서는 제 기능을 잘 발휘하는데, 노란색 근처의 빛(붉은색 – 주황색 – 노란색 구간)이 특히 눈에 잘 띈다. 노란색이나 붉은색으로 경고나 위험 상황을 나타내는 것은 이 때문이다. 이 색들은 밝은 곳에서 눈에 잘 띄어 안전을 위해 효율적이지만 날이 어두워지면 무용지물이 될 수도 있다.

인간의 눈은 우리 주위에 가장 흔한 가시광선에 민감하도록 진화되어왔다고 할 수 있다. 즉, 우리 주위에 가장 흔하고 강한 노란빛에 민감하도록 진화해왔을 것이며, 따라서 우리가 노란색에 가장 민감함은 자연스러워 보인다. 그러나 시신경세포의 대부분은 막대세포들인데, 이 막대세포는 비타민 A에서 생긴 로돕신이라는 물질이 있어 빛을 감지할 수 있다. 로돕신은 빛을 받으면 분해되어 시신경을 자극하고, 이 자극이 대뇌에 전달되어 물체를 인식한다. 그 세포들은 비록 색을 인식하지는 못하지만, 초록색 빛을 더 민감하게 인식한다. 즉, 비록 색깔을 인식하지 못한다 할지라도 어두운 곳에서는 초록색 물체가 잘 보인다.

① 위험 지역에 노란색이나 붉은색의 경고등을 설치하는 것은 우리 눈의 막대세포의 수와 관련이 있다.
② 어두운 터널 내에는 노란색의 경고 표지판보다 초록색의 경고 표지판을 설치하는 것이 더 효과적이다.
③ 막대세포의 수보다 원추세포의 수가 많다면 밝은 곳에서도 초록색 물체가 잘 보일 것이다.
④ 눈조리개의 초점 부근 좁은 영역에 분포하는 세포는 막대 모양을 하고 있다.
⑤ 시신경세포의 로돕신이 시신경을 자극함으로써 물체의 색을 인식할 수 있다.

29 다음 글을 통해 추론할 수 있는 내용으로 적절하지 않은 것은?

> '정보 파놉티콘(Panopticon)'은 사람에 대한 직접적 통제와 규율에 정보 수집이 합쳐진 것이다. 정보 파놉티콘에서의 '정보'는 벤담의 파놉티콘에서의 시선(視線)을 대신하여 규율과 통제의 메커니즘으로 작동한다. 작업장에서 노동자들을 통제하고 이들에게 규율을 강제한 메커니즘은 시선에서 정보로 진화했다. 19세기에는 사진 기술을 이용하여 범죄자 프로파일링을 했는데, 이 기술이 20세기의 폐쇄회로 텔레비전이나 비디오 카메라와 결합한 통계학으로 이어진 것도 그러한 맥락에서 이해할 수 있다. 더 극단적인 예를 들자면, 미국은 발목에 채우는 전자기기를 이용하여 죄수를 자신의 집 안과 같은 제한된 공간에 가두어 감시하면서 교화하는 프로그램을 운용하고 있다. 이 경우 개인의 집이 교도소로 변하고, 국가가 관장하던 감시가 기업이 판매하는 전자기기로 대체됨으로써 전자기술이 파놉티콘에서의 간수의 시선을 대신한다.
> 컴퓨터나 전자기기를 통해 얻은 정보가 간수의 시선을 대체했지만, 벤담의 파놉티콘에 갇힌 죄수가 자신이 감시를 당하는지 아닌지를 모르듯이, 정보 파놉티콘에 노출된 사람들 또한 자신의 행동이 국가나 직장의 상관에 의해 열람될지의 여부를 확신할 수 없다. "그들이 감시당하는지 모를 때도 우리가 그들을 감시하고 있다고 생각하도록 만든다."라고 한 관료가 논평했는데, 이는 파놉티콘과 전자 감시의 유사성을 뚜렷하게 보여준다.
> 전자 감시는 파놉티콘의 감시 능력을 전 사회로 확장했다. 무엇보다 시선에는 한계가 있지만 컴퓨터를 통한 정보 수집은 국가적이고 전 지구적이기 때문이다. "컴퓨터화된 정보 시스템이 작은 지역 단위에서만 효과적으로 작동했을 파놉티콘을 근대 국가에 의한 일상적인 대규모 검열로 바꾸었는가?"라고 한 정보사회학자 롭 클링은, 시선의 국소성과 정보의 보편성 사이의 차이를 염두에 두고 있었다. 철학자 들뢰즈는 이러한 인식을 한 단계 더 높은 차원으로 일반화하여, 지금 우리가 살고 있는 사회는 푸코의 규율 사회를 벗어난 새로운 통제 사회라고 주장했다.
> 그에 의하면 규율 사회는 증기 기관과 공장이 지배하고 요란한 구호에 의해 통제되는 사회이지만, 통제 사회는 컴퓨터와 기업이 지배하고 숫자와 코드에 의해 통제되는 사회이다.

① 정보 파놉티콘은 범죄자만 감시 대상에 해당하는 것이 아니다.
② 정보 파놉티콘이 종국에는 감시 체계 자체를 소멸시킬 것이다.
③ 정보 파놉티콘은 교정 시설의 체계를 효율적으로 바꿀 수 있다.
④ 정보 파놉티콘이 발달할수록 개인의 사생활은 보장될 수 없을 것이다.
⑤ 정보 파놉티콘은 기술이 발달할수록 더욱 정교해질 것이다.

30 다음 글을 토대로 〈보기〉를 바르게 해석한 것은?

> 음식이 상한 것과 가스가 새는 것을 쉽게 알아차릴 수 있는 것은 우리에게 냄새를 맡을 수 있는 후각이 있기 때문이다. 이처럼 후각은 우리 몸에 해로운 물질을 탐지하는 문지기 역할을 하는 중요한 감각이다. 어떤 냄새를 일으키는 물질을 '취기재(臭氣材)'라 부르는데, 우리가 어떤 냄새가 난다고 탐지할 수 있는 것은 취기재의 분자가 코의 내벽에 있는 후각 수용기를 자극하기 때문이다.
>
> 일반적으로 인간은 동물만큼 후각이 예민하지 않다. 물론 인간도 다른 동물과 마찬가지로 취기재의 분자 하나에도 민감하게 반응하는 후각 수용기를 갖고 있다. 하지만 개[犬]가 10억 개에 이르는 후각 수용기를 갖고 있는 것에 비해 인간의 후각 수용기는 1천만 개에 불과하여 인간의 후각이 개의 후각보다 둔한 것이다.
>
> 우리가 냄새를 맡으려면 공기 중에 취기재의 분자가 충분히 많아야 한다. 다시 말해, 취기재의 농도가 어느 정도에 이르러야 냄새를 탐지할 수 있다. 이처럼 냄새를 탐지할 수 있는 최저 농도를 '탐지 역치'라 한다. 탐지 역치는 취기재에 따라 차이가 있다. 우리가 메탄올보다 박하 냄새를 더 쉽게 알아챌 수 있는 까닭은 메탄올의 탐지 역치가 박하향에 비해 약 3,500배 가량 높기 때문이다.
>
> 취기재의 농도가 탐지 역치 정도의 수준에서는 냄새가 나는지 안 나는지 정도를 탐지할 수는 있지만 그 냄새가 무슨 냄새인지 인식하지 못한다. 즉 냄새의 존재 유무를 탐지할 수는 있어도 냄새를 풍기는 취기재의 정체를 인식하지는 못하는 상태가 된다. 취기재의 정체를 인식하려면 취기재의 농도가 탐지 역치보다 3배 가량은 높아야 한다. 즉 취기재의 농도가 탐지 역치 수준으로 낮은 상태에서는 그 냄새가 꽃향기인지 비린내인지 알 수 없는 것이다. 한편 같은 취기재들 사이에서는 농도가 평균 11% 정도 차이가 나야 냄새의 세기 차이를 구별할 수 있다고 알려져 있다.
>
> 연구에 따르면 인간이 구별할 수 있는 냄새의 가짓수는 10만 개가 넘는다. 하지만 그 취기재가 무엇인지 다 인식해 내지는 못한다. 그것은 우리가 모든 냄새에 대응되는 명명 체계를 갖고 있지 못할 뿐만 아니라 특정한 냄새와 그것에 해당하는 이름을 연결하는 능력이 부족하기 때문이다. 즉 인간의 후각은 기억과 밀접한 관련이 있는 것이다. 이에 따르면 어떤 냄새를 맡았을 때 그 냄새와 관련된 과거의 경험이나 감정이 떠오르는 일은 매우 자연스러운 현상이다.

> **보기**
>
> 한 실험에서 실험 참여자에게 실험에 쓰일 모든 취기재의 이름을 미리 알려 준 다음, 임의로 선택한 취기재의 냄새를 맡게 하고 그 종류를 맞히게 했다. 이때 실험 참여자가 틀린 답을 하면 그때마다 정정해 주었다. 그 결과 취기재의 이름을 알아맞히는 능력이 거의 두 배로 향상되었다.

① 인간은 동물과 비슷한 수준의 후각 수용기를 가지고 있다.
② 취기재 구별 능력이 향상된 것은 취기채의 농도가 탐지 역치보다 낮아졌기 때문이다.
③ 참여자의 구별 능력이 점차 나아지는 것은 냄새에 대응되는 이름을 기억했기 때문이다.
④ 참여자가 취기재를 구별할 수 있는 것은 후각 수용기의 수가 10억 개에 이르기 때문이다.
⑤ 실험 참여자가 지금보다 냄새를 더 잘 맡기 위해선 취기재의 농도를 탐지 역치보다 3배로 높여야 한다.

4일 차
기출응용 모의고사

www.sdedu.co.kr

〈문항 수 및 시험시간〉

삼성 온라인 GSAT		
영역	문항 수	시험시간
수리	20문항	30분
추리	30문항	30분

삼성 온라인 GSAT

4일 차 기출응용 모의고사

문항 수 : 50문항
시험시간 : 60분

| 01 | 수리

01 서진이, 민진이를 포함한 5명이 일렬로 놓인 영화관의 좌석에 앉으려고 한다. 서진이와 민진이 사이에 적어도 1명이 앉게 될 확률은?

① $\frac{1}{5}$
② $\frac{3}{5}$
③ $\frac{7}{15}$
④ $\frac{8}{15}$
⑤ $\frac{13}{17}$

02 S사는 작년 사원 수가 500명이었고, 올해 남자 사원이 작년보다 10% 감소하고, 여자 사원은 40% 증가하였다. 전체 사원 수는 작년보다 8%가 늘어났다고 할 때, 작년 남자 사원 수는?

① 280명
② 300명
③ 315명
④ 320명
⑤ 325명

03 다음은 2020년부터 2024년까지 20대 남녀의 흡연율과 음주율에 대한 그래프이다. 이에 대한 〈보기〉의 설명 중 옳은 것을 모두 고르면?

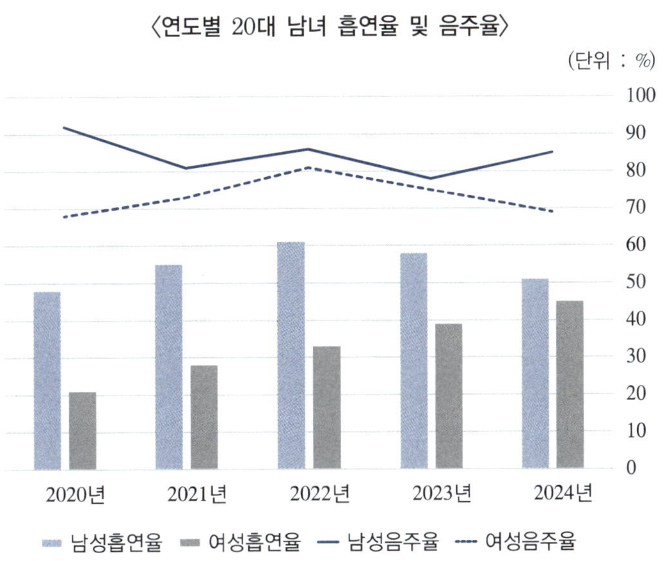

보기

ㄱ. 남성과 여성의 흡연율은 동일한 추이를 보인다.
ㄴ. 남성흡연율이 가장 낮은 연도와 여성흡연율이 가장 낮은 연도는 동일하다.
ㄷ. 남성은 음주율이 가장 낮은 해에 흡연율도 가장 낮다.
ㄹ. 2022년 남성과 여성의 음주율 차이는 10%p 이상이다.

① ㄱ
② ㄴ
③ ㄱ, ㄴ
④ ㄴ, ㄷ
⑤ ㄷ, ㄹ

04 다음은 지역별 가구의 PC 보유율에 대한 자료이다. 이에 대한 설명으로 옳지 않은 것은?

〈지역별 가구의 PC 보유율〉

(단위 : %)

구분	2020년	2021년	2022년	2023년	2024년
서울	88.7	89.0	86.9	83.7	82.5
부산	84.7	84.5	81.6	79.0	76.4
대구	81.6	81.5	81.1	76.9	76.0
인천	86.9	86.4	83.6	84.7	81.8
광주	84.4	85.2	82.8	83.2	80.0
대전	85.4	86.1	83.7	82.5	79.9
울산	87.7	88.0	87.1	85.6	88.3
경기	86.2	86.5	86.6	85.4	84.6
강원	77.2	78.2	67.0	64.3	62.5
충청	72.9	74.3	73.3	69.1	66.7
전라	69.3	71.3	67.8	65.6	65.7
경상	70.2	71.7	71.4	67.8	67.7
제주	77.4	79.1	78.3	76.2	74.9

① 충청·전라 지역의 PC 보유율 변화 양상은 동일하다.
② 대구 지역의 PC 보유율은 2020년 이래 지속 감소하고 있다.
③ 2021년 두 번째로 낮은 PC 보유율을 보인 지역은 경상 지역이다.
④ 전 기간 중 가장 낮은 PC 보유율을 기록한 지역은 강원 지역이다.
⑤ 광주 지역의 PC 보유율은 2020년 이래 증가와 감소가 반복되고 있다.

05 다음은 10개국의 국가별 주요 지표에 대한 자료이다. 이에 대한 설명으로 옳은 것은?

〈국가별 주요 지표〉

(단위 : %)

구분	인간개발지수	최근 국회의원 선거 투표율	GDP 대비 공교육비 비율	인터넷 사용률	1인당 GDP(달러)
벨기에	0.896	92.5	6.4	85	41,138
불가리아	0.794	54.1	3.5	57	16,956
칠레	0.847	49.3	4.6	64	22,145
도미니카공화국	0.722	69.6	2.1	52	13,375
이탈리아	0.887	75.2	4.1	66	33,587
대한민국	0.901	58.0	4.6	90	34,387
라트비아	0.830	58.9	4.9	79	22,628
멕시코	0.762	47.7	5.2	57	16,502
노르웨이	0.949	78.2	7.4	97	64,451
러시아	0.804	60.1	4.2	73	23,895

① 인터넷 사용률이 60% 미만인 나라의 수와 최근 국회의원 선거 투표율이 50% 이하인 나라의 수는 같다.
② GDP 대비 공교육비 비율이 가장 낮은 나라는 최근 국회의원 선거 투표율도 가장 낮다.
③ GDP 대비 공교육비 비율과 인터넷 사용률이 높은 국가 순위에서 각 1 ~ 3위는 같다.
④ 대한민국은 GDP 대비 공교육비 비율 하위 3개국 중 하나이다.
⑤ 1인당 GDP가 가장 높은 국가는 인간개발지수도 가장 높다.

06 다음은 청소년의 경제의식에 대한 설문조사 결과를 정리한 자료이다. 이에 대한 설명으로 옳은 것은?(단, 복수응답과 무응답은 없다)

〈경제의식에 대한 설문조사 결과〉

(단위 : %)

설문 내용	구분	전체	성별		학교별	
			남	여	중학교	고등학교
용돈을 받는지 여부	예	84	83	86	88	80
	아니요	16	17	14	12	20
월간 용돈 금액	5만 원 미만	75	74	76	90	60
	5만 원 이상	25	26	24	10	40
용돈기입장 기록 여부	기록한다	30	23	36	31	28
	기록 안 한다	70	77	64	69	72

① 용돈기입장을 기록하는 비율이 기록하지 않는 비율보다 높다.

② 용돈을 받는 남학생의 비율이 용돈을 받는 여학생의 비율보다 높다.

③ 월간 용돈을 5만 원 미만으로 받는 비율은 중학생이 고등학생보다 높다.

④ 용돈을 받지 않는 중학생 비율이 용돈을 받지 않는 고등학생 비율보다 높다.

⑤ 고등학생 전체 인원을 100명이라고 한다면, 월간 용돈을 5만 원 이상 받는 학생은 40명이다.

07 다음은 S사의 제품 한 개당 들어가는 재료비를 연도별로 나타낸 그래프이다. 다음 중 전년 대비 비용 감소액이 가장 큰 해는?

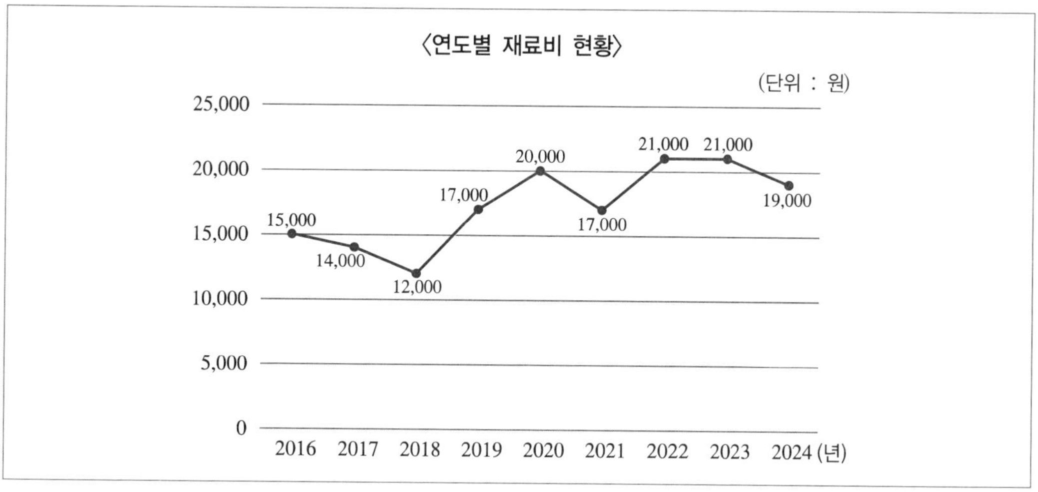

① 2017년
② 2018년
③ 2021년
④ 2023년
⑤ 2024년

08 다음은 OECD 회원국의 고용률을 조사한 자료이다. 이에 대한 설명으로 옳지 않은 것은?

〈OECD 회원국 고용률 추이〉

(단위 : %)

구분	2020년	2021년	2022년	2023년				2024년	
				1분기	2분기	3분기	4분기	1분기	2분기
OECD 전체	65.0	65.0	66.5	66.5	65.0	66.0	66.5	67.0	66.3
미국	67.5	67.5	68.7	68.5	68.7	68.7	69.0	69.3	69.0
일본	70.6	72.0	73.3	73.0	73.5	73.5	73.7	73.5	74.5
영국	70.0	70.5	73.0	72.5	72.5	72.7	73.5	73.7	74.0
독일	73.0	73.5	74.0	74.0	73.0	74.0	74.5	74.0	74.5
프랑스	64.0	64.5	63.5	64.5	63.0	63.0	64.5	64.0	64.0
한국	64.5	64.5	65.7	65.7	64.6	65.0	66.0	66.0	66.0

① 2020년부터 영국의 고용률은 계속 증가하고 있다.
② 2024년 2분기 OECD 전체 고용률은 전년 동분기 대비 2% 증가하였다.
③ 2024년 1분기와 2분기에서 고용률이 변하지 않은 국가는 프랑스와 한국이다.
④ 2024년 1분기 6개 국가의 고용률 중 가장 높은 국가와 가장 낮은 국가의 고용률 차이는 10%p이다.
⑤ 2020년부터 2024년 2분기까지 프랑스와 한국의 고용률은 OECD 전체 고용률을 넘은 적이 한 번도 없었다.

09 다음은 2016년부터 2024년까지의 전국 교통안전시설 설치현황을 나타낸 자료이다. 빈칸에 들어갈 수로 옳은 것은?(단, 각 수치는 일정한 규칙에 따라 변화한다)

〈전국 교통안전시설 설치현황〉

구분	안전표지				신호등	
	주의	규제	지시	보조	차량 신호	보행 신호
2016년	100	110	80	57	88	35
2017년	126	120	90	82	73	40
2018년	140	140	100	85	82	45
2019년	160		100	95	50	46
2020년	175	180	130	135	110	48
2021년	205	200	150	140	160	70
2022년	205	230	150	140	160	70
2023년	230	240	165	135	195	80
2024년	240	260	175	145	245	87

① 140
② 150
③ 160
④ 170
⑤ 180

10 다음은 농산물 수입 실적을 나타낸 자료이다. 이에 대한 설명으로 옳지 않은 것은?

〈농산물 수입 실적〉

(단위 : 만 톤, 천만 달러)

구분		2019년	2020년	2021년	2022년	2023년	2024년
농산물 전체	물량	2,450	2,510	2,595	3,160	3,250	3,430
	금액	620	810	1,175	1,870	1,930	1,790
곡류	물량	1,350	1,270	1,175	1,450	1,480	1,520
	금액	175	215	305	475	440	380
과실류	물량	65	75	65	105	95	130
	금액	50	90	85	150	145	175
채소류	물량	40	75	65	95	90	110
	금액	30	50	45	85	80	90

① 2024년 과실류의 수입 금액은 2019년 대비 250% 급증하였다.
② 2024년 농산물 전체 수입 물량은 2019년 대비 40% 증가하였다.
③ 2020 ~ 2024년 동안 과실류와 채소류 수입 금액의 전년 대비 증감 추이는 같다.
④ 곡류의 수입 물량은 지속적으로 감소했지만, 수입 금액은 지속적으로 증가하였다.
⑤ 곡류, 과실류, 채소류 중 2019년 대비 2024년에 수입 물량이 가장 많이 증가한 것은 곡류이다.

11 다음은 2024년 6월 기준 지역별 공사 완료 후 미분양된 민간부문 주택 현황에 대한 자료이다. 이에 대한 〈보기〉의 설명 중 옳은 것을 모두 고르면?

〈지역별 공사 완료 후 미분양된 민간부문 주택 현황〉

(단위 : 가구)

구분	면적별 주택유형			합계
	$60m^2$ 미만	$60\sim85m^2$	$85m^2$ 초과	
전국	3,438	11,297	1,855	16,590
서울	0	16	4	20
부산	70	161	119	350
대구	0	112	1	113
인천	5	164	340	509
광주	16	28	0	44
대전	148	125	0	273
울산	36	54	14	104
세종	0	0	0	0
경기	232	604	1,129	1,965
기타 지역	2,931	10,033	248	13,212

보기

ㄱ. 면적이 넓은 유형의 주택일수록 공사 완료 후 미분양된 민간부문 주택이 많은 지역은 두 곳뿐이다.

ㄴ. 부산의 공사 완료 후 미분양된 민간부문 주택 중 면적이 $60\sim85m^2$에 해당하는 주택이 차지하는 비중은 면적이 $85m^2$를 초과하는 주택이 차지하는 비중보다 10%p 이상 높다.

ㄷ. 면적이 $60m^2$ 미만인 공사 완료 후 미분양된 민간부문 주택 수 대비 면적이 $60\sim85m^2$에 해당하는 공사 완료 후 미분양된 민간부문 주택 수의 비율은 광주가 울산보다 높다.

① ㄱ
② ㄴ
③ ㄱ, ㄷ
④ ㄴ, ㄷ
⑤ ㄱ, ㄴ, ㄷ

12 다음은 지역별 1인 가구 현황에 대한 자료이다. 이에 대한 설명으로 옳지 않은 것은?

〈지역별 1인 가구 현황〉

(단위 : 만 가구)

구분	2022년		2023년		2024년	
	전체 가구	1인 가구	전체 가구	1인 가구	전체 가구	1인 가구
전국	1,907	513	1,933	528	1,970	532
서울특별시	377	109	378	110	380	133
부산광역시	133	32	135	33	135	38
대구광역시	92	21	93	22	95	25
인천광역시	105	25	105	25	107	26
대전광역시	58	16	60	18	60	19
울산광역시	42	10	42	10	43	11
기타 지역	1,100	300	1,120	310	1,150	280

① 2022～2024년 동안 해마다 1인 가구 수는 전국적으로 증가하고 있다.
② 2024년 서울특별시의 1인 가구 수는 전국의 1인 가구 수의 20% 미만이다.
③ 2022년과 2024년 모두 부산광역시 1인 가구 수는 대전광역시 1인 가구 수의 2배이다.
④ 2024년 서울특별시 전체 가구 수 중에서 1인 가구 수가 차지하는 비중은 30% 이상이다.
⑤ 연도별로 대전광역시와 울산광역시의 1인 가구 수의 합은 인천광역시의 1인 가구 수보다 항상 많다.

※ 다음은 주요 국가별 월평균독서량을 조사한 자료이다. 이어지는 질문에 답하시오. **[13~14]**

〈국가별 월평균독서량〉

(단위 : 권)

구분	월평균독서량		
	남성	여성	전체
아시아	13	18	15
한국	10	14	13
일본	15	5	7
중국	15	21	17
인도	20	25	23
싱가포르	7	10	8
유럽	18	21	20
독일	16	20	18
러시아	20	25	23
스페인	19	25	21
영국	14	21	18
프랑스	19	17	18
아메리카	12	18	14
멕시코	12	5	7
캐나다	5	19	12
미국	10	18	12
브라질	19	16	17

〈대륙별 응답자 수〉

(단위 : 명)

구분	아시아	유럽	아메리카	전체
응답자 수	4,000	3,300	2,700	10,000

※ (전체 월평균독서량)$=\dfrac{[(\text{남성 월평균독서량})\times(\text{남성 인원수})]+[(\text{여성 월평균독서량})\times(\text{여성 인원수})]}{(\text{전체 인원수})}$

13 **다음 중 위 자료에 대한 설명으로 옳지 않은 것은?**

① 유럽의 여성 응답자 수는 남성 응답자 수의 2배이다.
② 남성과 여성의 월평균독서량 차이가 가장 큰 국가는 캐나다이다.
③ 유럽에서 유럽 전체의 월평균독서량보다 많은 국가는 두 곳이다.
④ 남성이 여성보다 월평균독서량이 많은 국가는 대륙별 한 곳뿐이다.
⑤ 아시아, 유럽, 아메리카의 남성 월평균독서량은 각각의 전체 월평균독서량보다 적다.

14 **다음 자료에 대한 〈보기〉의 설명 중 옳은 것을 모두 고르면?**

보기

ㄱ. 아시아와 아메리카에서는 남성 응답자가 여성 응답자보다 많고, 유럽에서는 그 반대이다.
ㄴ. 중국의 월평균독서량은 한국보다는 많고 인도보다는 적다.
ㄷ. 아메리카 내에서 캐나다의 남성 월평균독서량은 가장 적지만 여성 월평균독서량은 가장 많다.
ㄹ. 대륙별로 남성 응답자 수가 많은 순서와 여성 응답자 수가 많은 순서는 반대이다.

① ㄱ, ㄴ, ㄷ
② ㄱ, ㄴ, ㄹ
③ ㄱ, ㄷ, ㄹ
④ ㄴ, ㄷ, ㄹ
⑤ ㄱ, ㄴ, ㄷ, ㄹ

15 다음은 한 · 중 · 일의 평판 TV 시장점유율 추이를 나타낸 자료이다. 이에 대한 설명으로 옳지 않은 것은?

〈한 · 중 · 일의 평판 TV 시장점유율 추이〉

(단위 : %)

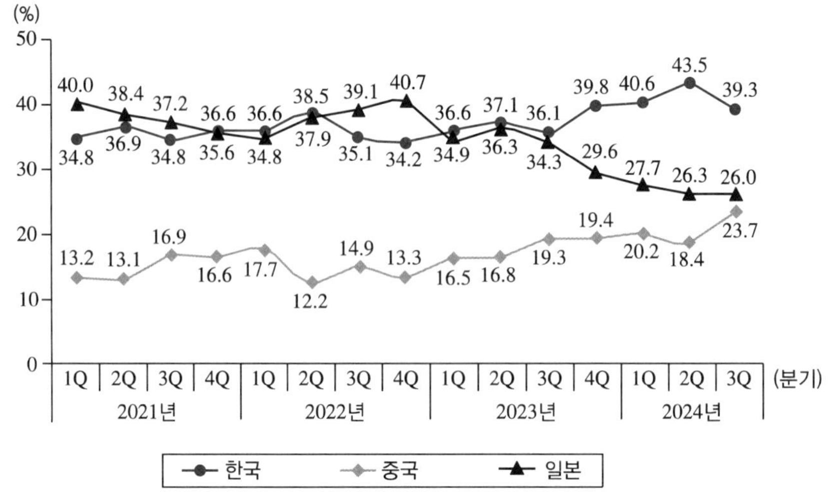

① 한국과 중국의 점유율 차이는 매분기 15%p 이상이다.

② 중국과 일본의 점유율 차이는 2021년부터 계속 줄어들고 있다.

③ 2023년 4분기의 한국과 일본, 일본과 중국의 점유율 차이는 같다.

④ 15분기 동안 한국이 10번, 일본이 5번 시장점유율 1위를 차지하였다.

⑤ 2021년 2분기에 중국과 일본의 점유율 차이는 2024년 3분기의 10배 이상이다.

※ 다음은 1차 · 2차 · 3차 병원 의료기관 현황에 대한 자료이다. 이어지는 질문에 답하시오. **[16~17]**

〈1차 · 2차 · 3차 병원 의료기관 현황〉

구분		1차 병원 (의원 · 보건소)	2차 병원 (종합병원)	3차 병원 (대학부속병원 · 상급종합병원)
평균 진료과목(개)		1	8	12
평균 병상 수(개)		15	84	750
평균 인원 (명)	의료종사자	7.2	40.7	3,125
	간호사	0.9	7.4	350
	의사	1.5	5.5	125
월평균 급여 (만 원)	의료종사자	180	240	300
	간호사	225	312	405
	의사	810	1,200	1,650
평균 일 근무시간 (시)	의료종사자	8	7	5
	간호사	6	7	9
	의사	10	9	5

※ 의료종사자 : 의사, 간호사, 임상병리사, 방사선사 등

16 다음 중 위 자료에 대한 설명으로 옳지 않은 것은?

① 3차 병원의 평균 진료과목 수는 2차 병원의 1.5배이다.
② 2차 병원의 평균 의사 수는 3차 병원의 5% 미만이다.
③ 1차 병원을 제외하고 평균 간호사 수는 의사 수보다 많다.
④ 1차 병원 의료종사자의 월평균 급여는 2차 병원의 80%, 3차 병원의 65% 수준이다.
⑤ 1차에서 3차 병원으로 갈 때, 의사와 간호사의 평균 근무시간의 증감추이는 반대이다.

17 다음 자료에 대한 〈보기〉의 설명 중 옳지 않은 것을 모두 고르면?

보기

ㄱ. 2차 병원과 3차 병원의 평균 진료과목당 평균 병상 수의 차이는 50개이다.
ㄴ. 3차 병원의 의사 수는 평균 의료종사자 수의 4%이다.
ㄷ. 3차 병원에서 간호사 · 의사를 제외한 의료종사자의 급여로 지급되는 비용은 평균 58억 원 이상이다.

① ㄱ
② ㄴ
③ ㄷ
④ ㄱ, ㄴ
⑤ ㄴ, ㄷ

18 다음은 우리나라의 대일본 수출액과 수입액에 대한 자료이다. 이를 바르게 나타낸 그래프는?

〈대일본 연도별 수출액 및 수입액〉

(단위 : 억 달러, %)

구분	2015년	2016년	2017년	2018년	2019년	2020년	2021년	2022년	2023년	2024년
수출액	281	396	388	346	321	255	243	268	305	284
수출액 전년 대비 증감률	29	40.9	−2.0	−10.8	−7.2	−20.6	−4.7	10.3	13.8	−6.9
수입액	643	683	643	600	537	358	474	551	546	475
수입액 전년 대비 증감률	30	6.2	−5.9	−6.7	−10.5	−33.3	32.4	16.2	−0.9	−13.0

① (억 달러) (%)

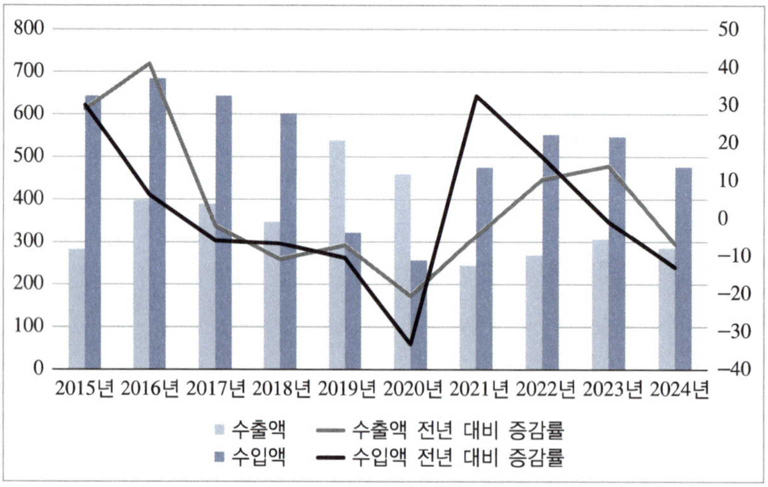

② (억 달러) (%)

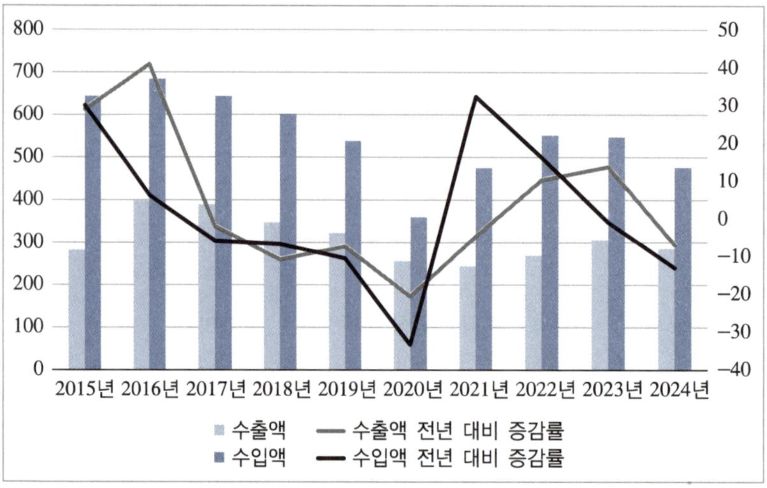

③ (억 달러) (%)

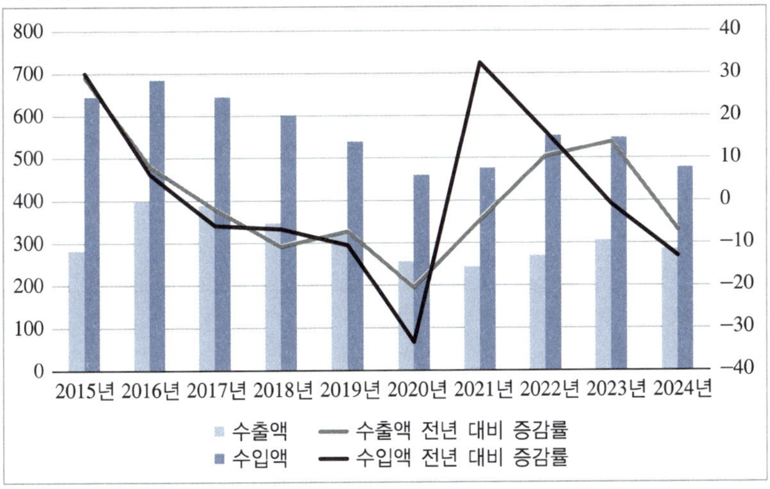

④ (억 달러) (%)

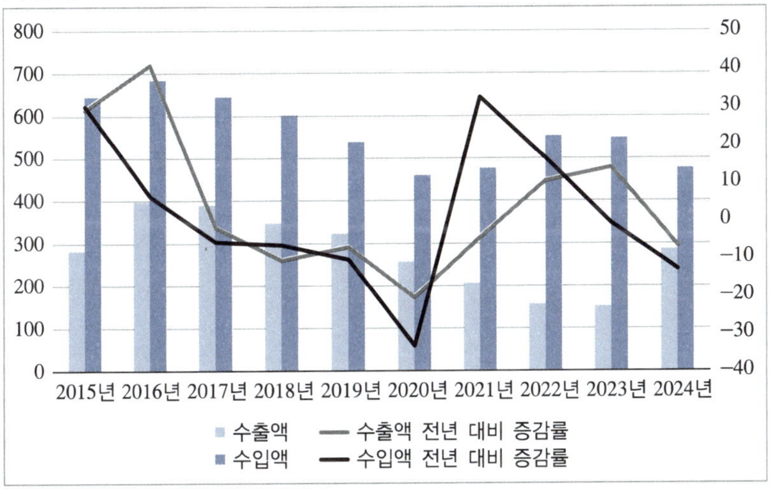

⑤ (억 달러) (%)

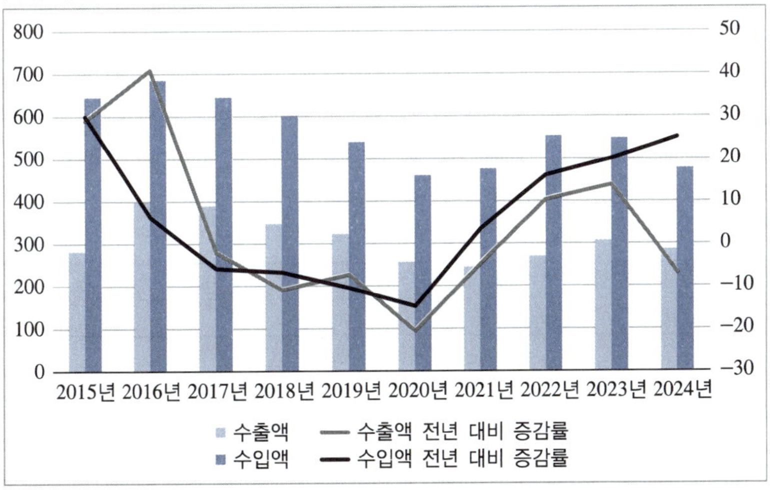

19 무한한 평면 위에서 n개의 직선이 어느 두 직선도 평행하지 않고($n \geq 2$) 어느 세 직선도 한 점에서 만나지 않을 때($n \geq 3$) 나누어지는 영역의 수는 다음과 같다고 한다. 이와 같은 규칙으로 영역이 나누어진다고 할 때, 서로 다른 직선 7개에 의해 나누어지는 영역의 개수는?

〈서로 다른 직선에 의해 나누어지는 영역의 수〉

(단위 : 개)

직선의 수	1	2	3	4	5
영역의 수	2	4	7	11	16

① 25개
② 26개
③ 27개
④ 28개
⑤ 29개

20 매년 7월 S사의 선풍기 판매 수량이 다음과 같이 일정한 규칙으로 증가할 때, 2025년 7월의 선풍기 판매량은?

〈연도별 7월 선풍기 판매량〉

(단위 : 대)

구분	2018년 7월	2019년 7월	2020년 7월	2021년 7월	2022년 7월
판매량	10	25	40	55	70

① 95대
② 100대
③ 105대
④ 110대
⑤ 115대

| 02 | 추리

※ 제시된 명제가 모두 참일 때, 다음 중 빈칸에 들어갈 명제로 가장 적절한 것을 고르시오. [1~3]

01

전제1. 회의에 가지 않았다면 결론이 나지 않은 것이다.
전제2. ______________________________
결론. 프로젝트를 진행하면 회의에 간다.

① 회의에 가면 프로젝트를 진행한다.
② 회의에 가면 결론이 나지 않은 것이다.
③ 결론이 나면 프로젝트를 진행하지 않는다.
④ 회의에 가지 않았다면 프로젝트를 진행한다.
⑤ 결론이 나지 않으면 프로젝트를 진행하지 않는다.

02

전제1. 제시간에 퇴근을 했다면 오늘의 업무를 끝마친 것이다.
전제2. ______________________________
결론. 업무를 끝마치지 못하면 저녁에 회사식당에 간다.

① 저녁에 회사식당에 가지 않으면 오늘의 업무를 끝마치지 못한 것이다.
② 제시간에 퇴근하지 않으면 저녁에 회사식당에 가지 않는다.
③ 저녁에 회사식당에 가지 않으면 제시간에 퇴근을 한다.
④ 오늘의 업무를 끝마치면 저녁에 회사식당에 간다.
⑤ 저녁에 회사식당에 가면 오늘의 업무를 끝마친다.

03

전제1. 모든 A업체는 B업체 제조물품을 사용하지 않는다.
전제2. 어떤 A업체는 B업체 제조물품 사용 반대 시위에 참여한다.
결론. ______________________________

① 모든 A업체는 B업체 제조물품 사용 반대 시위에 참여한다.
② B업체 제조물품 사용 반대 시위에 참여하는 단체는 A업체에 속해 있다.
③ B업체 제조물품을 사용하지 않는 어떤 단체는 B업체 제조물품 사용 반대 시위에 참여한다.
④ B업체 제조물품을 사용하지 않는 모든 단체는 B업체 제조물품 사용 반대 시위에 참여한다.
⑤ B업체 제조물품을 사용하는 모든 단체는 B업체 제조물품 사용 반대 시위에 참여하지 않는다.

04 카드게임을 하기 위해 A ~ F 6명이 원형 테이블에 앉고자 한다. 다음 <조건>에 따라 이들의 좌석을 배치하고자 할 때, F와 이웃하여 앉을 사람은?(단, 좌우 방향은 원탁을 바라보고 앉은 상태를 기준으로 한다)

조건

- B는 C와 이웃하여 앉는다.
- A는 E와 마주보고 앉는다.
- C의 오른쪽에는 E가 앉는다.
- F는 A와 이웃하여 앉지 않는다.

① B, C
② B, D
③ C, D
④ C, E
⑤ D, E

05 다음은 형사가 혐의자 P ~ T를 심문한 후 보고한 내용이다. 이 결과로부터 검사는 누가 유죄라고 판단할 수 있는가?

- 유죄는 반드시 두 명이다.
- Q와 R은 함께 유죄이거나 무죄일 것이다.
- P가 무죄라면 Q와 T도 무죄이다.
- S가 유죄라면 T도 유죄이다.
- S가 무죄라면 R도 무죄이다.

① P, T
② P, S
③ Q, R
④ R, S
⑤ R, T

06 다음 명제가 참일 때 항상 옳은 것은?

- 수학 수업을 듣지 않는 학생들은 국어 수업을 듣지 않는다.
- 모든 학생들은 국어 수업을 듣는다.
- 수학 수업을 듣는 어떤 학생들은 영어 수업을 듣는다.

① 모든 학생들은 영어 수업을 듣는다.
② 어떤 학생들은 국어와 영어 수업만 듣는다.
③ 어떤 학생들은 국어, 수학, 영어 수업을 듣는다.
④ 모든 학생들은 국어, 수학, 영어 수업을 듣는다.
⑤ 모든 학생들은 국어 수업을 듣거나 수학 수업을 듣는다.

07 A～F 6명이 달리기 시합을 하고 난 뒤 나눈 대화이다. 다음 중 항상 참이 아닌 것은?

- A : C와 F가 내 앞에서 결승선에 들어가는 걸 봤어.
- B : D는 간발의 차로 바로 내 앞에서 결승선에 들어갔어.
- C : 나는 D보다는 빨랐는데, 1등은 아니야.
- D : C의 말이 맞아. 정확히 기억은 안 나는데 나는 3등 아니면 4등이었어.
- E : 내가 결승선에 들어오고, 나중에 D가 들어왔어.
- F : 나는 1등은 아니지만 꼴등도 아니었어.

① 제일 마지막으로 결승선에 들어온 사람은 A이다.
② 제일 먼저 결승선에 들어온 사람은 E이다.
③ C는 F보다 순위가 높다.
④ B는 C보다 순위가 낮다.
⑤ D가 3등이면 F는 5등이다.

08 **S사는 A ~ E제품을 대상으로 내구성, 효율성, 실용성 3개 영역에 대해 1 ~ 3등급을 기준에 따라 평가하였다. A ~ E제품에 대한 평가 결과가 다음과 같을 때, 반드시 참이 되지 않는 것은?**

- 모든 영역에서 3등급을 받은 제품이 있다.
- 모든 제품이 3등급을 받은 영역이 있다.
- A제품은 내구성 영역에서만 3등급을 받았다.
- B제품만 실용성 영역에서 3등급을 받았다.
- C, D제품만 효율성 영역에서 2등급을 받았다.
- E제품은 1개의 영역에서만 2등급을 받았다.
- A와 C제품이 3개의 영역에서 받은 등급의 총합은 서로 같다.

① A제품은 효율성 영역에서 1등급을 받았다.
② B제품은 내구성 영역에서 3등급을 받았다.
③ C제품은 내구성 영역에서 3등급을 받았다.
④ D제품은 실용성 영역에서 2등급을 받았다.
⑤ E제품은 실용성 영역에서 2등급을 받았다.

09 **취업준비생 A ~ E 5명이 지원한 회사는 가 ~ 마 회사 중 한 곳이며, 다섯 회사는 서로 다른 곳에 위치하고 있다. 5명은 모두 서류에 합격해 직무적성검사를 보러 가는데, 이때 지하철, 버스, 택시 중 한 가지를 타고 가려고 한다. 다음 중 옳지 않은 것은?(단, 한 가지 교통수단은 최대 2명까지 이용할 수 있으며, 한 사람도 이용하지 않은 교통수단은 없다)**

- 택시를 타면 가, 나, 마 회사에 갈 수 있다.
- A는 다 회사에 지원했다.
- E는 어떤 교통수단을 선택해도 지원한 회사에 갈 수 있다.
- D를 포함한 2명이 지하철을 타며, 2명 중 1명은 라 회사에 지원했다.
- B가 탈 수 있는 교통수단은 지하철뿐이다.
- 버스와 택시로 갈 수 있는 회사는 가 회사를 제외하면 서로 겹치지 않는다.

① C는 택시를 이용한다.
② A는 버스를 이용한다.
③ E는 라 회사에 지원했다.
④ B와 D는 함께 지하철을 이용한다.
⑤ C는 나 또는 마 회사에 지원했다.

10 S사에 근무하는 직원 4명은 함께 5인승 택시를 타고 대리점으로 가고 있다. 다음 〈조건〉을 참고할 때, 항상 참인 것은?

조건

〈택시 좌석〉

<table>
<tr><td colspan="3">택시 운전기사</td><td colspan="3"></td></tr>
<tr><td colspan="2"></td><td colspan="2"></td><td colspan="2"></td></tr>
</table>

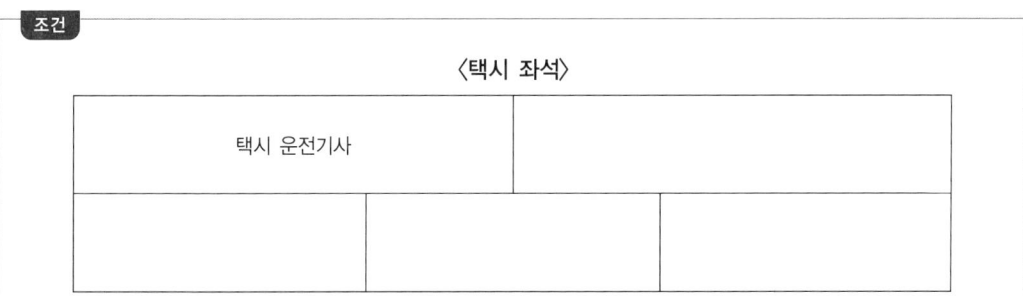

• 직원은 각각 부장, 과장, 대리, 사원의 직책을 갖고 있다.
• 직원은 각각 흰색, 검은색, 노란색, 연두색 신발을 신었다.
• 직원은 각각 기획팀, 연구팀, 디자인팀, 홍보팀 소속이다.
• 대리와 사원은 옆으로 붙어 앉지 않는다.
• 과장 옆에는 직원이 앉지 않는다.
• 부장은 홍보팀이고 검은색 신발을 신는다.
• 디자인팀 직원은 조수석에 앉았고 노란색 신발을 신는다.
• 사원은 기획팀 소속이다.

① 택시 운전기사 바로 뒤에는 사원이 앉는다.
② 과장은 노란색 신발을 신었다.
③ 부장 옆에는 과장이 앉는다.
④ 사원은 흰색 신발을 신었다.
⑤ 부장은 조수석에 앉는다.

11 다음과 같은 〈조건〉의 서로 다른 무게의 공 5개가 있다. 무거운 순서대로 나열한 것은?

조건

- 파란공은 가장 무겁지도 않고, 세 번째로 무겁지도 않다.
- 빨간공은 가장 무겁지도 않고, 두 번째로 무겁지도 않다.
- 흰공은 세 번째로 무겁지도 않고, 네 번째로 무겁지도 않다.
- 검은공은 파란공과 빨간공보다는 가볍다.
- 노란공은 파란공보다 무겁고, 흰공보다는 가볍다.

① 흰공 – 빨간공 – 노란공 – 파란공 – 검은공
② 흰공 – 노란공 – 빨간공 – 검은공 – 파란공
③ 흰공 – 노란공 – 검은공 – 빨간공 – 파란공
④ 흰공 – 노란공 – 빨간공 – 파란공 – 검은공
⑤ 흰공 – 빨간공 – 노란공 – 검은공 – 파란공

12 다음 〈조건〉을 바탕으로 했을 때, 5층에 있는 부서로 옳은 것은?(단, 한 층에 한 부서씩 있다)

조건

- 기획조정실의 층수에서 경영지원실의 층수를 빼면 3이다.
- 보험급여실은 경영지원실 바로 위층에 있다.
- 급여관리실은 빅데이터운영실보다는 아래층에 있다.
- 빅데이터운영실과 보험급여실 사이에는 두 층이 있다.
- 경영지원실은 가장 아래층이다.

① 빅데이터운영실
② 보험급여실
③ 경영지원실
④ 기획조정실
⑤ 급여관리실

13 환경부의 인사실무 담당자는 환경정책과 관련된 특별위원회를 구성하는 과정에서 외부 환경전문가를 위촉하려 한다. 현재 거론되고 있는 외부 환경전문가는 A ~ F 6명으로, 인사실무 담당자는 다음 〈조건〉에 따라 외부 환경전문가를 위촉해야 한다. 만약 B가 위촉되지 않는다면, 총 몇 명의 환경전문가가 위촉되는가?

조건

- 만약 A가 위촉되면, B와 C도 위촉되어야 한다.
- 만약 A가 위촉되지 않는다면, D가 위촉되어야 한다.
- 만약 B가 위촉되지 않는다면, C나 E가 위촉되어야 한다.
- 만약 C와 E가 위촉되면, D는 위촉되지 않는다.
- 만약 D나 E가 위촉되면, F도 위촉되어야 한다.

① 1명
② 2명
③ 3명
④ 4명
⑤ 5명

14 S사에서는 직원들을 해외로 파견하고자 한다. 제시된 파견 조건이 항상 참일 때, 다음 〈보기〉의 설명 중 반드시 참인 것을 모두 고르면?

〈파견 조건〉

- A대리가 인도네시아로 파견되지 않는다면, E주임은 몽골로 파견되지 않는다.
- D주임이 뉴질랜드로 파견된다면, B대리는 우즈베키스탄으로 파견된다.
- C주임은 아일랜드로 파견된다.
- E주임이 몽골로 파견되거나, C주임이 아일랜드로 파견되지 않는다.
- A대리가 인도네시아로 파견되지 않거나, B대리가 우즈베키스탄으로 파견되지 않는다.

보기

ㄱ. B대리는 우즈베키스탄으로 파견되지 않는다.
ㄴ. D주임은 뉴질랜드로 파견되지 않는다.
ㄷ. A대리는 인도네시아로 파견되고, E주임은 몽골로 파견되지 않는다.
ㄹ. C주임과 E주임은 같은 국가로 파견된다.

① ㄱ, ㄴ
② ㄱ, ㄷ
③ ㄴ, ㄷ
④ ㄴ, ㄹ
⑤ ㄷ, ㄹ

※ 다음 도형의 규칙을 보고 물음표에 들어갈 도형으로 알맞은 것을 고르시오. [15~17]

15

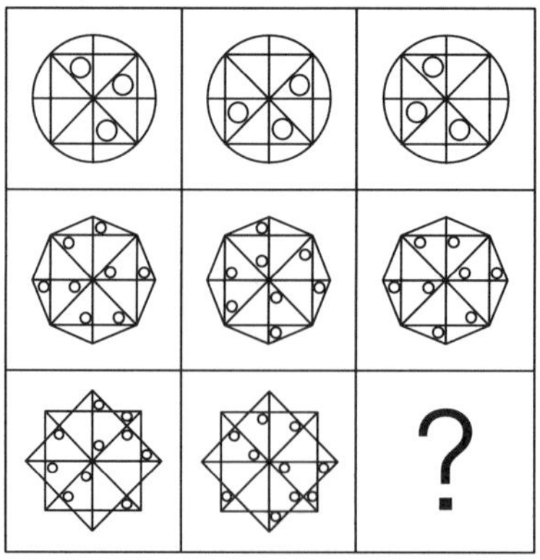

① 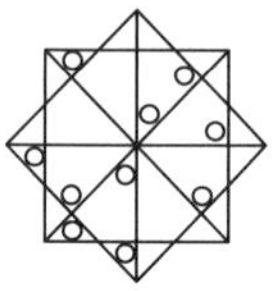

② 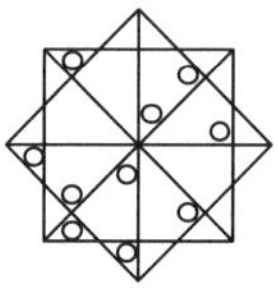

③ 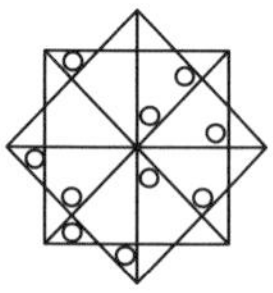

④ 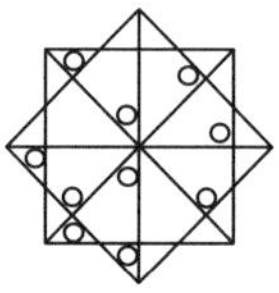

⑤ 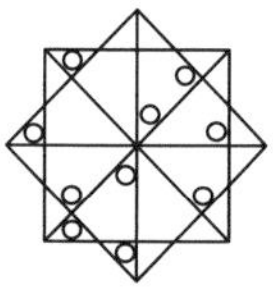

16

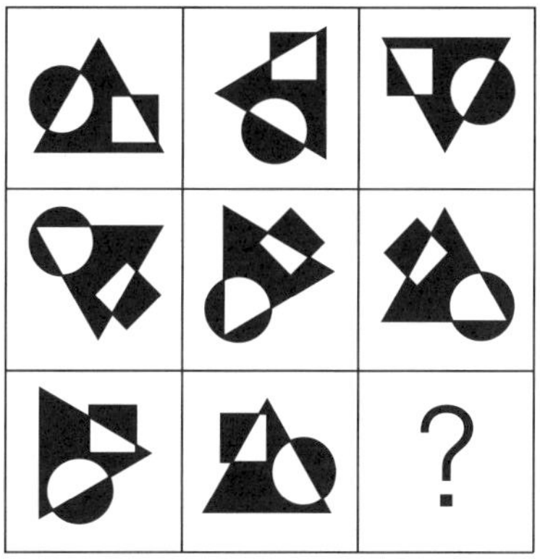

① 

② 

③ 

④ 

⑤ 

17

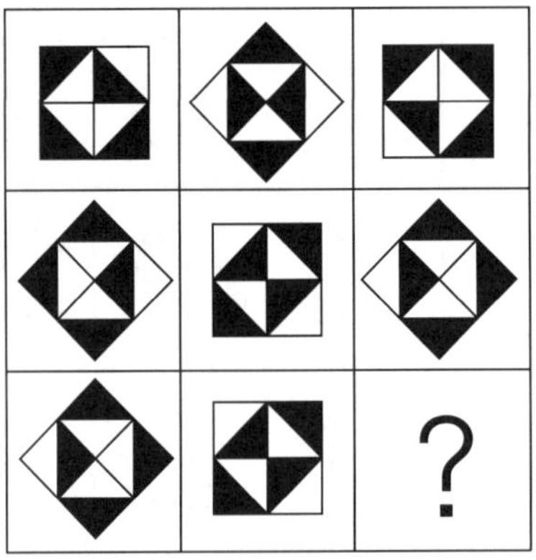

①

②

③

④

⑤

※ 다음 도식에서 기호들은 일정한 규칙에 따라 문자를 변화시킨다. 물음표에 들어갈 문자로 알맞은 것을 고르시오(단, 규칙은 가로와 세로 중 한 방향으로만 적용된다). **[18~21]**

		3UB5		16TJ				
		↓		↓				
X7S4	→	⊙	→	♠	→	V8Y9		
		↓		↓				
M53R	→	♡	→	#	→	♠	→	13KP
		↓		↓				
		2UC7		T61J				

18

41OC → ⊙ → # → ?

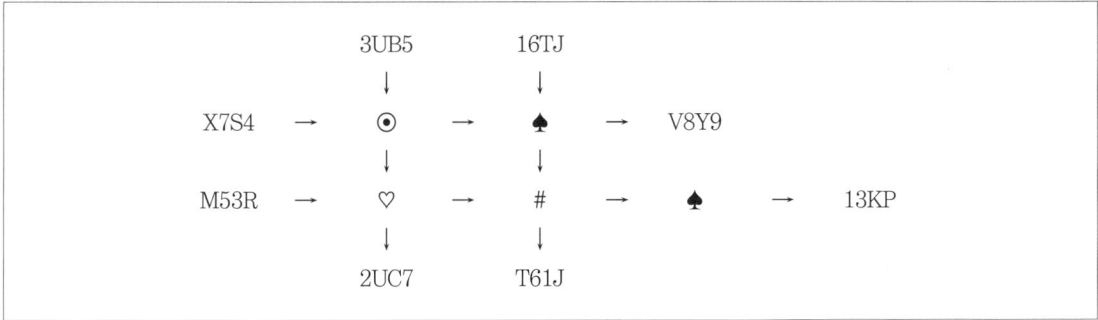

① 5GR3
② 4G2S
③ RG35
④ 2G4S
⑤ 42SG

19

E47H → ♠ → ♡ → ?

① 4CF1
② 5FC2
③ 8JH9
④ IJ98
⑤ JK89

20

3P7W → ♡ → ⊙ → ♠ → ?

① 28PY
② 39QZ
③ 9Z3Q
④ 8Y2P
⑤ 73QY

21

FK82 → ♡ → # → ?

① D06I
② D1J5
③ EJ06
④ 06EJ
⑤ 51DJ

※ 다음 문단을 논리적 순서대로 바르게 나열한 것을 고르시오. [22~23]

22

(가) 흡연자와 비흡연자 사이의 후두암, 폐암 등의 질병별 발생위험도에 대해서 건강보험공단은 유의미한 연구결과를 내놓기도 했는데, 연구결과에 따르면 흡연자는 비흡연자에 비해서 후두암 발생률이 6.5배, 폐암 발생률이 4.6배 등 각종 암에 걸릴 확률이 높은 것으로 나타났다.

(나) 건강보험공단은 이에 대해 담배회사가 절차적 문제로 방어막을 치고 있는 것에 지나지 않는다 하여 비판을 제기하고 있다. 아직 소송이 처음 시작한 만큼 담배회사와 건강보험공단 간의 '담배 소송'의 결과를 보려면 오랜 시간을 기다려야 할 것이다.

(다) 이와 같은 담배의 유해성 때문에 건강보험공단은 현재 담배회사와 소송을 진행하고 있는데, 당해 소송에서는 담배의 유해성에 대한 인과관계 입증 이전에 다른 문제가 부상하였다. 건강보험공단이 소송당사자가 될 수 있는지가 문제가 된 것이다.

(라) 담배는 임진왜란 때 일본으로부터 호박, 고구마 등과 함께 들어온 것으로 알려져 있다. 그러나 선조들이 알고 있던 것과는 달리, 담배는 약초가 아니다. 담배의 유해성은 우선 담뱃갑이 스스로를 경고하는 경고 문구에 나타나 있다. 담뱃갑에는 '흡연은 폐암 등 각종 질병의 원인'이라는 문구를 시작으로, '담배 연기에는 발암성 물질인 나프틸아민, 벤젠, 비닐 크롤라이드, 비소, 카드뮴이 들어 있다.'라고 적시하고 있다.

① (가) – (다) – (라) – (나)
② (가) – (라) – (나) – (다)
③ (가) – (라) – (다) – (나)
④ (라) – (가) – (다) – (나)
⑤ (라) – (다) – (가) – (나)

23

(가) 좋은 체력은 하루 이틀 사이에 이루어지지 않으며 이를 위해서는 공부, 식사, 수면, 운동의 개인별 특성에 맞는 규칙적인 생활관리와 알맞은 영양공급이 필수적이다. 또 이 시기는 신체적으로도 급격한 성장과 성숙이 이루어지는 중요한 시기로 좋은 영양상태를 유지하는 것은 수험을 위한 체력의 기반을 다지는 것뿐만 아니라 건강하고 활기찬 장래를 위한 준비가 된다는 점을 간과해서는 안 된다.

(나) 우리나라의 중・고교생들은 많은 수가 입시전쟁을 치러야 하는 입장에 있다. 입시 준비 기간이라는 어려운 기간을 잘 이겨내어 각자가 지닌 목표를 달성하려면 꾸준한 노력과 총명한 두뇌가 중요하지만 마지막 승부수는 체력일 것이다.

(다) 그러나 학생들은 많은 학습량, 수험으로 인한 스트레스, 밤새우기 등 불규칙한 생활을 하기도 하고, 식생활에 있어서도 아침을 거르고, 제한된 도시락 반찬으로 인한 불충분한 영양소 섭취, 잦은 야식, 미용을 위하여 무리하게 식사를 거르거나 절식을 하여 건강을 해치기도 한다. 또한 집 밖에서 보내는 시간이 많아 주로 패스트푸드, 편의식품점, 자동판매기를 통해 식사를 대체하고 있다.

① (가) – (나) – (다)
② (가) – (다) – (나)
③ (나) – (가) – (다)
④ (나) – (다) – (가)
⑤ (다) – (가) – (나)

24 甲과 乙의 주장을 도출할 수 있는 질문으로 가장 적절한 것은?

> 甲 : 미적 속성 p에 대한 진술인 미적 판단 J가 객관적으로 참일 때, 미적 속성 p는 실재한다. 즉, '베토벤의 운명 교향곡이 웅장하다.'는 판단이 객관적 참이라면, '웅장함'이라는 미적 속성은 실재하는 것이다. 이 경우 '웅장하다'는 미적 판단은 '웅장함'이라는 객관적으로 실재하는 미적 속성에 대한 기술이다. 동일한 미적 대상에 대한 감상자들 간의 판단이 일치하지 않는 것은 그 미적 판단 간에 옳고 그름이 존재한다는 것이며, 그 옳고 그름의 여부는 실재하는 미적 속성에 대한 확인을 통해 밝힐 수 있다.
>
> 乙 : 미적 판단에는 이미 주관적 평가가 개입된 경우가 많다. 미적 판단은 감상자의 주관적 반응에 의존하는 것으로, '웅장함'이라는 미적 속성은 '웅장하다'는 미적 판단을 내리는 감상자에 의해 발견되는 것이다. 즉, 미적 판단의 주관성과 경험성에 주목해야 한다. 따라서 미적 판단의 불일치란 굳이 해소해야 하는 문제적 현상이라기보다는 개인의 다양한 경험, 취미와 감수성의 차이에 따라 발생하는 자연스러운 현상이다.

① 감상자들이 가장 중요하게 여기는 것은 무엇인가?
② 감상자들 간의 미적 판단 불일치를 해소할 수 있는가?
③ 감상자들 간의 미적 판단이 일치하지 않는 이유는 무엇인가?
④ 대상에 대해 다양한 경험을 할수록 미적 판단이 더 정확해지는가?
⑤ 올바른 미적 판단을 하기 위해 감상자에게 필요한 자질은 무엇인가?

25 다음 글의 주장에 대한 비판으로 가장 적절한 것은?

> 전통적인 경제학에 따른 통화 정책에서는 정책 금리를 활용하여 물가를 안정시키고 경제 안정을 도모하는 것을 목표로 한다. 중앙은행은 경기가 과열되었을 때 정책 금리 인상을 통해 경기를 진정시키고자 한다. 정책 금리 인상으로 시장 금리도 높아지면 가계 및 기업에 대한 대출 감소로 신용 공급이 축소된다. 신용 공급의 축소는 경제 내 수요를 줄여 물가를 안정시키고 경기를 진정시킨다. 반면 경기가 침체되었을 때는 반대의 과정을 통해 경기를 부양시키고자 한다.
> 금융을 통화 정책의 전달 경로로만 보는 전통적인 경제학에서는 금융감독 정책이 개별 금융 회사의 건전성 확보를 통해 금융 안정을 달성하고자 하는 미시 건전성 정책에 집중해야 한다고 보았다. 이러한 관점은 금융이 직접적인 생산 수단이 아니므로 단기적일 때와는 달리 장기적으로는 경제 성장에 영향을 미치지 못한다는 인식과 자산 시장에서는 가격이 본질적 가치를 초과하여 폭등하는 버블이 존재하지 않는다는 효율적 시장 가설에 기인한다. 미시 건전성 정책은 개별 금융 회사의 건전성에 대한 예방적 규제 성격을 가진 정책 수단을 활용하는데, 그 예로는 향후 손실에 대비하여 금융 회사의 자기자본 하한을 설정하는 최저 자기자본 규제를 들 수 있다.

① 중앙은행의 정책이 자산 가격 버블에 따른 금융 불안을 야기하여 경제 안정이 훼손될 수 있다.
② 시장의 물가가 지나치게 상승할 경우 국가는 적극적으로 개입하여 물가를 안정시켜야 한다.
③ 금융은 단기적일 때와 달리 장기적으로는 경제 성장에 별다른 영향을 미치지 못한다.
④ 금융 회사에 대한 최저 자기자본 규제를 통해 금융 회사의 건전성을 확보할 수 있다.
⑤ 경기가 침체된 상황에서는 처방적 규제보다 예방적 규제에 힘써야 한다.

※ 다음 글의 내용이 참일 때 항상 참인 것을 고르시오. [26~27]

26

모듈러 주택이란 기본 골조와 전기 배선, 온돌, 현관문, 욕실 등 집의 70 ~ 80퍼센트를 공장에서 미리 만들고 주택이 들어설 부지에서는 '레고 블록'을 맞추듯 조립만 하는 방식으로 짓는 주택이다. 일반 철근콘크리트 주택에 비해 상대적으로 빨리 지을 수 있고, 철거가 쉽다는 게 모듈러 주택의 장점이다.
예컨대 5층짜리 소형 임대 주택을 철근콘크리트 제작 방식으로 지으면 공사 기간이 6개월가량 걸리지만 모듈러 공법을 적용할 경우 30 ~ 40일이면 조립과 마감이 가능하다. 주요 자재의 최대 80 ~ 90퍼센트 가량을 재활용할 수 있다는 것도 장점이다. 도시형 생활 주택뿐 아니라 대형 숙박 시설, 소규모 비즈니스호텔, 오피스텔 등도 모듈러 공법으로 건축이 가능하다.
한국에 모듈러 주택이 처음 등장한 것은 2003년으로 이는 모듈러 주택 시장이 활성화되어 있는 해외에 비하면 늦은 편이다. 도입은 늦었지만 모듈러 주택의 설계 방식이 표준화되고 대규모 양산 체제가 갖추어지면 비용이 적게 들기 때문에 모듈러 주택 시장이 급속하게 팽창할 것으로 예측이 많다.
하지만 모듈러 주택 시장 전망이 불확실하다는 전망도 있다. 목재나 철골 등이 주로 사용되는 조립식 주택의 특성상 콘크리트 건물보다 소음이나 진동, 화재에 약해 소비자들이 심리적으로 거부감을 가질 수 있다는 게 이유다. 아파트 생활에 길들여진 한국인들의 의식도 모듈러 주택이 넘어야 할 난관으로 거론된다. 소득 수준이 높아지고 '탈 아파트' 바람이 일면서 성냥갑 같은 아파트보다는 개성 있는 단독주택에서 살고 싶다는 욕구를 가진 사람들이 증가하고 있다지만 아파트가 주는 편안한 생활을 포기할 사람이 많지 않을 것이라는 분석인 셈이다.

① 일반 철근콘크리트 주택은 재활용이 불가하다.
② 일반 콘크리트 주택 건설비용은 모듈러 주택의 3배 이상이다.
③ 모듈러 주택제작에 조립과 마감에 소요되는 기간은 6개월이다.
④ 모듈러 공법으로 주택뿐만 아니라 다양한 형태의 건축이 가능하다.
⑤ 모듈러 주택이 처음 한국에 등장한 시기는 해외대비 늦지만, 이에 소요되는 비용은 해외대비 적다.

27

NASA 보고에 따르면 지구 주변 우주 쓰레기는 약 3만여 개에 달한다고 한다. 이러한 우주 쓰레기는 노후한 인공위성이나 우주인이 놓친 연장 가방에서 나온 파편, 역할을 다한 로켓 부스터 등인데, 때로는 이것들이 서로 충돌하면서 작은 조각으로 부서지기도 한다.
이러한 우주 쓰레기가 심각한 이유는 연간 3 ~ 4개의 우주 시설이 이와 같은 우주 쓰레기 탓에 파괴되고 있는 탓이다. 이대로라면 GPS를 포함한 우주 기술사용이 불가능해질 수도 있다는 전망이다. 또 아주 큰 우주 쓰레기가 지상에 떨어지는 경우가 있어 각국에서는 잇따른 피해가 계속 보고되고 있다.
이에 우주 쓰레기를 치우기 위한 논의가 각국에서 지속되고 있으며, 2007년 유엔에서는 '우주 쓰레기 경감 가이드라인'을 만들기에 이르렀고, 유럽우주국은 2025년에 우주 쓰레기 수거 로봇을 발사할 계획임을 밝혔다. 이 우주 쓰레기 수거 로봇은 스위스에서 개발한 것으로 4개의 팔을 뻗어 지구 위 800km에 있는 소형 위성 폐기물을 감싸 쥐고 대기권으로 진입하는 방식으로 우주 쓰레기를 수거하는데, 이 때 진입하는 과정에서 마찰열에 의해 우주선과 쓰레기가 함께 소각되어지게 된다.
이 외에도 고열을 이용해 우주 쓰레기를 태우는 방법, 자석으로 쓰레기를 끌어들여 궤도로 떨어뜨리는 방법, 쓰레기에 레이저를 발사해 경로를 바꾼 뒤 지구로 떨어뜨리는 방법, 위성 제작 시 수명이 다 하면 분해에 가깝게 자체 파괴되도록 제작하는 방법 등이 있다.
실제로 2018년 영국에서 작살과 그물을 이용해 우주 쓰레기를 수거하는 실험에 성공한 적이 있다. 하지만, 한 번에 100kg 정도의 쓰레기밖에 처치하지 못해 여러 번 발사해야 한다는 점, 비용이 많이 든다는 점, 자칫 쓰레기 폭발을 유도해 파편 숫자만 늘어난다는 점 등이 단점이었다.
이러한 우주 쓰레기 처리는 전 국가의 과제이지만, 천문학적 세금이 투입되는 사업이라 누구도 선뜻 나서지 못하는 것이 현 상황이다. 하루 빨리 우주개발 국가 공동의 기금을 마련해 대책을 마련하지 않는다면, 인류의 꿈은 이러한 우주 쓰레기에 발목 잡힌다 해도 과언이 아닐 것이다.

① 우주 쓰레기는 우주에서 떠돌아 지구 내에는 피해가 없다.
② 우주 쓰레기 청소는 저소득 국가에서는 하기 힘든 사업이다.
③ 우주 쓰레기 수거 로봇은 유럽에서 개발되었으며 성공적인 결과를 얻었다.
④ 우주 쓰레기들이 서로 충돌하게 되면 우주 쓰레기의 개수는 더 적어질 것이다.
⑤ 우주 쓰레기를 청소하는 방법은 여러 가지가 있지만 성공한 사례는 아직까지 없다.

28 다음 글을 읽고 추론한 내용으로 적절하지 않은 것은?

> 헝가리 출신의 철학자인 마이클 폴라니 교수는 지식(Knowledge)을 크게 명시적 지식(Explicit Knowledge)과 암묵적(Tacit Knowledge) 지식 두 가지로 구분했다. 이러한 구분은 흔히 자전거를 타는 아이에 비유되어, 이론과 실제로 간단히 나뉘어 소개되기도 한다. 하지만 암묵적 지식, 즉 암묵지를 단순히 '말로는 얻을 수 없는 지식'으로 단순화하여 이해하는 것은 오해를 낳을 소지가 있다. 암묵지는 지식의 배후에 반드시 '안다'는 차원이 있음을 보여주는 개념이다. 이는 학습과 체험으로 습득되지만 겉으로 드러나지 않고 타인에게 말로 설명하기 힘들며, 무엇보다 본인이 지닌 지식이 얼마나 타인에게 유용한지 자각하지 못하는 일도 부지기수다.
> 일본의 경영학자 노나카 이쿠지로는 이러한 암묵지를 경영학 분야에 적용했다. 그는 암묵지를 크게 기술적 기능(Technical Skill)과 인지적 기능(Cognitive Skill)으로 나누었는데, 이 가운데 기술적 기능은 몸에 체화된 전문성으로 수없이 많은 반복과 연습을 통해 습득된다. 반대로 인지적 기능은 개인의 정신적 틀로 기능하는 관점이나 사고방식으로 설명할 수 있다. 즉, 기업의 입장에서 암묵지는 직원 개개인의 경험이나 육감이며, 이것들이 언어의 형태로 명시화(Articulation)됨으로써 명시적 지식, 즉 형식지로 변환하고, 다시 이를 내면화하는 과정에서 새로운 암묵지가 만들어지는 상호 순환 작용을 통해 조직의 지식이 증대된다고 보았다.

① 암묵지를 습득하기 위해선 수없이 많은 반복과 연습이 필수적이다.
② 암묵지를 통해 지식에도 다양한 층위의 앎이 존재함을 확인할 수 있다.
③ 암묵지를 통해 장인의 역할이 쉽게 대체될 수 없는 이유를 설명할 수 있다.
④ 암묵지와 형식지의 상호 순환 작용을 통해 지식이 발전해왔음을 알 수 있다.
⑤ 암묵지를 통해 책만으로 지식을 완전히 습득하기 어려운 이유를 설명할 수 있다.

29 다음 글의 주제로 가장 적절한 것은?

정부는 탈원전・탈석탄 공약에 발맞춰 2030년까지 전체 국가 발전량의 20%를 신재생에너지로 채운다는 정책 목표를 수립하였다. 목표를 달성하기 위해 신재생에너지에 대한 송・변전 계획을 제8차 전력수급기본계획에 처음으로 수립하겠다는 게 정부의 방침이다.
정부는 기존의 수급계획이 수급안정과 경제성을 중점적으로 수립된 것에 반해, 8차 계획은 환경성과 안전성을 중점으로 하였다고 밝히고 있으며, 신규 발전설비는 원전, 석탄화력발전에서 친환경, 분산형 재생에너지와 LNG 발전을 우선시하는 방향으로 수요관리를 통합하여 합리적 목표수용 결정에 주안점을 두었다고 밝혔다.
그동안 많은 NGO 단체에서 에너지 분산에 대한 다양한 제안을 해왔지만 정부 차원에서 고려하거나 논의가 활발히 진행된 적은 거의 없었으며 명목상으로 포함하는 수준이었다. 그러나 이번 정부에서는 탈원전・탈석탄 공약을 제시하는 등 중앙집중형 에너지 생산시스템에서 분산형 에너지 생산시스템으로 정책의 방향을 전환하고자 한다. 이 기조에 발맞춰 분산형 에너지 생산시스템은 추후 지방선거에서도 해당 지역에 대한 다양한 선거공약으로 제시될 가능성이 높다.
중앙집중형 에너지 생산시스템은 환경오염, 송전선 문제, 지역 에너지 불균형 문제 등 다양한 사회적인 문제를 야기하였다. 하지만 그동안은 값싼 전기인 기저전력을 편리하게 사용할 수 있는 환경을 조성하고자 하는 기존 에너지계획과 전력수급계획에 밀려 중앙집중형 발전원 확대가 꾸준히 진행되었다. 그러나 현재 대통령은 중앙집중형 에너지 정책에서 분산형 에너지정책으로 전환되어야 한다는 것을 대선 공약사항으로 밝혀 왔으며, 현재 분산형 에너지정책으로 전환을 모색하기 위한 다각도의 노력을 하고 있다. 이러한 정부의 정책변화와 아울러 석탄화력발전소가 국내 미세먼지에 주는 영향과 일본 후쿠시마 원자력 발전소 문제, 국내 경주 대지진 및 최근 포항 지진 문제 등으로 인한 원자력에 대한 의구심 또한 커지고 있다.
제8차 전력수급계획(안)에 의하면, 우리나라의 에너지 정책은 격변기를 맞고 있다. 우리나라는 현재 중앙집중형 에너지 생산시스템이 대부분이며, 분산형 전원 시스템은 그 설비용량이 극히 적은 상태이다. 또한 우리나라의 발전설비는 2016년 말 105GW이며, 2014년도 최대 전력치를 보면 80GW 수준이므로 25GW 정도의 여유가 있는 상태이다. 25GW라는 여유는 원자력발전소 약 25기 정도의 전력생산 설비가 여유가 있는 상황이라고 볼 수 있다. 또한 제7차 전력수급기본계획의 2015 ~ 2016년 전기수요 증가율을 4.3 ~ 4.7%라고 예상하였으나 실제 증가율은 1.3 ~ 2.8% 수준에 그쳤다는 점은 우리나라의 전력 소비량 증가량이 둔화하고 있는 상태라는 것을 나타내고 있다.

① 중앙집중형 에너지 생산시스템의 발전 과정
② 전력수급기본계획의 내용과 수정 방안 모색
③ 전력 소비량과 에너지 공급량의 문제점
④ 중앙집중형 에너지 정책의 한계점
⑤ 에너지 분권의 필요성과 방향

30 다음 글에서 추론할 수 있는 것을 〈보기〉에서 모두 고르면?

'독재형' 어머니는 아이가 실제로 어떠한 욕망을 지니고 있는지에 무관심하며, 자신의 욕망을 아이에게 공격적으로 강요한다. 독재형 어머니는 자신의 규칙과 지시에 아이가 순응하기를 기대하며, 그것을 따르지 않을 경우 폭력을 행사하는 경우가 많다. 독재형 어머니 밑에서 자란 아이들은 공격적 성향과 파괴적 성향을 많이 보이는 것이 특징이다. 또한, 어린 시절 받은 학대로 인해 상상이나 판타지 속에 머무르는 시간이 많고, 이것은 심각한 망상으로 나타나기도 한다.

'허용형' 어머니는 오로지 아이의 욕망에만 관심을 지니면서, '아이의 욕망을 내가 채워 주고 싶다.'는 식으로 자기 욕망을 형성한다. 허용형 어머니는 자녀가 요구하는 것은 무엇이든 해주기 때문에 이런 어머니 밑에서 양육된 아이들은 자아 통제가 부족하기 쉽다. 따라서 이 아이들은 충동적이고 즉흥적인 성향이 강하며, 도덕적 책임 의식이 결여된 경우가 많다.

한편, '방임형' 어머니의 경우 아이와 정서적으로 차단되어 있기 때문에 아이의 욕망에 무관심할 뿐만 아니라, 아이 입장에서도 어머니의 욕망을 전혀 파악할 수 없다. 방치된 아이들은 자신의 욕망도 모르고 어머니의 욕망도 파악하지 못하기 때문에, 어떤 방식으로든 오직 어머니의 관심을 끄는 것만이 아이의 유일한 욕망이 된다. 이 아이들은 "엄마, 제발 나를 봐주세요.", "엄마, 내가 나쁜 짓을 해야 나를 볼 것인가요?", "엄마, 내가 정말 잔인한 짓을 할지도 몰라요."라면서 어머니의 관심을 끊임없이 요구한다.

보기

ㄱ. 허용형 어머니는 방임형 어머니에 비해 아이의 욕망에 높은 관심을 갖는다.
ㄴ. 허용형 어머니의 아이는 독재형 어머니의 아이보다 도덕적 의식이 높은 경우가 많다.
ㄷ. 방임형 어머니의 아이는 독재형 어머니의 아이보다 어머니의 욕망을 더 잘 파악한다.

① ㄱ
② ㄴ
③ ㄱ, ㄷ
④ ㄴ, ㄷ
⑤ ㄱ, ㄴ, ㄷ

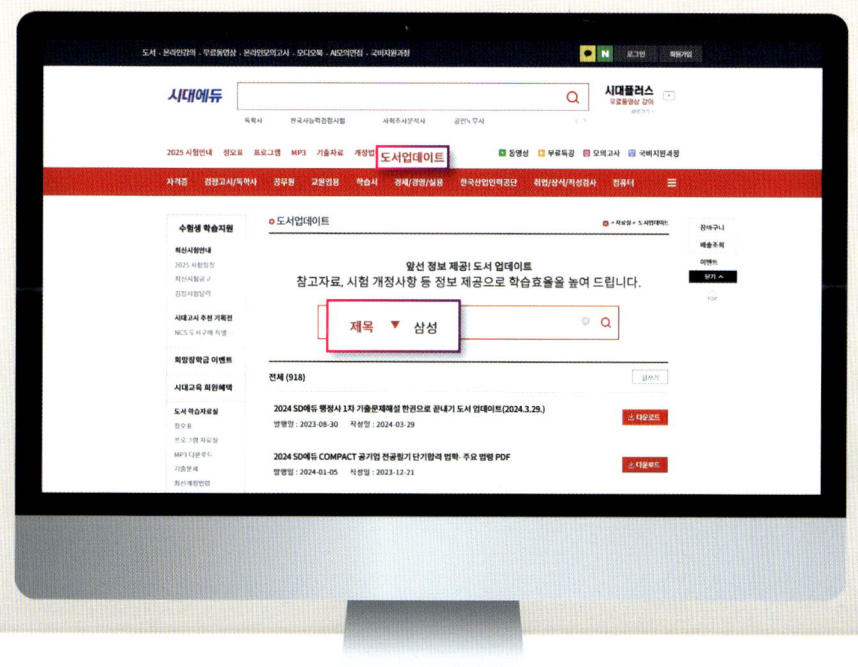

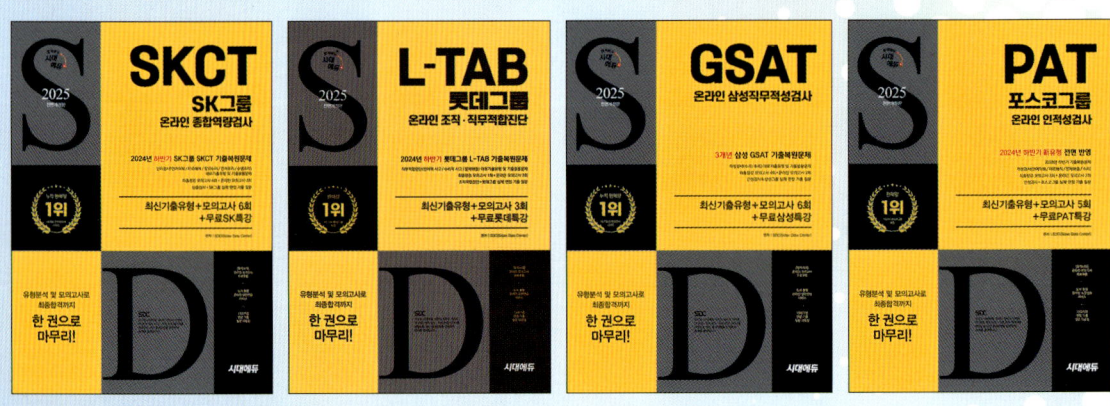

전면개정판

사이다 기출응용 모의고사 시리즈

사이다

사일 동안 이것만 풀면 다 합격!

누적 판매량 1위 대기업 인적성검사 시리즈

삼성 온라인 GSAT

4회분 | 정답 및 해설

[합격시대]
온라인 모의고사
무료쿠폰

도서 동형
온라인 실전연습
서비스

10대기업
면접 기출
질문 자료집

SDC SDC는 시대에듀 데이터 센터의 약자로 약 30만 개의 NCS · 적성 문제 데이터를 바탕으로 최신 출제경향을 반영하여 문제를 출제합니다.

편저 | SDC(Sidae Data Center)

시대에듀

기출응용 모의고사

정답 및 해설

삼성 온라인 GSAT

1일 차 기출응용 모의고사 정답 및 해설

| 01 | 수리

01	02	03	04	05	06	07	08	09	10	11	12	13	14	15	16	17	18	19	20
③	③	①	⑤	④	①	⑤	①	④	③	④	③	②	②	②	④	③	④	④	⑤

01

정답 ③

작년 A제품의 생산량을 a, B제품의 생산량을 b라고 하면 다음과 같은 식이 성립한다.

$a+b=1,000 \rightarrow a=1,000-b$ … ㉠

올해 A제품의 생산량을 2%, B제품의 생산량을 3% 증가시켜 총 1,024개를 생산하면 다음과 같은 식이 성립한다.

$(a\times1.02)+(b\times1.03)=1,024$ … ㉡

㉠과 ㉡을 연립하면 다음과 같다.

$[(1,000-b)\times1.02]+(b\times1.03)=1,024$

$1,020-1.02b+1.03b=1,024 \rightarrow 0.01b=4$

$\therefore\ b=400$

따라서 올해 생산하는 B제품의 개수는 $400\times1.03=412$개이다.

02

정답 ③

A ~ D를 한 줄로 세우는 경우의 수는 $4\times3\times2\times1=24$가지인데, A가 맨 앞에 서는 경우의 수는 A는 맨 앞에 고정되어 있기 때문에 나머지 3명을 한 줄로 세우는 경우의 수를 구하면 되므로 $3\times2\times1=6$가지이다.

따라서 A가 맨 앞에 서게 될 확률은 $\frac{6}{24}=\frac{1}{4}$이다.

03

정답 ①

ㄱ. 연령대별 '매우 불만족'이라고 응답한 비율은 10대가 19%, 20대가 17%, 30대가 10%, 40대가 8%, 50대가 3%로 연령대가 높아질수록 그 비율은 낮아진다.

ㄷ. 연령대별 부정적인 답변을 구하면 다음과 같다.

- 10대 : 28+19=47%
- 20대 : 28+17=45%
- 30대 : 39+10=49%
- 40대 : 16+8=24%
- 50대 : 23+3=26%

따라서 모든 연령대에서 부정적인 답변이 50% 미만이므로 긍정적인 답변은 50% 이상이다.

오답분석

ㄴ. '매우 만족'과 '만족'이라고 응답한 비율은 다음과 같다.

- 10대 : 8+11=19%
- 20대 : 3+13=16%
- 30대 : 5+10=15%
- 40대 : 11+17=28%
- 50대 : 14+18=32%

따라서 가장 낮은 연령대는 30대(15%)이다.

ㄹ. • 50대에서 '불만족' 또는 '매우 불만족'이라고 응답한 비율 : 23+3=26%

• 50대에서 '만족' 또는 '매우 만족'이라고 응답한 비율 : 14+18=32%

따라서 $\frac{26}{32}\times 100=81.25\%$로 80% 이상이다.

04

정답 ⑤

2020년과 2024년에는 출생아 수와 사망자 수의 차이가 20만 명이 되지 않으므로 옳지 않은 설명이다.

오답분석

① 여자의 수명과 기대수명의 차이는 다음과 같다.

구분	2018년	2019년	2020년	2021년	2022년	2023년	2024년
여자의 수명과 기대수명의 차이	3.37	3.31	3.26	3.18	3.17	3.21	3.22

따라서 여자의 수명과 기대수명의 차이는 2022년이 가장 적다는 것을 알 수 있다.

② 남자와 여자의 수명은 제시된 기간 동안 5년 이상의 차이를 보이고 있다.

구분	2018년	2019년	2020년	2021년	2022년	2023년	2024년
남자와 여자의 수명 차이	6.95	6.84	6.75	6.62	6.6	6.75	6.78

따라서 남자와 여자의 수명 차이는 매년 6년 이상이므로 옳은 설명이다.

③ 기대수명은 제시된 기간 동안 전년 대비 증가하고 있다.

④ 제시된 자료를 통해 알 수 있다.

05

정답 ④

- (가) : 723−(76+551)=96
- (나) : 824−(145+579)=100
- (다) : 887−(131+137)=619
- (라) : 114+146+688=948

따라서 (가)+(나)+(다)+(라)=96+100+619+948=1,763명이다.

06

정답 ①

면세유류는 1994년부터 사용량이 계속 증가하였고, 2024년에는 가장 높은 비율을 차지하였으므로 옳은 설명이다.

오답분석

② 일반자재는 2014년까지 증가한 이후 2024년에 감소하였다.

③ 제시된 자료만 보고 2024년 이후의 상황은 알 수 없다.

④ 2004년에는 배합사료, 2024년에는 면세유류가 가장 높은 비율을 차지하였다.

⑤ 배합사료는 증가와 감소를 반복하였으나, 농기계는 1974 ~ 1994년까지 비율이 증가한 이후 증가와 감소를 반복하였다.

07

정답 ⑤

사망자가 30명 이상인 사고를 제외한 나머지 사고는 A, C, D, F이다. 사고 A, C, D, F를 화재 규모와 복구 비용이 큰 순서로 각각 나열하면 다음과 같다.

- 화재 규모 : A－D－C－F
- 복구 비용 : A－D－C－F

따라서 ⑤는 옳은 설명이다.

오답분석

① 터널 길이가 긴 순서로, 사망자가 많은 순서로 사고를 각각 나열하면 다음과 같다.
  - 터널 길이 : A－D－B－C－F－E
  - 사망자 수 : E－B－C－D－A－F

  따라서 터널 길이와 사망자 수는 관계가 없다.

② 화재 규모가 큰 순서로, 복구 기간이 긴 순서로 사고를 각각 나열하면 다음과 같다.
  - 화재 규모 : A－D－C－E－B－F
  - 복구 기간 : B－E－F－A－C－D

  따라서 화재 규모와 복구 기간의 길이는 관계가 없다.

③ 사고 A～F의 사고 비용을 구하면 다음과 같다.
  - 사고 A : $4,200+1\times5=4,205$억 원
  - 사고 B : $3,276+39\times5=3,471$억 원
  - 사고 C : $72+12\times5=132$억 원
  - 사고 D : $312+11\times5=367$억 원
  - 사고 E : $570+192\times5=1,530$억 원
  - 사고 F : $18+0\times5=18$억 원

  따라서 사고 A의 사고 비용이 가장 크므로 옳지 않은 설명이다.

④ 사고 A를 제외하고 복구 기간이 긴 순서로, 복구 비용이 큰 순서로 사고를 나열하면 다음과 같다.
  - 복구 기간 : B－E－F－C－D
  - 복구 비용 : B－E－D－C－F

  따라서 옳지 않은 설명이다.

08

정답 ①

한국의 국제학업성취도 읽기 점수와 OECD 평균 점수의 차이가 가장 큰 해는 2008년으로 $556-492=64$점이다.

09

정답 ④

- 장원 : 매출액 대비 수출액 비중이 50% 이상 80% 미만인 열처리 업체의 수는 $60\times15\%=9$개로, 매출액 대비 수출액 비중이 10% 이상 20% 미만인 용접 업체의 수인 $600\times14\%=84$개보다 적다.
- 도원 : 금형 업체 중 매출액 대비 수출액 비중이 5% 이상 10% 미만인 업체 수는 $840\times10\%=84$개이므로, 주조 업체 중 매출액 대비 수출액 비중이 5% 미만인 업체의 수인 $125\times24\%=30$개보다 더 많다.

오답분석

- 은하 : 주조 업체 중 매출액 대비 수출액 비중이 5% 이상 10% 미만인 업체가 25%로 가장 많다.
- 인석 : 매출액 대비 수출액 비중이 20% 이상 50% 미만인 금형 업체의 수는 $840\times35\%=294$개, 주조 업체의 수는 $125\times20\%=25$개로 주조 업체가 차지하는 비중이 가장 크다는 설명은 옳지 않다.

10

정답 ③

구간 '육식률 80% 이상'과 '육식률 50% 이상 80% 미만'에서의 사망률 1위 암은 위암으로 동일하나, '육식률 30% 이상 50% 미만'에서의 사망률 1위 암은 대장암이다. 따라서 옳지 않은 설명이다.

오답분석

① '채식률 100%'에서 사망률이 10%를 초과하는 암은 폐암(11%)뿐이다.
② 전립선암은 '채식률 100%'에서 사망률 8%로, '육식률 30% 미만' 구간의 사망률 5%보다 높다.
④ '육식률 80% 이상'에서의 위암 사망률(85%)과 '채식률 100%'에서 위암 사망률(4%) 차이는 81%로 유일하게 80%가 넘게 차이난다.
⑤ • '육식률 80% 이상'에서의 사망률이 50% 미만인 암 : 전립선암(42%), 폐암(48%), 난소암(44%)
  • '육식률 50% 이상 80% 미만'에서의 사망률이 50% 이상인 암 : 대장암(64%), 방광암(52%), 위암(76%)
  따라서 각각 3개로 동일하다.

11

정답 ④

일반회사직 종사자는 '1시간 이상 3시간 미만'이라고 응답한 비율이 45%로 가장 높지만, 자영업자 종사자는 '1시간 미만'이라고 응답한 비율이 36%로 가장 높다. 따라서 옳지 않다.

오답분석

① 제시된 자료를 통해 알 수 있다.
② 교육에 종사하는 사람은 공교육직과 사교육직을 합쳐 총 2,800+2,500=5,300명으로 전체 20,000명 중 $\frac{5,300}{20,000}\times100=26.5\%$에 해당한다.
③ 연구직 종사자와 의료직 종사자의 응답 비율의 차는 다음과 같다.
  • 1시간 미만 : 69−52=17%p
  • 1시간 이상 3시간 미만 : 5−1=4%p
  • 3시간 이상 5시간 미만 : 7−2=5%p
  • 5시간 이상 : 41−23=18%p
  따라서 차이가 가장 크게 나는 응답 시간은 '5시간 이상'이다.
⑤ 공교육직 종사자와 교육 외 공무직 종사자의 응답 비율을 높은 순서부터 나열하면 다음과 같다.
  • 공교육직 : 5시간 이상 – 3시간 이상 5시간 미만 – 1시간 이상 3시간 미만 – 1시간 미만
  • 교육 외 공무직 : 1시간 미만 – 1시간 이상 3시간 미만 – 3시간 이상 5시간 미만 – 5시간 이상
  따라서 둘의 추이는 반대이다.

12

정답 ③

'5시간 이상'이라고 응답한 교육 외 공무직 종사자의 응답 비율은 18%로 연구직 종사자의 응답 비율인 23%보다 낮다. 그러나 응답자 수는 교육 외 공무직 종사자의 응답자 수가 3,800×0.18=684명, 연구직 종사자의 응답자 수가 2,700×0.23=621명으로 교육 외 공무직 종사자의 응답자 수가 더 많으므로 ㄷ은 옳은 설명이다.

오답분석

ㄱ. 전체 응답자 중 공교육직 종사자 2,800명이 차지하는 비율은 $\frac{2,800}{20,000}\times100=14\%$이고, 연구직 종사자 2,700명이 차지하는 비율은 $\frac{2,700}{20,000}\times100=13.5\%$이다. 따라서 14−13.5=0.5%p 더 높다.
ㄴ. 공교육직 종사자의 응답 비율이 가장 높은 구간은 '5시간 이상'으로 그 응답자 수는 2,800×0.45=1,260명이고, 사교육직 종사자의 응답 비율이 가장 높은 구간은 '1시간 미만'으로 그 수는 2,500×0.36=900명이므로 $\frac{1,260}{900}=1.4$배이다.

13

정답 ②

주말 오전 장년층(30 · 40대)의 단순 평균 TV시청 시간을 구하면 $\frac{1.8+3.2}{2}=2.5$시간이고, 중년층(50 · 60대)의 단순 평균 TV시청 시간을 구하면 $\frac{2.5+2.7}{2}=2.6$시간이다. 따라서 옳은 설명이다.

오답분석

① 청년층(20대)의 주말 단순 평균 TV시청 시간을 구하면 $\frac{2.2+3.2}{2}=2.7$시간이고, 평일의 단순 평균 TV시청 시간을 구하면 $\frac{0.9+1.8}{2}=1.35$시간이다. 따라서 주말이 평일의 $\frac{2.7}{1.35}=2$배이다.

③ 10대 미만의 평일 오전 평균 TV시청 시간은 2.2시간, 오후 평균 TV시청 시간은 3.8시간이다. 따라서 평균 TV시청 시간의 차는 $3.8-2.2=1.6$시간으로 $60\times1.6=96$분, 즉 1시간 36분이다.

④ 전 연령대에서 평일과 주말 모두 오후의 평균 TV시청 시간이 길었다.

⑤ 30대 이후 평일 오후 평균 TV시청 시간은 각각 1.5시간, 2.5시간, 3.8시간, 4.4시간, 5.2시간, 5.3시간으로 연령대가 높아질수록 평균 TV시청 시간은 증가하고 있고, 주말 역시 2.2시간, 4.5시간, 4.6시간, 4.7시간, 5.2시간, 5.5시간으로 증가하고 있다.

14

정답 ②

ㄱ. 10대 미만의 평일 오전 평균 TV시청 시간은 2.2시간으로, 주말 오전 평균 TV시청 시간인 2.5시간의 $\frac{2.2}{2.5}\times100=88\%$이다.

ㄹ. 장년층 · 중년층 · 노년층의 평일 오전과 오후의 단순 평균 TV시청 시간을 구하면 다음과 같다.

구분	오전	오후
장년층	$\frac{0.3+1.1}{2}=0.7$시간	$\frac{1.5+2.5}{2}=2$시간
중년층	$\frac{1.4+2.6}{2}=2$시간	$\frac{3.8+4.4}{2}=4.1$시간
노년층	$\frac{2.4+2.5}{2}=2.45$시간	$\frac{5.2+5.3}{2}=5.25$시간

따라서 장년층이 $2-0.7=1.3$시간, 중년층이 $4.1-2=2.1$시간, 노년층이 $5.25-2.45=2.8$시간으로 노년층의 차가 가장 크다.

오답분석

ㄴ. 10대와 20대의 평일 오후 평균 TV시청 시간은 각각 1.7시간, 1.8시간이다. 따라서 둘의 시간차는 $1.8-1.7=0.1$시간이므로 $60\times0.1=6$분이다.

ㄷ. 평일 오전 평균 TV시청 시간이 가장 많은 연령대는 2.6시간으로 60대이다. 따라서 60대의 주말 단순 평균 TV시청 시간을 구하면 $\frac{2.7+4.7}{2}=3.7$시간으로 4시간 미만이다.

15

정답 ②

우편물을 가장 적게 보냈던 2024년의 1인당 우편 이용 물량은 96통 정도이므로 $365\div96\fallingdotseq3.80$이다. 따라서 3.80일에 1통은 보냈다는 뜻이므로 4일에 1통 이상은 보냈다고 볼 수 있다.

오답분석

① 1인당 우편 이용 물량은 증가와 감소를 반복한다.

③ 1인당 우편 이용 물량이 2016년에 가장 높았던 것은 맞으나, 2024년에 가장 낮았다.

④ 접수 우편 물량이 가장 많은 해는 약 5,500백만 통인 2016년이고, 가장 적은 해는 약 4,750백만 통인 2019년이다. 따라서 그 차이는 약 750백만 통 정도이다.

⑤ 접수 우편 물량은 2023 ~ 2024년 사이에 증가했다.

16

정답 ④

재판 관련 경험이 없는 사람 중 SNS를 이용하여 법 관련 정보를 얻는 사람의 수는 $2,970\times0.2=594$명으로 550명 이상이므로 옳은 설명이다.

오답분석

① 전체 응답 인원은 동일하다고 하였으므로, 전체 응답 인원은 $1,710+1,740=3,450$명이다. 전체 응답 인원 3,450명 중 사무직 응답 인원 690명의 비율은 $\frac{690}{3,450}\times100=20\%$로, 30% 미만이다.

② 법 관련 정보를 얻는 곳이 따로 없다고 응답한 사람의 수는 보수 성향의 경우 $950\times0.02=19$명, 중도 성향은 $1,400\times0.01=14$명으로 보수 성향에서 더 많다.

③ 중졸 이하 학력의 응답 인원 중 TV / 라디오를 통해 법 관련 정보를 얻는 사람의 수는 $550\times0.9=495$명으로 500명 미만이다.

⑤ 신문 / 잡지를 이용해 법 관련 정보를 얻는 사람의 수는 대졸 이상의 학력에서 그렇다고 응답한 경우가 $1,450\times0.24=348$명으로, 중도 성향에서 그렇다고 응답한 $1,400\times0.2=280$명보다 많다.

17

정답 ③

ㄱ. 재판 관련 경험이 있다고 응답한 인원 중 법원 인터넷 시스템을 통해 법 관련 정보를 얻는 인원은 $480\times0.4=192$명으로, 200명을 넘지 않는다.

ㄴ. 학생 중 포털사이트를 이용해 법 관련 정보를 얻는다고 응답한 사람 수는 145명의 80%, $145\times0.8=116$명으로, 주부 중 SNS를 이용하여 법 관련 정보를 얻는다고 응답한 사람 수인 660명의 10%, $660\times0.1=66$명보다 많다.

오답분석

ㄷ. 응답 인원에 대한 구분 기준 중 하나인 성별을 기준으로 볼 때, 남자의 경우와 여자의 경우 모두 포털사이트를 통해 법 관련 정보를 얻는다고 응답한 사람 수의 비율이 주위 사람을 통해 법 관련 정보를 얻는다고 응답한 사람 수의 비율보다 높다. 따라서 전체 응답 인원에서 비교를 하여도 포털사이트를 통해 법 관련 정보를 얻는다고 응답한 사람 수가 주위 사람을 통해 법 관련 정보를 얻는다고 응답한 사람 수보다 많을 것임을 알 수 있다.

18

정답 ④

마지막 문단에 제시된 영업용으로 등록된 특수차의 수에 따라 2021 ~ 2024년 전년 대비 증가량을 계산하면 다음과 같다.

(단위 : 대)

구분	2021년	2022년	2023년	2024년
증가량	$59,281-57,277=2,004$	$60,902-59,281=1,621$	$62,554-60,902=1,652$	$62,946-62,554=392$

따라서 2021년과 2024년의 전년 대비 증가량이 자료보다 높으므로 옳지 않은 그래프는 ④이다.

오답분석

① 두 번째 문단에서 자가용으로 등록된 특수차의 연도별 수를 계산하면 2020년 2만 대, 2021년 2.4만 대, 2022년 2.8만 대이며, 2023년 3만 대, 2024년 3.07만 대가 된다.

② 두 번째 문단에서 자가용으로 등록된 연도별 승용차 수와 일치한다.

③ 마지막 문단에서 영업용으로 등록된 연도별 특수차 수와 일치한다.

⑤ 세 번째 문단에서 관용차로 등록된 연도별 승합차 수와 일치한다.

19

정답 ④

A기계와 B기계 생산대수의 증감 규칙은 다음과 같다.

- A기계

$$\underset{+3}{20 \;\; 23} \;\; \underset{+3}{26} \;\; \underset{+3}{29} \;\; \underset{+3}{32} \;\; \underset{+3}{35}$$

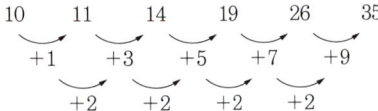

제시된 수열은 앞의 항에 +3을 하는 등차수열이다.

- B기계

$$10 \xrightarrow{+1} 11 \xrightarrow{+3} 14 \xrightarrow{+5} 19 \xrightarrow{+7} 26 \xrightarrow{+9} 35$$

$$+1 \xrightarrow{+2} +3 \xrightarrow{+2} +5 \xrightarrow{+2} +7 \xrightarrow{+2} +9$$

제시된 수열의 계차는 공차가 +2인 등차수열이다.

2025년의 A기계 생산량은 $35+5\times3=50$대이고, B기계 생산량은 $35+\sum_{k=1}^{5}(9+2k)=35+9\times5+2\times\frac{5\times6}{2}=110$대이다.

따라서 A기계와 B기계의 총생산량은 $50+110=160$대이다.

20

정답 ⑤

잔류 세균 수는 1시간이 지날 때마다 직전 시간 잔류 세균 수의 $\frac{1}{3}$이 되므로 잔류 세균 수는 6시간 후 $4,050\times\frac{1}{3}=1,350$마리, 7시간 후 $1,350\times\frac{1}{3}=450$마리, 8시간 후 $450\times\frac{1}{3}=150$마리, 9시간 후 $150\times\frac{1}{3}=50$마리이다.

따라서 잔류 세균 수가 처음으로 100마리 이하가 되는 때는 9시간 후이다.

| 02 | 추리

01	02	03	04	05	06	07	08	09	10	11	12	13	14	15	16	17	18	19	20
④	④	④	①	①	③	③	④	⑤	②	②	③	④	④	②	③	①	①	③	②
21	22	23	24	25	26	27	28	29	30										
⑤	④	③	②	⑤	①	①	②	④	⑤										

01

정답 ④

'홍보실'을 A, '워크숍에 간다.'를 B, '출장을 간다.'를 C라고 하면, 전제1과 결론은 각각 $A \rightarrow B$, $\sim C \rightarrow B$이다. 따라서 결론이 참이 되려면 $\sim C \rightarrow A$ 또는 $\sim A \rightarrow C$가 필요하므로 빈칸에 들어갈 명제는 '홍보실이 아니면 출장을 간다.'이다.

02

정답 ④

'낡은 것을 버리다.'를 p, '새로운 것을 채우다.'를 q, '더 많은 세계를 경험하다.'를 r이라고 하면, 전제1은 $p \rightarrow q$이며, 결론은 $\sim q \rightarrow \sim r$이다. 이때 전제1의 대우는 $\sim q \rightarrow \sim p$이므로 결론이 참이 되기 위해서는 $\sim p \rightarrow \sim r$이 필요하다. 따라서 빈칸에 들어갈 명제는 '낡은 것을 버리지 않는다면 더 많은 세계를 경험할 수 없다.'이다.

03

정답 ④

'탁구를 잘 치는 사람'을 A, '테니스를 잘치는 사람'을 B, '집중력이 좋은 사람'을 C라고 하면, 전제1과 결론은 다음과 같은 벤 다이어그램으로 나타낼 수 있다.

1) 전제1

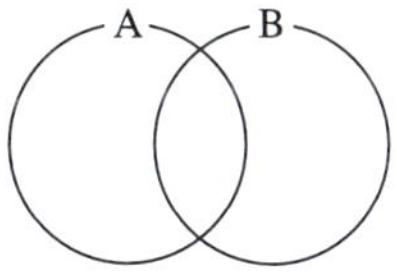

2) 결론

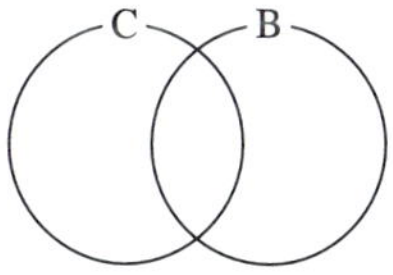

결론이 참이 되기 위해서는 B와 공통되는 부분의 A와 C가 연결되어야 하므로 A를 C에 모두 포함시켜야 한다.

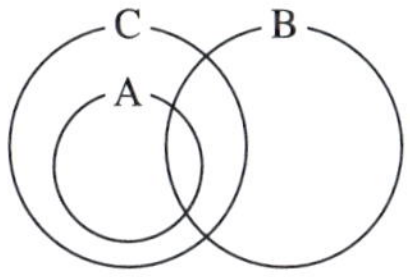

따라서 다음과 같은 벤 다이어그램이 성립할 때 결론이 참이 될 수 있으므로 빈칸에 들어갈 명제는 '탁구를 잘 치는 사람은 모두 집중력이 좋다.'이다.

오답분석

① 다음과 같은 경우 성립하지 않는다.

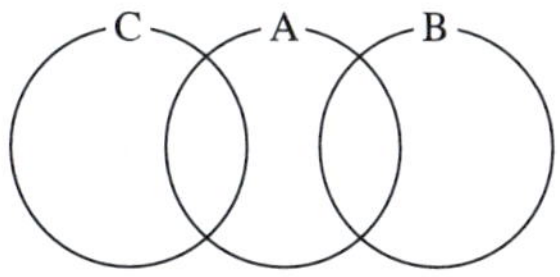

③ 다음과 같은 경우 성립하지 않는다.

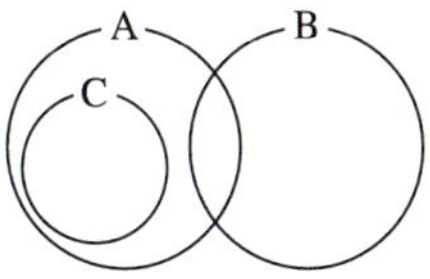

04

정답 ①

• ㉠의 경우
B, C의 진술이 모두 참이거나 거짓일 때 영업팀과 홍보팀이 같은 층에서 회의를 할 수 있다. 그러나 B, C의 진술은 동시에 참이 될 수 없으므로, A·B·C 진술 모두 거짓이 되어야 하는데 기획팀은 5층, 영업팀과 홍보팀은 3층에서 회의를 진행하고, E는 5층에서 회의를 하는 기획팀에 속하게 되므로 ㉠은 항상 참이 된다.

오답분석

• ㉡의 경우
기획팀이 3층에서 회의를 한다면 A의 진술은 항상 참이 되어야 한다. 이때 B와 C의 진술은 동시에 거짓이 될 수 없으므로, 둘 중 하나는 반드시 참이어야 한다. 또한 2명만 진실을 말하므로 D와 E의 진술은 거짓이 된다. 따라서 D와 E는 같은 팀이 될 수 없으므로 ㉡은 참이 될 수 없다.

• ㉢의 경우
i) 두 팀이 5층에서 회의를 하는 경우 : (A·B 거짓, C 참), (A·C 거짓, B 참)
ii) 두 팀이 3층에서 회의를 하는 경우 : (A·B 참, C 거짓), (A·C 참, B 거짓), (A·B·C 거짓)
두 팀이 5층보다 3층에서 회의를 하는 경우가 더 많으므로 ㉢은 참이 될 수 없다.

05

정답 ①

주어진 조건을 표로 정리하면 다음과 같다.

구분	사는 사람	좋아하는 스포츠	기르는 동물
7층	G		새
6층		축구	고양이
5층	D		새
4층		축구	고양이
3층	E	농구	새
2층	A	축구	고양이
1층	B		개

따라서 D는 5층에 사는 것을 알 수 있다.

오답분석

② C와 E가 이웃하려면 C가 4층에 살아야 하는데 주어진 조건으로는 정확히 알 수 없다.
③ F가 4층에 사는지 6층에 사는지 알 수 없다.
④ G는 7층에 살며 새를 키우지만 무슨 스포츠를 좋아하는지 알 수 없다.
⑤ B는 유일하게 개를 키우고 개를 키우는 사람은 1층에 산다. 따라서 홀수 층에 사는 사람들이 모두 새를 키운다고 할 수 없다.

06

정답 ③

첫 번째, 두 번째 조건에 따라 로봇은 '3번 – 1번 – 2번 – 4번' 또는 '3번 – 2번 – 1번 – 4번' 순서로 전시되어 있으며, 사용 언어는 세 번째, 네 번째, 다섯 번째 조건에 따라 '중국어 – 영어 – 한국어 – 일본어' 또는 '일본어 – 중국어 – 영어 – 한국어' 순서이다. 제시된 조건에 따라 3번 로봇의 자리가 정해지게 되는데, 3번 로봇은 일본어를 사용하지 않는다고 하였으므로 사용 언어별 순서는 '중국어 – 영어 – 한국어 – 일본어' 순이다. 또한, 2번 로봇은 한국어를 사용하지 않는다고 하였으므로 '3번 – 2번 – 1번 – 4번' 순서이다. 따라서 주어진 조건에 따라 옳은 것은 ③이다.

오답분석

① 1번 로봇은 한국어를 사용한다.
② 4번 로봇은 일본어를 사용한다.
④ 중국어를 사용하는 3번 로봇은 영어를 사용하는 2번 로봇의 옆에 위치해 있다.
⑤ 영어를 사용하는 로봇은 한국어를 사용하는 로봇의 왼쪽에 위치해 있다.

07

정답 ③

첫 번째 조건에 따라 주거복지기획부가 반드시 참석해야 하므로 네 번째 조건의 대우에 의해 산업경제사업부는 참석하지 않는다. 다섯 번째 조건에 따라 두 경우로 나타내면 다음과 같다.

i) 노사협력부가 참석하는 경우

세 번째 조건의 대우에 따라 인재관리부는 참석하지 않으며, 다섯 번째 조건에 따라 공유재산관리부도 불참하고, 공유재산개발부는 참석할 수도 있고 참석하지 않을 수도 있다.

즉, 주거복지기획부, 노사협력부, 공유재산개발부가 주간 회의에 참석할 수 있다.

ii) 공유재산관리부가 참석하는 경우

두 번째 조건에 따라 공유재산개발부도 참석하며, 다섯 번째 조건에 따라 노사협력부는 참석하지 않고, 인재관리부는 참석할 수도 있고 참석하지 않을 수도 있다.

즉, 주거복지기획부, 공유재산관리부, 공유재산개발부, 인재관리부가 주간 회의에 참석할 수 있다.

따라서 이번 주 주간 회의에 참석할 부서의 최대 수는 4개이다.

08

정답 ④

먼저 A씨가 월요일부터 토요일까지 운동 스케줄을 등록할 때, 토요일에는 리포머 수업만 진행되므로 A씨는 토요일에 리포머 수업을 선택해야 한다.

금요일에는 체어 수업에 참여하므로 네 번째 조건에 따라 목요일에는 바렐 또는 리포머 수업만 선택할 수 있다. 그런데 A씨가 화요일에 바렐 수업을 선택한다면, 목요일에는 리포머 수업만 선택할 수 있다. 이를 표로 정리하면 다음과 같다.

월	화	수	목	금	토
리포머	바렐	체어	리포머	체어	리포머

따라서 수요일에는 리포머 수업을 선택할 수 없으며, 반드시 체어 수업을 선택해야 한다.

오답분석

A씨가 등록할 수 있는 월~토요일까지의 운동 스케줄은 다음과 같다.

구분	월	화	수	목	금	토
경우 1	리포머	바렐	체어	리포머	체어	리포머
경우 2	리포머	체어	바렐	리포머	체어	리포머
경우 3	리포머	체어	리포머	바렐	체어	리포머
경우 4	체어	리포머	바렐	리포머	체어	리포머
경우 5	바렐	리포머	체어	리포머	체어	리포머

① 경우 2와 경우 3에 따라 옳은 내용이다.
② 경우 4에 따라 옳은 내용이다.
③ 경우 2에 따라 옳은 내용이다.
⑤ 경우 3에 따라 옳은 내용이다.

09

정답 ⑤

주어진 조건에 따라 20 ~ 40대 남녀의 자리를 배치하면 다음과 같다.

• 경우 1

40대 여성	40대 남성	20대 여성	30대 여성	20대 남성	30대 남성

• 경우 2

40대 여성	40대 남성	20대 남성	30대 여성	20대 여성	30대 남성

오른쪽 끝자리에는 30대 남성이, 왼쪽에서 두 번째 자리에는 40대 남성이 앉으므로 세 번째와 네 번째 조건에 따라 30대 여성은 왼쪽에서 네 번째 자리에 앉아야 한다. 이때, 40대 여성은 네 번째 조건에 따라 왼쪽에서 첫 번째 자리에 앉아야 하므로 남은 자리에 20대 남녀가 앉을 수 있다. 따라서 항상 옳은 것은 ⑤이다.

10

정답 ②

거짓을 말하는 사람이 1명이기 때문에 서로 모순되는 말을 하는 B와 C 중 1명이 거짓을 말하고 있다.

i) B가 거짓말을 할 경우

A는 진실을 말하고 있다. A는 C가 범인이라고 했고, E는 A가 범인이라고 했으므로 A와 C가 범인이다.

ii) C가 거짓말을 할 경우

B는 진실을 말하므로 A도 거짓말을 하고 있다. 이는 1명만 거짓을 말하고 있다는 조건에 모순된다.

따라서 거짓을 말하는 사람은 B이고, 범인은 A와 C이다.

11

정답 ②

먼저 첫 번째 조건에 따라 감염대책위원장과 백신수급위원장은 함께 뽑힐 수 없으므로 감염대책위원장이 뽑히는 경우와 백신수급위원장이 뽑히는 경우로 나누어 볼 수 있다.

i) 감염대책위원장이 뽑히는 경우

첫 번째 조건에 따라 백신수급위원장은 뽑히지 않으며, 두 번째 조건에 따라 위생관리위원장 2명이 모두 뽑힌다. 이때, 위원회는 총 4명으로 구성되므로 나머지 후보 중 생활방역위원장 1명이 뽑힌다.

ii) 백신수급위원장이 뽑히는 경우

첫 번째 조건에 따라 감염대책위원장은 뽑히지 않으며, 세 번째 조건에 따라 생활방역위원장은 3명 이상이 뽑힐 수 없으므로 1명 또는 2명이 뽑힐 수 있다. 그러므로 생활방역위원장 2명이 뽑히면 위생관리위원장은 1명이 뽑히고, 생활방역위원장 1명이 뽑히면 위생관리위원장은 2명이 뽑힌다.

이를 표로 정리하면 다음과 같다.

구분	감염병관리위원회 구성원
경우 1	감염대책위원장 1명, 위생관리위원장 2명, 생활방역위원장 1명
경우 2	백신수급위원장 1명, 위생관리위원장 1명, 생활방역위원장 2명
경우 3	백신수급위원장 1명, 위생관리위원장 2명, 생활방역위원장 1명

따라서 항상 참이 되는 것은 '생활방역위원장이 뽑히면 위생관리위원장도 뽑힌다.'이다.

오답분석

① 어떤 경우에도 감염대책위원장과 백신수급위원장은 함께 뽑히지 않는다.
③ 경우 3에서는 위생관리위원장 2명이 뽑힌다.
④ 경우 2에서는 생활방역위원장 2명이 뽑힌다.
⑤ 감염대책위원장이 뽑히면 생활방역위원장은 1명이 뽑힌다.

12

정답 ③

다음의 논리 순서를 따라 주어진 조건을 정리하면 쉽게 접근할 수 있다.

• 첫 번째 조건 : B부장의 자리는 출입문과 가장 먼 10번 자리에 배치된다.
• 두 번째 조건 : C대리와 D과장은 마주봐야 하므로 2·7번 또는 4·9번 자리에 앉을 수 있다.
• 세 번째 조건 : E차장은 B부장과 마주보거나 옆자리이므로 5번과 9번에 배치될 수 있지만, 다섯 번째 조건에 따라 옆자리가 비어있어야 하므로 5번 자리에 배치된다.
• 다섯 번째 조건 : E차장 옆자리는 공석이므로 4번 자리는 아무도 앉을 수가 없어 C대리는 7번 자리에 앉고, D과장은 2번 자리에 앉는다.
• 일곱 번째 조건 : 과장끼리 마주보거나 나란히 앉을 수 없으므로 G과장은 3번 자리에 앉을 수 없고, 6번과 9번에 앉을 수 있다.
• 여섯 번째 조건 : F대리는 마주보는 자리에 아무도 앉지 않아야 하므로 9번 자리에 배치되고 G과장은 6번 자리에 앉는다.

주어진 조건에 맞게 자리를 배치하면 다음과 같다.

출입문				
1 – 신입사원	2 – D과장	×	×	5 – E차장
6 – G과장	7 – C대리	8 – A사원	9 – F대리	10 – B부장

따라서 배치된 자리와 직원이 바르게 연결된 것은 ③이다.

13

정답 ④

여섯 번째, 일곱 번째 조건에 따라 순이가 배우는 언어는 정희, 철수, 영희와 겹치지 않으므로 순이는 영어를 배운다. 다음으로 일어는 3명이 배워야 하므로 정희, 철수, 영희가 배운다. 마지막으로 정희가 배우면 영희도 무조건 배워야 하는데, 불어는 2명, 독어는 2명 이상이 배워야 하므로 영희와 정희가 모두 배우거나, 영희는 배우고 정희는 배우지 않는다. 이를 표로 정리하면 다음과 같다.

구분	영어	불어	독어	일어
정희		○ / ×	○ / ×	○
철수		○ / ×	○ / ×	○
순이	○			
영희		○	○	○
인원(8명 이상)	1명	2명	2명 이상	3명

따라서 영희는 반드시 불어, 독어, 일어를 배운다.

14

정답 ④

B와 C는 반드시 같이 가야 하는데, 월요일에는 A가 자원봉사를 가야 하므로 B와 C는 수요일에 가게 된다. F는 G와 함께 가며 월요일은 A, 수요일은 B와 C, 목요일은 E가 가야 하므로 화요일 또는 금요일에 갈 수 있다. 그런데 G는 화요일에 중요한 회의가 있으므로 금요일에 F와 G가 함께 자원봉사를 가게 되고, H와 I와 J는 해당 조건들로는 어느 요일에 가는지 알 수 없다. 이를 표로 정리하면 다음과 같다.

월요일	화요일	수요일	목요일	금요일
A		B	E	F
		C	D	G

따라서 금요일에 자원봉사를 가는 조원은 F와 G이다.

15

정답 ②

규칙은 가로로 적용된다.
두 번째 도형에서 첫 번째 도형을 빼낸 나머지가 세 번째 도형이다.

16

정답 ③

규칙은 세로로 적용된다.
첫 번째 도형을 x축 기준으로 대칭 이동한 것이 두 번째 도형이고, 이를 y축 기준으로 대칭 이동한 것이 세 번째 도형이다.

17

정답 ①

규칙은 가로로 적용된다.
첫 번째 도형을 시계 반대 방향으로 90° 회전한 것이 두 번째 도형이고, 이를 x축 기준으로 대칭 이동한 것이 세 번째 도형이다.

[18~21]

- ◑ : 맨 뒤의 문자를 맨 앞으로 이동
- ◐ : 맨 뒤의 문자를 맨 뒤에 추가
- ♬ : 첫 번째 문자 제거
- ★ : 첫 번째 문자와 마지막 문자의 위치 변경

18

정답 ①

VWD → DWV
★

19

정답 ③

KH7 → KH77 → 7KH7
◐ ◑

20

정답 ②

E62G → G62E → 62E
★ ♬

21

정답 ⑤

WHB → BWH → WH → WHH
◑ ♬ ◐

22

정답 ④

제시문은 예술에서 적합한 크기와 형식을 벗어난 것을 사용할 수밖에 없는 이유를 설명하며 이것을 통해 아름다움을 느끼게 되는 요소를 설명하고 있다. 따라서 (라) 아름다운 것이 성립하는 경우와 불편함이 성립되는 경우 – (가) 불편함을 느낄 수 있는 것에서 아름다움을 느끼는 것에 대한 의문 제기 – (다) 예술 작품에서 불편함을 느낄 수 있는 요소를 사용하는 이유 – (나) 이것에서 아름다움을 느끼는 원인 순으로 나열하는 것이 적절하다.

23

정답 ③

제시문은 환율과 관련된 경제 현상을 설명한 것으로, 환율은 기초경제 여건을 반영하여 수렴된다는 (가) 문단이 먼저 오는 것이 적절하며, '그러나' 환율이 예상과 다르게 움직이는 경우가 있다는 (라) 문단이 그 뒤에 오는 것이 적절하다. 다음으로 이러한 경우를 오버슈팅으로 정의하는 (나) 문단이, 그 뒤를 이어 오버슈팅이 발생하는 원인인 (다) 문단 순으로 나열하는 것이 가장 적절하다.

24

정답 ②

제시문에 따르면 사물인터넷(IoT)의 발달로 센서의 사용 또한 크게 늘고 있다.

오답분석

① 기계적 진동원은 움직이는 인체, 자동차, 진동 구조물, 물이나 공기의 흐름에 의한 진동 등 모두를 포함한다.
③ 인체의 작은 움직임(주파수 2 ~ 5Hz)도 스마트폰이나 웨어러블(안경, 시계, 의복 등과 같이 신체에 작용하는 제품) 기기들의 전기에너지원으로 사용될 수 있다.
④ 교체 및 충전식 전기화학 배터리는 수명이 짧다는 특징을 갖고 있다.
⑤ 전자기력 기반은 패러데이의 유도 법칙을 이용하여 전기를 생산하며, 낮은 주파수의 기계적 에너지를 전기에너지로 변환하는 매우 효율적인 방법이다.

25

정답 ⑤

오염수를 희석을 시키더라도 시간이 지나면 오염물질이 다시 모여들 수 있다는 것은 엔트로피 증가의 법칙을 무시한 주장이다.

오답분석

① 방사성 오염물질은 초미세먼지(2.5마이크로미터)의 1만 분의 1 정도의 크기이다.
② 방사성 오염물질은 독립된 원자 상태로 존재하기도 하나, 대부분은 다른 원소들과 화학적으로 결합한 분자 상태로 존재한다.
③ 전기적으로 중성인 경우도 있고, 양전하나 음전하를 가진 이온의 상태로 존재하기도 한다.
④ 당초 섭씨 1,000도 이상으로 뜨거웠던 건 맞지만 오랜 기간에 걸쳐 천천히 식은 상태다.

26

정답 ①

제시문의 첫 번째 문단에서는 '사회적자본'이 늘어나면 정치참여도가 높아진다는 주장을 하였고, 두 번째 문단에서는 '사회적자본'의 개념을 사이버공동체에 도입하였으나 현실과 잘 맞지 않는다고 하면서 '사회적자본'의 한계를 서술했다. 그리고 마지막 문단에서는 이 같은 사회적자본만으로는 정치참여가 늘어나기 어렵고 이른바 '정치적자본'의 매개를 통해서만이 가능하다는 주장을 하고 있다. 따라서 ①이 글의 주제로 가장 적절하다.

27

정답 ①

제시문에서는 탑을 복원할 경우 탑에 담긴 역사적 의미와 함께 탑과 주변 공간의 조화가 사라지고, 정확한 자료 없이 탑을 복원한다면 탑을 온전하게 되살릴 수 없다는 점을 들어 탑을 복원하기보다는 보존해야 한다고 주장한다. 따라서 이러한 근거들과 관련이 없는 ①이 글의 주장에 대한 반박으로 적절하지 않다.

28

정답 ②

역전층 현상이 발생하면 대류권에서는 위쪽으로 갈수록 기온이 높아지므로 ②는 적절하지 않은 내용이다.

오답분석

① 겨울철 방에서 난방을 하면 방바닥의 따뜻한 공기는 위로 올라가는 대류현상이 일어난다.
③ 태양의 복사열로 지표가 데워지면 역전층 현상이 사라질 것이다.
④ 따뜻한 공기가 더 가볍기 때문에 더 무거운 차가운 공기는 아래로, 따뜻한 공기는 위로 이동하는 대류운동이 일어난다.
⑤ 공기층이 안정된다는 것은 역전층 현상이 나타난 것이므로, 안개가 발생하고 이에 따라 스모그 현상이 발생한다.

29

정답 ④

4D 프린팅은 기존 3D 프린팅에 '시간'을 추가한 개념으로 시간의 경과, 온도의 변화 등 특정 상황에 놓일 경우 출력물의 외형과 성질이 변한다. 따라서 물의 온도가 높을 때는 닫히고, 물의 온도가 낮아지면 열리는 것과 같이 물의 온도 변화에 따라 달라지는 수도 밸브는 4D 프린팅을 통해 구현할 수 있다.

오답분석

①·②·③·⑤ 시간의 경과나 온도의 변화 등과 관계없는 제품으로, 3D 프린팅을 통해 구현 가능하다.

30

정답 ⑤

삽입정렬을 사용하여 정렬할 경우 527을 564와 비교하여 앞으로 삽입하고, 89를 564와 비교하여 527의 앞으로 삽입하고, 다시 527과 비교하여 527의 앞으로 삽입한다. 72도 이와 같은 방법으로 비교하여 정렬하면 시간 복잡도는 총 1+2+3+4=10번이 된다.
기수정렬은 원소들 중 자릿수가 가장 큰 원소의 자릿수만큼 원소들의 자릿수의 숫자를 확인하는 과정이 반복되므로 모듈로 연산은 3회가 되고 시간복잡도는 총 5+5+5=15번이 된다. 따라서 A씨가 삽입정렬이나 기수정렬 중 하나를 사용하여 정렬하더라도 시간복잡도는 모두 10번 이상이 된다.

오답분석

① 기수정렬(15번)보다 삽입정렬(10번)을 사용하는 것이 더 효율적이다.
② 삽입정렬을 사용하여 정렬하면 시간복잡도는 10번이 된다.
③ 기수정렬을 사용하여 정렬하면 시간복잡도는 15번이 된다.
④ 삽입정렬의 시간복잡도는 10번, 기수정렬의 시간복잡도는 15번이므로 서로 동일하지 않다.

삼성 온라인 GSAT

2일 차 기출응용 모의고사 정답 및 해설

| 01 | 수리

01	02	03	04	05	06	07	08	09	10	11	12	13	14	15	16	17	18	19	20
②	③	②	③	④	②	④	④	⑤	③	③	④	①	⑤	③	②	⑤	①	③	①

01

정답 ②

• 9명 중 2명을 뽑는 경우의 수 : ${}_9C_2=\frac{9\times8}{2\times1}=36$가지

• 남은 7명 중 3명을 뽑는 경우의 수 : ${}_7C_3=\frac{7\times6\times5}{3\times2\times1}=35$가지

• 남은 4명 중 4명을 뽑는 경우의 수 : ${}_4C_4=1$가지

따라서 구하고자 하는 경우의 수는 $36\times35\times1=1,260$가지이다.

02

정답 ③

제품 a, b 둘 다 선호하는 사람의 수를 x명이라 하면, 다음과 같은 식이 성립한다.
(제품 a, b 둘 다 선호하는 사람의 수)$=x$ …㉠
(제품 a, b 둘 다 선호하지 않는 사람의 수)$=2x-3$ …㉡
(제품 a만 선호하는 사람의 수)$=41-x$ …㉢
(제품 b만 선호하는 사람의 수)$=57-x$ …㉣
㉠~㉣ 모두 더하면 총 응답자의 수가 되므로 응답자의 수는 $95+x$이다.
따라서 $400\times0.25=95+x$이므로 제품 a, b 둘 다 선호하는 사람의 수는 5명이고, ㉡에 따라 제품 a, b 둘 다 선호하지 않는 사람은 7명이다.

03

정답 ②

신장이 170cm 미만인 학생 수가 전체의 40%일 때, (가)에 들어갈 수를 구하는 식은 다음과 같다.

$\frac{2+8+(\text{가})}{2+8+(\text{가})+44+17+10+1}\times100=40\%$

$\rightarrow \frac{10+(\text{가})}{82+(\text{가})}\times100=40\%$

$\rightarrow 60\times(\text{가})=2,280$

$\therefore$ (가)$=2,280\div60=38$

따라서 (가)의 값은 38이다.

04

정답 ③

매출액 규모가 클수록 업종 전환 이유에 대해 영업이익 감소를 선택한 비율이 높다.

오답분석

① 프랜차이즈 형태로 운영하는 경우(1.3%), 그렇지 않은 경우(2.3%)보다 업종 전환 의향에 대한 긍정적 응답 비율이 낮다.
② 비(非)프랜차이즈 형태로 운영하는 경우, 업종 전환의 가장 큰 이유는 57.9%가 응답한 영업이익 감소이다.
④ 매출액이 5억 원 이상인 경우, 업종 전환의 가장 큰 이유는 61.4%가 응답한 영업이익 감소이다.
⑤ 매출액 규모가 1억 원 미만인 경우, 구인의 어려움을 선택한 응답자 비율이 집계되지 않았으므로 옳지 않다.

05

정답 ④

메달 및 상별 점수는 다음과 같다.

구분	금메달	은메달	동메달	최우수상	우수상	장려상
총 개수(개)	40	31	15	41	26	56
개당 점수(점)	$\frac{3,200}{40}=80$	$\frac{2,170}{31}=70$	$\frac{900}{15}=60$	$\frac{1,640}{41}=40$	$\frac{780}{26}=30$	$\frac{1,120}{56}=20$

따라서 금메달은 80점, 은메달은 70점, 동메달은 60점임을 알 수 있다.

오답분석

① 경상도가 획득한 메달 및 상의 총 개수는 4+8+12=24개이며, 가장 많은 지역은 13+1+22=36개인 경기도이다.
② 울산에서 획득한 메달 및 상의 총점은 (3×80)+(7×30)+(18×20)=810점이다.
③ 자료를 참고하면 전국기능경기대회 결과표에서 동메달이 아닌 장려상이 56개로 가장 많다.
⑤ 장려상을 획득한 지역은 대구, 울산, 경기도이며, 세 지역 중 금・은・동메달 총 개수가 가장 적은 지역은 금메달만 2개인 대구이다.

06

정답 ②

ㄱ. 서울과 경기의 인구수 차이는 2018년에 10,463−10,173=290천 명, 2024년에 11,787−10,312=1,475천 명으로 2018년에 비해 2024년에 차이가 더 커졌다.
ㄷ. 광주는 2024년에 22천 명이 증가하여 가장 많이 증가하였다.

오답분석

ㄴ. 2018년과 비교하여 2024년의 인구가 감소한 지역은 부산, 대구이다.
ㄹ. 대구는 2019년부터 전년 대비 인구가 꾸준히 감소하다가 2024년에 다시 증가하였다.

07

정답 ④

서비스 품질 5가지 항목의 점수와 서비스 쇼핑 체험 점수를 비교해보면, 모든 대형마트에서 서비스 쇼핑 체험 점수가 가장 낮다는 것을 확인할 수 있다. 따라서 서비스 쇼핑 체험 부문의 만족도는 서비스 품질 부문들보다 낮으며, 서비스 쇼핑 체험 점수의 평균을 구하면 $\frac{3.48+3.37+3.45+3.30}{4}$=3.4점이다.

오답분석

① 대형마트 인터넷 / 모바일쇼핑 소비자 만족도 자료에서 마트별 인터넷・모바일쇼핑 만족도의 차를 구해보면 A마트 0.07점, B마트・C마트 0.03점, D마트 0.05점으로 A마트가 가장 크다.
② 주어진 자료에서 단위를 살펴보면 5점 만점으로 조사되었음을 알 수 있으며, 종합만족도의 평균은 $\frac{3.72+3.53+3.64+3.51}{4}$=3.6점이다. 또한 업체별로는 A마트 → C마트 → B마트 → D마트 순서로 종합만족도가 낮아짐을 알 수 있다.
③ 모바일쇼핑 만족도는 평균 $\frac{3.95+3.83+3.91+3.69}{4}$=3.845점이며, 인터넷쇼핑은 평균 $\frac{3.88+3.80+3.88+3.64}{4}$=3.8점이다. 따라서 모바일쇼핑이 인터넷쇼핑보다 평균 0.045점 더 높게 평가되었다.
⑤ 평균적으로 고객접점직원 서비스보다는 고객관리 서비스가 더 낮게 평가되었다.

08

정답 ④

ㄴ. 2024년 11월 운수업과 숙박 및 음식점업의 국내카드 승인액의 합은 150+1,050=1,200억 원으로, 도매 및 소매업의 국내카드 승인액의 40%인 3,250×0.4=1,300억 원보다 작다.

ㄹ. 2024년 9월 협회 및 단체, 수리 및 기타 개인 서비스업의 국내카드 승인액은 보건 및 사회복지 서비스업 국내카드 승인액의 $\frac{153}{340}\times100=$ 45%로, 40% 이상이다.

오답분석

ㄱ. 교육 서비스업의 2025년 1월 국내카드 승인액의 전월 대비 감소율은 $\frac{150-123}{150}\times100=18\%$로, 20% 미만이다.

ㄷ. 2024년 10월부터 2025년 1월까지 사업시설관리 및 사업지원 서비스업의 국내카드 승인액의 전월 대비 증감 추이는 '증가 – 감소 – 증가 – 증가'이고, 예술, 스포츠 및 여가 관련 서비스업은 '증가 – 감소 – 감소 – 감소'로 같지 않다.

09

정답 ⑤

전체 여성과 남성의 찬성 인원 차이는 300−252=48명이며, 본부별 차이는 336−216=120명으로 성별이 아닌 본부별 차이가 더 크다.

오답분석

① 두 본부 남성이 휴게실 확충에 찬성하는 비율은 $\frac{156+96}{400}\times100=63\%$이므로, 60% 이상이다.

② A본부 여성의 찬성 비율은 $\frac{180}{200}\times100=90\%$이고, B본부는 $\frac{120}{200}\times100=60\%$이다. 따라서 A본부 여성의 찬성 비율이 1.5배 높음을 알 수 있다.

③ A본부가 B본부보다 찬성이 많지만, 어디에 휴게실이 확충될지는 제시된 자료만으로는 알 수 없다.

④ B본부 전체 인원 중 여성의 찬성률은 $\frac{120}{400}\times100=30\%$로, 남성의 찬성률 $\frac{96}{400}\times100=24\%$의 1.25배이다.

10

정답 ③

주어진 자료를 바탕으로 지점 수를 정리하면 다음과 같다. 증감표의 부호를 반대로 하여 2024년 지점 수에 대입하면 쉽게 계산이 가능하다.

(단위 : 개)

구분	2021년 지점 수	2022년 지점 수	2023년 지점 수	2024년 지점 수
서울	15	17	19	17
경기	13	15	16	14
인천	14	13	15	10
부산	13	11	7	10

따라서 2021년에 지점 수가 두 번째로 많은 지역은 인천이며, 지점 수는 14개이다.

11

정답 ③

ㄴ. 경징계 총 건수는 3+174+170+160+6=513건이고, 중징계 총 건수는 25+48+53+40+5=171건으로 전체 징계 건수는 513+171=684건이다. 따라서 전체 징계 건수 중 경징계 총 건수의 비율은 $\frac{513}{684}\times100=75\%$로, 70% 이상이다.

ㄷ. 징계 사유 D로 인한 징계 건수 중 중징계 건수의 비율은 $\frac{40}{160+40}\times100=20\%$이다.

오답분석

ㄱ. 경징계 총 건수는 3+174+170+160+6=513건이고, 중징계 총 건수는 25+48+53+40+5=171건으로 경징계 총 건수는 중징계 총 건수의 $\frac{513}{171}$=3배이다.

ㄹ. 전체 징계 사유 중 C가 총 170+53=223건으로 가장 많다.

12

정답 ④

곡물별 2022년과 2023년의 소비량 변화는 다음과 같다.

- 소맥 : | 680−697 | =17백만 톤
- 옥수수 : | 860−880 | =20백만 톤
- 대두 : | 240−237 | =3백만 톤

따라서 소비량의 변화가 가장 작은 곡물은 대두이다.

오답분석

① 제시된 자료를 통해 2024년에 모든 곡물의 생산량과 소비량이 다른 해에 비해 많았음을 알 수 있다.

② 2024년의 곡물별 생산량 대비 소비량의 비중을 구하면 다음과 같다.

- 소맥 : $\frac{735}{750}\times100=98\%$
- 옥수수 : $\frac{912}{950}\times100=96\%$
- 대두 : $\frac{247}{260}\times100=95\%$

따라서 2024년에 생산량 대비 소비량의 비중이 가장 낮았던 곡물은 대두이다.

③ 제시된 자료를 통해 확인할 수 있다.

⑤ • 2022년 전체 곡물 생산량 : 695+885+240=1,820백만 톤
• 2024년 전체 곡물 생산량 : 750+950+260=1,960백만 톤
따라서 2022년과 2024년의 전체 곡물 생산량의 차이는 1,960−1,820=140백만 톤이다.

13

정답 ①

소비자 물가지수는 상품의 가격 변동을 수치화한 것으로 각 상품의 가격은 알 수 없다.

오답분석

② 설렁탕은 2015년에 물가지수가 가장 낮은 품목이며, 2020년의 세 품목의 물가지수는 100으로 동일하다. 따라서 설렁탕이 2015년부터 2020년까지 가장 많이 오른 음식이다.

③ 2024년의 자장면 물가지수의 2020년 대비 증가지수는 115−100=15로, 가장 많이 오른 음식이다.

④ 세 품목의 2020년 물가지수 100이 기준이기 때문에 2024년에 물가지수가 높은 순서대로 가격 증가액이 높다. 따라서 2020년 대비 2024년은 자장면 – 설렁탕 – 커피 순으로 가격이 올랐다.

⑤ 그래프를 보면 세 품목이 모두 2020년에 물가지수 100을 나타낸다. 따라서 제시한 모든 품목의 소비자 물가지수는 2020년 물가를 100으로 하여 등락률을 산정했다.

14

정답 ⑤

ㄴ. 2024년, 2023년 정부지원금 모두 G기업이 1위이므로 2022년 또한 1위라면, 3년 연속 1위이다.

ㄷ. F기업과 H기업은 2023년에 비해 2024년 정부지원금이 감소하였다.

ㄹ. 2024년 상위 7개 기업의 총 정부지원금은 454,943만 원으로, 2023년 총 정부지원금 420,850만 원에 비해 454,943−420,850=34,093만 원 증가하였다.

오답분석

ㄱ. 정부지원금이 동일한 기업은 없다.

15

정답 ③

2023년을 기준으로 1위와 2위가 바뀌었다고 했으므로 2022년에는 1위가 D기업, 2위가 G기업이다. E기업은 매년 한 순위씩 상승했고, 2023년에 4위였으므로 2022년에는 5위이다. 2022년부터 3년간인 2024년까지 5위 안에 드는 기업이 동일하다 했으므로, 5위 안에 드는 기업은 C, D, E, G, H기업이고, H기업은 2023년까지 매년 3위를 유지했으므로 2022년에도 3위이다.
따라서 1위는 D기업, 2위는 G기업, 3위는 H기업, 4위는 C기업, 5위는 E기업이다.

16

정답 ②

전체 지역은 8곳이므로 학생 1인당 월 평균 용돈을 구하면 중학생은 1,120,000÷8=140,000원, 초등학생은 560,000÷8=70,000원이므로, 중학생이 초등학생의 140,000÷70,000=2배이다.

오답분석

ㄱ. 학생 1인당 월・평균 용돈이 가장 많은 지역은 초등학생은 경기, 중학생은 서울, 고등학생은 경기로 동일하지 않다.

ㄷ. 고등학생의 중학생 대비 학생 1인당 월 평균 용돈 증가율은 경기가 $\frac{320,000-160,000}{160,000}\times100=100\%$, 대구가 $\frac{288,000-128,000}{128,000}\times100=125\%$로 경기가 대구보다 작다.

17

정답 ⑤

초등학생, 중학생, 고등학생 각각의 전체 월 평균 학생 1인당 용돈과 지역별 1인당 월 평균 용돈을 비교하면 다음과 같다.

- 초등학생 1인당 평균 용돈은 560,000÷8=70,000원, 이보다 작은 지역은 대전(56,000원), 대구(68,000원), 광주(48,000원), 울산(60,000원)으로 총 4곳이다.
- 중학생 1인당 평균 용돈은 1,120,000÷8=140,000원, 이보다 작은 지역은 대전(120,000원), 대구(128,000원), 광주(116,000원), 울산(120,000원)으로 총 4곳이다.
- 고등학생 1인당 평균 용돈은 2,032,000÷8=254,000원, 이보다 작은 지역은 대전(184,000원), 광주(160,000원), 부산(240,000원)으로 총 3곳이다.

따라서 초등학생과 중학생은 총 4곳이지만, 고등학생은 총 3곳이므로 옳지 않다.

오답분석

① 서울과 울산의 학생 1인당 월 평균 용돈을 비교하면 다음과 같다.
   - 초등학생 : 서울 80,000원, 울산 60,000원
   - 중학생 : 서울 180,000원, 울산 120,000원
   - 고등학생 : 서울 280,000원, 울산 260,000원

   따라서 모두 서울이 울산보다 많다.

② 학생 1인당 월 평균 용돈이 가장 적은 지역은 초등학생의 경우 광주(48,000원), 중학생도 광주(116,000원), 고등학생도 광주(160,000원)이다.

③ 초등학생 대비 중학생의 학생 1인당 월 평균 용돈 증가율을 구하면 다음과 같다.
   - 경기 : $\frac{160,000-100,000}{100,000}\times100=60\%$
   - 울산 : $\frac{120,000-60,000}{60,000}\times100=100\%$

   따라서 경기가 울산보다 100−60=40%p 더 낮다.

④ 1인당 월평균 용돈이 가장 많은 금액과 가장 적은 금액의 차이는 고등학생은 320,000−160,000=160,000원이고, 중학생은 180,000−116,000=64,000원이므로 고등학생은 중학생의 160,000÷64,000=2.5배이다.

18

정답 ①

3월과 4월의 5개년 합계가 서로 바뀌었다.

(단위 : 건)

구분	합계	1월	2월	3월	1분기	4월	5월	6월	7월	8월	9월	3분기	10월	11월	12월
합계	8,608	374	230	303	–	809	2,134	1,519	626	388	346	–	596	599	684
2020년	2,247	94	55	67	216	224	588	389	142	112	82	336	156	148	190
2021년	1,884	85	55	62	202	161	475	353	110	80	74	264	131	149	149
2022년	1,629	78	37	61	176	161	363	273	123	67	69	259	95	137	165
2023년	1,561	57	43	69	169	151	376	287	148	63	70	281	135	86	76
2024년	1,287	60	40	44	144	112	332	217	103	66	51	220	79	79	104

19

정답 ③

미생물의 개체 수는 60배씩 증가하고 있다. n번째 주의 미생물의 개체 수를 a_n이라 하면 $a_n=2\times 60^{n-1}$이다.

따라서 7번째 주의 미생물의 개체 수는 $a_7=2\times 60^6=93,312,000,000=9.3312\times 10^{10}$이다.

20

정답 ①

A광물의 채굴량은 매년 4ton씩 감소하고 있으므로 규칙에 따라 채굴량을 구하면 다음과 같다.

- 2025년 : 33−4=29ton
- 2026년 : 29−4=25ton
- 2027년 : 25−4=21ton
- 2028년 : 21−4=17ton
- 2029년 : 17−4=13ton
- 2030년 : 13−4=9ton

따라서 A광물의 채굴량이 처음으로 10ton 미만이 되는 해는 2030년이다.

| 02 | 추리

01	02	03	04	05	06	07	08	09	10	11	12	13	14	15	16	17	18	19	20
⑤	⑤	⑤	⑤	③	③	④	①	⑤	①	③	③	④	②	②	②	⑤	①	③	④
21	22	23	24	25	26	27	28	29	30										
④	④	④	③	②	③	②	③	②	④										

01

정답 ⑤

'좋은 자세로 공부한다.'를 A, '허리의 통증이 약해진다.'를 B, '공부를 오래 하다.'를 C, '성적이 올라간다.'를 D라고 하면, 전제1은 ~B → ~A, 전제2는 C → D, 결론은 ~D → ~A이므로 결론이 도출되기 위해서는 전제3에 ~C → ~B가 필요하다. 따라서 빈칸에 들어갈 명제는 대우 명제인 '허리에 통증이 약하면 공부를 오래 할 수 있다.'이다.

02

정답 ⑤

'선생님에게 혼이 난다.'를 '선', '떠들었다.'를 '떠', '벌을 서다.'를 '벌'이라고 하자.

구분	명제	대우
전제1	선× → 떠×	떠 → 선
결론	벌× → 떠×	떠 → 벌

전제1이 결론으로 연결되려면, 전제2는 벌× → 선×가 되어야 한다. 따라서 빈칸에 들어갈 명제는 '벌을 서지 않은 사람은 선생님에게 혼나지 않는다.'의 대우인 ⑤이다.

03

정답 ⑤

'A프로젝트에 참여한다.'를 A, 'B프로젝트에 참여한다.'를 B, 'C프로젝트에 참여한다.'를 C라고 하면, 전제1과 결론을 다음과 같이 벤 다이어그램으로 나타낼 수 있다.

1) 전제1

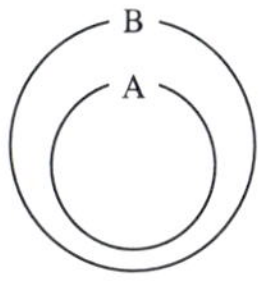

2) 결론

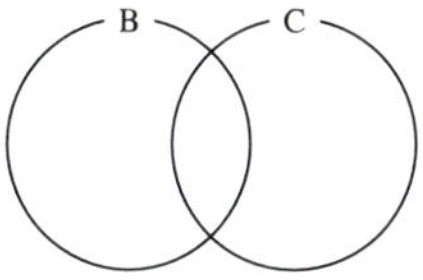

결론이 참이 되기 위해서는 B와 공통되는 부분의 A와 C가 연결되어야 한다. 즉, 다음과 같은 벤 다이어그램이 성립할 때 결론이 참이 될 수 있다.

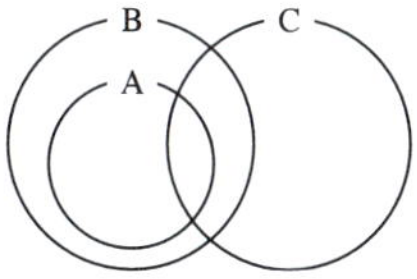

따라서 빈칸에 들어갈 명제는 'A프로젝트에 참여하는 어떤 사람은 C프로젝트에 참여한다.'이다.

04

정답 ⑤

한 사람의 말이 거짓이므로 서로 상반된 주장을 하고 있는 박과장과 이부장을 비교해본다.

i) 박과장의 말이 거짓일 경우
   김대리와 이부장의 말은 참이므로 이부장의 차는 가장 왼쪽에, 김대리의 차는 가장 오른쪽에 위치하게 된다. 이 경우 김대리의 차가 자신의 차 옆에 있다는 박과장의 주장이 참이 되므로 모순이 된다.

ii) 이부장의 말이 거짓일 경우
   김대리와 박과장의 말은 참이므로 이부장의 차는 가장 왼쪽에 위치하고, 이부장의 말은 거짓이므로 김대리의 차는 가운데, 박과장의 차는 가장 오른쪽에 위치하게 된다. 이 경우 이부장 차 옆에 주차하지 않았으며 김대리 차 옆에 주차했다는 박과장의 주장과도 일치한다.

따라서 주차장에 주차된 차의 순서는 이부장 – 김대리 – 박과장 순서가 된다.

05

정답 ③

직원은 모두 9명이고, 자리는 11개이므로 빈자리는 두 곳이다. 두 번째 조건에서 사원 양옆과 앞자리는 비어있을 수 없다고 했으므로 B, C, E, F, G를 제외한 A, D자리는 빈자리가 된다. 또한 세 번째 조건에서 부장 앞자리에 오상무 또는 최차장이 앉으며, 첫 번째 조건을 보면 같은 직급은 옆자리에 배정할 수 없다. 주어진 조건을 정리하면 다음과 같다.

부장	빈자리	B	성대리	C	빈자리
	최차장 또는 오상무	김사원	F	이사원	G

따라서 F와 G에 과장 2명이 앉으면 성대리 양옆 중 한 자리에 한대리가 앉아야 하므로 첫 번째 조건에 따라 ③이 옳지 않다.

오답분석

① A와 D는 빈자리이다.
② 차장 앞자리 A는 빈자리이다.
④ B, C, F, G자리 중 한 곳에 최차장이 앉으면, E에는 오상무가 앉게 된다.
⑤ 한대리가 앉을 수 있는 자리는 F 또는 G이다.

06

정답 ③

가전제품을 A/S 기간이 짧은 순서대로 나열하면 '컴퓨터 – 세탁기 – 냉장고 – 에어컨'이므로 컴퓨터의 A/S 기간이 가장 짧은 것을 알 수 있다.

07

정답 ④

첫 번째 조건에 따라 A는 선택 프로그램에 참가하므로 수・목・금요일 중 하나의 프로그램에 참가한다. A가 목요일 프로그램에 참가하면 E는 A보다 나중에 참가하므로 금요일의 선택3 프로그램에 참가할 수밖에 없다. 주어진 조건을 정리하면 다음과 같다.

구분	월(필수1)	화(필수2)	수(선택1)	목(선택2)	금(선택3)
경우 1	B	C	A	D	E
경우 2	B	C	A	E	D
경우 3	B	C	D	A	E

따라서 항상 참이 되는 것은 ④이다.

오답분석

① 두 번째 조건에 따라 C는 필수 프로그램에 참가하므로 월・화요일 중 하나의 프로그램에 참가하며, 이때 C가 화요일 프로그램에 참가하면 C보다 나중에 참가하는 D는 선택 프로그램에 참가할 수 있다.
② B는 월・화요일 프로그램에 참가할 수 있으므로 B가 화요일 프로그램에 참가하면 C는 월요일 프로그램에 참가할 수 있다.
③ C가 화요일 프로그램에 참가하면 E는 선택2 또는 선택3 프로그램에 참가할 수 있다.
⑤ E는 선택 프로그램에 참가하는 A보다 나중에 참가하므로 목요일 또는 금요일 중 하나의 프로그램에 참가할 수 있다.

08

정답 ①

B사원은 2층에 묵는 A사원보다 높은 층에 묵지만, C사원보다는 낮은 층에 묵으므로 3층 또는 4층에 묵을 수 있다. 그러나 D사원이 C사원 바로 아래층에 묵는다고 하였으므로 D사원이 4층, B사원은 3층에 묵는 것을 알 수 있다. 따라서 A ~ D를 높은 층에 묵는 순서대로 나열하면 'C – D – B – A'가 되며, E는 남은 1층에 묵는 것을 알 수 있다.

09

정답 ⑤

월요일부터 토요일까지 각 팀의 회의 진행 횟수가 같으므로 6일 동안 6개 팀은 각각 두 번씩 회의를 진행해야 한다. 주어진 조건에 따라 A ~ F팀의 회의 진행 요일을 정리하면 다음과 같다.

<table>
<tr><th>월</th><th>화</th><th>수</th><th>목</th><th>금</th><th>토</th></tr>
<tr><td rowspan="2">C, B</td><td rowspan="2">D, B</td><td>C, E</td><td rowspan="2">A, F</td><td rowspan="2">A, F</td><td>D, E</td></tr>
<tr><td>D, E</td><td>C, E</td></tr>
</table>

따라서 F팀은 목요일과 금요일에 회의를 진행한다.

오답분석

① E팀은 수요일과 토요일 모두 회의를 진행한다.
② 화요일에 회의를 진행한 팀은 B팀과 D팀이다.
③ C팀과 E팀은 수요일과 토요일 중 하루는 함께 회의를 진행한다.
④ C팀은 월요일에 한 번 회의를 진행하였고, 수요일 또는 토요일 중 하루만 회의를 진행한다.

10

정답 ①

D의 진술에 대한 A와 C의 진술이 상반되므로 2명 중 1명이 거짓을 말하고 있음을 알 수 있다.
i) C의 진술이 거짓인 경우 : C와 D 2명의 진술이 거짓이 되므로 성립하지 않는다.
ii) A의 진술이 거짓인 경우 : B, C, D, E의 진술이 모두 참이 되며, 사탕을 먹은 사람은 A이다.
따라서 거짓을 말하는 사람은 A이다.

11

정답 ③

먼저 세 번째 ~ 여섯 번째 조건을 기호화하면 다음과 같다.

- A or B → D, A and B → D
- C → ~E and ~F
- D → G
- G → E

세 번째 조건의 대우 ~D → ~A and ~B에 따라 D사원이 출장을 가지 않으면 A사원과 B사원 모두 출장을 가지 않는 것을 알 수 있다. 결국 D사원이 출장을 가지 않으면 C사원과 대리인 E, F, G대리가 모두 출장을 가야 한다. 그러나 이는 대리 중 적어도 한 사람은 출장을 가지 않다는 두 번째 조건과 모순되므로 성립하지 않는다. 그러므로 D사원은 반드시 출장을 가야 한다. 또한 D사원이 출장을 가면 다섯 번째, 여섯 번째 조건을 통해 D → G → E가 성립하므로 G대리와 E대리도 출장을 가는 것을 알 수 있다. 이때, 네 번째 조건의 대우에 따라 E대리와 F대리 중 적어도 한 사람이 출장을 가면 C사원은 출장을 갈 수 없으며, 두 번째 조건에 따라 E, F, G대리는 모두 함께 출장을 갈 수 없다. 결국 D사원, G대리, E대리와 함께 출장을 갈 수 있는 사람은 A사원 또는 B사원이다. 따라서 항상 참이 되는 것은 'C사원은 출장을 가지 않는다.'이다.

12

정답 ③

먼저 B업체가 선정되지 않으면 세 번째 조건에 따라 C업체가 선정된다. 또한 첫 번째 조건의 대우인 'B업체가 선정되지 않으면, A업체도 선정되지 않는다.'에 따라 A업체는 선정되지 않는다. A업체가 선정되지 않으면 두 번째 조건에 따라 D업체가 선정된다. D업체가 선정되면 마지막 조건에 따라 F업체도 선정된다. 따라서 B업체가 선정되지 않을 경우 C, D, F업체가 시공업체로 선정된다.

13

정답 ④

주어진 조건으로부터 콩쥐는 빨간색 치마, 팥쥐는 검은색 고무신을 배정받고, 나머지 조건으로부터 네 사람의 물품을 배정하면 다음과 같다.

- 팥쥐 : 이미 검은색 고무신을 배정받았기 때문에 검은색 치마를 배정받을 수 없고, 콩쥐가 빨간색 치마를 배정받았기 때문에 노란색을 싫어하는 팥쥐는 파란색 치마를 배정받는다. 또한, 노란색을 싫어하므로 빨간색 족두리를 배정받는다.
- 콩쥐 : 파란색 고무신을 싫어하고 검은색 고무신은 이미 팥쥐에게 배정되었으므로 빨간색과 노란색 고무신을 배정받을 수 있는데, 콩쥐는 이미 빨간색 치마를 배정받았으므로 노란색 고무신을 배정받는다.
- 향단 : 빨간색과 파란색 치마가 이미 팥쥐와 콩쥐에게 각각 배정되었으므로 검은색 치마를 싫어하는 향단이는 노란색 치마를 배정받고, 춘향이가 검은색 치마를 배정받는다. 춘향이가 빨간색을 싫어하므로 향단이는 빨간색 고무신을, 춘향이는 파란색 고무신을 배정받는다.
- 춘향 : 검은색 치마와 파란색 고무신을 배정받았으므로 빨간색을 싫어하는 춘향이는 노란색 족두리를 배정받는다. 그러므로 콩쥐와 향단이는 각각 파란색 또는 검은색 족두리를 배정받게 된다.

주어진 조건을 표로 정리하면 다음과 같다.

구분	족두리	치마	고무신
콩쥐	파란색 / 검은색	빨간색	노란색
팥쥐	빨간색	파란색	검은색
향단	검은색 / 파란색	노란색	빨간색
춘향	노란색	검은색	파란색

따라서 춘향이는 항상 검은색 치마를 배정받아 착용한다.

오답분석

①・⑤ 콩쥐와 향단이가 파란색과 검은색 족두리 중 어느 것을 배정받을지는 알 수 없다.
② 팥쥐는 빨간색 족두리를 착용한다.
③ 향단이는 빨간색 고무신을 착용한다.

14

정답 ②

영업 1팀과 마케팅 3팀이 위・아래로 인접해 있다고 하였으므로, 이 두 팀의 위치를 기준으로 파악해야 한다. 만약 영업 1팀이 1층, 마케팅 3팀이 2층이라면 3번째・4번째・7번째 조건에 따라 1층에는 영업 1・2・3팀과 총무팀, 개발팀이 모두 위치해야 하는데, 개발팀의 한쪽 옆이 비어있어야 하므로 조건에 맞지 않는다. 그러므로 마케팅 3팀이 1층, 영업 1팀이 2층인 경우의 수만 따져가며 모든 조건을 조합하면 다음과 같이 2가지 경우의 수가 있음을 알 수 있다.

2층	영업 1팀	영업 3팀	영업 2팀	총무팀	
1층	마케팅 3팀	마케팅 1팀	개발팀		마케팅 2팀

2층		영업 2팀	총무팀	영업 3팀	영업 1팀
1층	마케팅 2팀		개발팀	마케팅 1팀	마케팅 3팀

따라서 2가지 경우에서 총무팀과 영업 3팀은 인접할 수도, 그렇지 않을 수도 있으므로 ②는 옳지 않다.

15

정답 ②

규칙은 가로로 적용된다.
첫 번째 도형을 색 반전한 것이 두 번째 도형이고, 이를 시계 반대 방향으로 72° 회전한 것이 세 번째 도형이다.

16

정답 ②

규칙은 가로로 적용된다.
첫 번째 도형을 색 반전한 것이 두 번째 도형이고, 이를 시계 반대 방향으로 45° 회전한 것이 세 번째 도형이다.

17

정답 ⑤

규칙은 가로로 적용된다.
첫 번째 도형을 색 반전한 것이 두 번째 도형이고, 이를 y축 기준으로 대칭 이동한 것이 세 번째 도형이다.

[18~21]

- ◘ : 각 자릿수에서 차례대로 +1, −1, −2, +2
- ▣ : 1234 → 2134
- ▲ : 1234 → 4231

18

정답 ①

652P → 562P → P625

▣ ▲

19

정답 ③

AT3C → CT3A → DS1C

▲ ◘

20

정답 ④

S4F3 → 34FS → 43DU → 34DU

▲ ◘ ▣

21

정답 ④

1EB7 → E1B7 → F0Z9 → 0FZ9

▣ ◘ ▣

22

정답 ④

제시문은 우리나라 건강보험제도의 진화과정을 나타낸 것으로 (나) 우리나라 건강보험제도의 시작 – (다) 건강보험 적용대상 확대(직장가입자 지역가입자) – (가) 보험료 부과체계의 변화 시작 순으로 나열하는 것이 적절하다.

23

정답 ④

최근 대두되고 있는 '초연결사회'에 대해 언급하는 (나) 문단이 가장 먼저 오는 것이 적절하며, 그다음으로는 초연결사회에 대해 설명하는 (가) 문단이 적절하다. 그 뒤를 이어 초연결 네트워크를 통해 긴밀히 연결되는 초연결사회의 (라) 문단이, 마지막으로는 이러한 초연결사회가 가져올 변화에 대한 전망의 (다) 문단 순으로 나열하는 것이 적절하다.

24

정답 ③

네 번째 문단에 따르면 공장식 축산의 문제를 개선하기 위한 동물 복지 운동은 1960년대 영국을 중심으로 시작되었으며, 한국에서도 2012년부터 '동물 복지 축산농장 인증제'를 시행하고 있다고 하였다. 따라서 동물 복지 축산농장 인증제는 영국이 아닌 한국에서 2012년부터 시행하고 있는 제도이다.

25

정답 ②

제시문에서는 '주차 공간에 차가 있는지 여부를 감지하는 센서를 설치한 스마트 주차'라고 했으므로 주차를 해준다기보다는 주차 공간이 있는지의 여부를 알 수 있는 기능이다.

오답분석

① '각국 경제 및 발전 수준, 도시 상황과 여건에 따라 매우 다양하게 정의 및 활용되고, 접근 전략에도 차이가 있다.'라고 했으므로 참인 내용이다.
③ 마지막 문단 중 '세종에서는 … 개인 맞춤형 의료 서비스 등을 받을 수 있다.'라는 내용을 통해 알 수 있다.
④ 세 번째 문단에서 항저우를 비롯한 중국의 여러 도시들은 알리바바의 알리페이를 통해 항저우 택시의 98%, 편의점의 95% 정도에서 모바일 결제가 가능하고, 정부 업무, 차량, 의료 등 60여 종에 달하는 서비스이용이 가능하다고 하였으므로 지갑을 가지고 다니지 않아도 일부 서비스를 이용할 수 있다.
⑤ 두 번째 문단 중 '이 스마트 가로등은 … 인구 밀집도까지 파악할 수 있다.'라고 했으므로 참인 내용이다.

26

정답 ③

제시문에 따르면 부모의 학력이 자녀의 소득에 영향을 미치는 것은 환경적 요인에 의한 결정이다. 이러한 현상이 심화될 경우 빈부격차의 대물림 현상이 심해질 것으로 바라보고 있다.

오답분석

① 노력뿐만 아니라 환경적 요인, 운 등 다양한 요소에 의해 결정된다.
② 분배정의론 관점은 환경적 요인에 의해 나타난 불리함에 대해서 개인에게 책임을 묻는 것이 정당하지 않다고 주장하고 있다.
④ 사회민주주의 국가는 조세 정책을 통해 기회균등화 효과를 거두고 있다.
⑤ 세율을 낮추면 이전지출이 줄어든다. 따라서 이전지출을 줄이는 것보다 세율을 높이고 이전지출을 늘리는 것이 재분배에 효과적이다.

27

정답 ②

제시문은 재즈가 어떻게 생겨났고, 재즈가 어떠한 것들을 표현해내는 음악인지에 대해 설명하고 있으므로 제목으로는 ②가 가장 적절하다.

28

정답 ③

제시문에서는 인간의 생각과 말은 깊은 관계를 가지고 있으며, 생각이 말보다 범위가 넓고 큰 것은 맞지만 그것을 말로 표현하지 않으면 그 생각이 다른 사람에게 전달되지 않는다고 주장한다. 즉, 생각은 말을 통해서만 다른 사람에게 전달될 수 있다는 것이다. 따라서 이러한 주장에 대한 반박으로 ③이 가장 적절하다.

29

정답 ②

제시문에서 E. H. Carr는 '역사적 사실'은 넓은 바다의 물고기로 비유하였고, '역사가'는 '어떤 물고기를 잡을 것인가, 어떤 도구로 건져 올리는가.'를 판단하는 존재로 비유하였다. 따라서 E. H. Carr가 주장한 역사에 대해 바르게 이해한 것은 ②이다.

오답분석

①·④ 과거의 모든 사실이 역사가 되는 것이 아니며, 역사가에 의해 건져 올려진 것들이 역사가 된다. 이 과정에서 건져 올려진 사실은 역사가의 주관이 개입되고 그러한 예로 일본의 역사 왜곡을 들었다.

③·⑤ 과거의 모든 사실이 역사가 되는 것이 아니고, 역사가의 주관이 개입될 수 있다.

30

정답 ④

누진적소득세는 재정정책 중 자동안정화장치의 하나로 내부시차가 없어 경제 상황에 신속하게 대응할 수 있다.

오답분석

① 재량적 재정정책에 대한 설명으로 누진적소득세와 같은 자동안정화장치는 내부시차가 없다.

② 누진적소득세는 재정정책의 하나이며 화폐 공급량은 통화정책을 통해 조절된다.

③ 자동안정화장치는 별도의 동의 절차 없이 적용된다.

⑤ 누진적소득세는 재량적 재정정책과 마찬가지로 외부시차가 짧다.

삼성 온라인 GSAT

3일 차 기출응용 모의고사 정답 및 해설

| 01 | 수리

01	02	03	04	05	06	07	08	09	10	11	12	13	14	15	16	17	18	19	20
③	②	①	②	④	③	②	②	②	③	③	⑤	①	④	①	⑤	①	①	④	⑤

01

정답 ③

합격자 수를 x명이라고 하면 불합격자 수는 $(100-x)$명이다.

전체 응시자의 점수의 합은 $64\times100=6,400$점이고 이는 합격자 점수와 불합격자 점수의 합과 같으므로 다음과 같은 식이 성립한다.

$80x+60(100-x)=6,400$

$\rightarrow 20x=400$

$\therefore x=20$

따라서 합격률은 $\frac{20}{100}\times10=20\%$이다.

02

정답 ②

P지점에서 Q지점까지 가는 경우의 수와 S지점에서 R지점까지 가는 경우의 수를 곱하면 P지점에서 Q지점과 S지점을 거쳐 R지점으로 가는 방법을 구할 수 있다.

P지점에서 Q지점으로 가는 최단 거리 경우는 $\frac{5!}{3!\times2!}=\frac{5\times4\times3\times2}{3\times2\times2}=10$가지이고, S지점에서 R지점까지 가는 경우는 총 $\frac{3!}{2!}=3$가지이다.

따라서 P지점에서 Q지점과 S지점을 거쳐 R지점으로 가는 경우의 수는 모두 $10\times3=30$가지이다.

03

정답 ①

C사의 이익률이 2%, 3%, 4%, …, 즉 1%p씩 증가하고 있다. 따라서 빈칸에 들어갈 수는 $350\times0.06=21$이다.

04

정답 ②

생산이 증가한 해에는 수출과 내수 모두 증가했다.

오답분석

① 수출이 증가한 해는 2020, 2023, 2024년으로 내수와 생산 모두 증가했다.
③ 2022년에 내수는 증가했지만, 생산과 수출은 모두 감소했다.
④ 자료에서 ▽는 감소수치를 나타내고 있으나 2020년 증감률에는 감소수치가 없으므로 옳은 판단이다.
⑤ 내수가 가장 큰 폭으로 증가한 해는 2022년으로 생산과 수출 모두 감소했다.

05

정답 ④

자녀가 없는 가구 중 상해 / 재해보장보험에 가입한 가구 수와 자녀가 2명인 가구 중 연금보험에 가입한 가구 수는 구체적 수치를 구할 수 없으며, 이 두 항목을 도출하는 데 바탕이 되는 공통요소도 존재하지 않는다. 따라서 옳지 않은 설명이다.

오답분석

① 자녀 수가 1명인 가구 중 각 보험에 가입한 가구의 비율을 합하면 263%로 200%를 초과한다. 따라서 자녀 수가 1명인 가구 중 3개 이상의 보험에 중복 가입한 가구가 반드시 있음을 알 수 있다.

② 자녀 수가 2명 이상인 가구에는 표에 있는 자녀 수가 2명인 가구와 3명 이상인 가구가 모두 포함된다. 따라서 두 유형의 경우 모두 변액보험 가입가구의 비율이 10%를 초과하므로 옳은 설명이다.

③ 전체 가구 중 질병보장보험에 가입한 가구 수는 전체의 84%이며, 사망보장보험에 가입한 가구 수는 전체의 21%이다. 기준이 되는 가구 수는 동일하므로 구체적 수치를 알지 못해도 배수 비교는 가능하다. 따라서 전체 가구 중 질병보장보험에 가입한 가구 수는 사망보장보험에 가입한 가구 수의 $\frac{84}{21}=4$배이다.

⑤ 민영생명보험에 가입한 가구 중 실손의료보험에 가입한 가구의 비율은 56%이고, 민영생명보험에 가입하지 않은 가구 중 실손의료보험에 가입한 가구의 비율은 28%이므로 $\frac{56}{28}=2$배이다.

06

정답 ③

여성 조사인구가 매년 500명일 때, 2023년에 '매우 노력함'을 선택한 인원은 $500\times0.16=80$명이고, 2024년에는 $500\times0.2=100$명으로 2023년 대비 20명이 증가하였다. 따라서 15명 이상 증가하였다는 ③의 설명은 옳다.

오답분석

① 남성과 여성 모두 정확한 조사대상 인원이 나와 있지 않으므로 알 수 없다.

② 2024년에 '노력 안 함'을 선택한 비율이 가장 낮은 연령대는 40대이다.

④ 2024년에 60대 이상에서 '조금 노력함'을 선택한 비율은 전년 대비 $\frac{30.0-29.7}{30.0}\times100=1\%$만큼 감소하였다.

⑤ '매우 노력함'을 선택한 비율은 2023년 대비 2024년에 50대와 60대 이상에서 감소하였다.

07

정답 ②

전년 대비 국・영・수의 월 최대 수강자 수가 증가한 해는 2020년과 2024년이고, 증가율은 다음과 같다.

- 2020년 : $\frac{385-350}{350}\times100=10\%$
- 2024년 : $\frac{378-360}{360}\times100=5\%$

따라서 증가율은 2020년에 가장 높다.

오답분석

ㄱ. 2021년 국・영・수의 월 최대 수강자 수는 전년 대비 감소했지만, 월 평균 수강자 수는 전년 대비 증가하였다.

ㄴ. 2021년 국・영・수의 월 최대 수강자 수는 전년 대비 감소했지만, 월 평균 수업료는 전년 대비 증가하였다.

ㄹ. 2019 ~ 2024년 동안 월 평균 수강자 수가 국・영・수 과목이 최대, 최소인 해는 각각 2021년, 2019년이고, 탐구 과목이 최대, 최소인 해는 2022년, 2020년이다.

08

정답 ②

ㄱ. 영어 관광통역 안내사 자격증 취득자 수는 2023년에 345명으로 전년 대비 감소하였으며, 스페인어 관광통역 안내사 자격증 취득자 수는 2023년에 전년 대비 동일하였고, 2024년에 3명으로 전년 대비 감소하였다.

ㄹ. 2022년 불어 관광통역 안내사 자격증 취득자 수는 전년 대비 동일한 반면, 독어 관광통역 안내사 자격증 취득자 수는 전년 대비 감소하였다.

오답분석

ㄴ. 2024년 중국어 관광통역 안내사 자격증 취득자 수는 일어 관광통역 안내사 자격증 취득자 수의 $\frac{1,350}{150}$=9배이다.

ㄷ. 2021년과 2022년의 태국어 관광통역 안내사 자격증 취득자 수 대비 베트남어 관광통역 안내사 자격증 취득자 수의 비율은 다음과 같다.

- 2021년 : $\frac{4}{8}\times 100=50\%$
- 2022년 : $\frac{14}{35}\times 100=40\%$

따라서 2021년과 2022년의 차이는 50−40=10%p이다.

09

정답 ②

3호선과 4호선의 7월 승차인원은 같으므로 1～6월 승차인원을 비교하면 다음과 같다.

- 1월 : 1,692−1,664=28만 명
- 2월 : 1,497−1,475=22만 명
- 3월 : 1,899−1,807=92만 명
- 4월 : 1,828−1,752=76만 명
- 5월 : 1,886−1,802=84만 명
- 6월 : 1,751−1,686=65만 명

따라서 3호선과 4호선의 승차인원 차이는 3월에 가장 컸다.

오답분석

① · ⑤ 제시된 자료를 통해 확인할 수 있다.

③ 8호선 7월 승차인원의 1월 대비 증가율은 $\frac{572-550}{550}\times 100=4\%$로, 3% 이상이다.

④ 2～7월 동안 2호선과 8호선의 전월 대비 증감 추이는 '감소 – 증가 – 감소 – 증가 – 감소 – 증가'로 같다.

10

정답 ③

월별 A국 이민자 수에 대한 B국 이민자 수의 비는 다음과 같다.

- 2023년 12월 : $\frac{2,720}{3,400}=0.8$
- 2024년 1월 : $\frac{2,850}{3,800}=0.75$
- 2024년 2월 : $\frac{2,800}{4,000}=0.7$

따라서 A국 이민자 수에 대한 B국 이민자 수의 비는 2023년 12월이 가장 크다.

오답분석

① 월별 두 국가의 이민자 수의 차이는 다음과 같다.

- 2023년 12월 : 3,400−2,720=680명
- 2024년 1월 : 3,800−2,850=950명
- 2024년 2월 : 4,000−2,800=1,200명

따라서 이민자 수 차이는 2024년 2월이 가장 크다.

② 3,400×0.75=2,550명이므로 B국 이민자 수는 A국 이민자 수의 75% 이상이다.

④ 2024년 2월 두 국가의 이민자 수 평균은 $\frac{4,000+2,800}{2}$=3,400명이므로 A국 이민자 수는 평균보다 600명 더 많다.

⑤ 2024년 1월 두 국가의 이민자 수 차이는 3,800−2,850=950명이다. 따라서 A국 이민자 수의 $\frac{950}{3,800}\times 100=25\%$로 30% 미만이다.

11

정답 ③

ㄱ. 10개 업종 중 2024년 전년 대비 자영업자 수가 감소한 업종은 교육업, 부동산업, 예술업, 시설업 총 4개 업종이고, 증가한 업종은 나머지 6개 업종이다.

ㄴ. (마)는 2024년 도소매업의 자영업자 수로 '해당연도 자영업자 수' 공식에 대입하여 풀면 122+52−36=138천 명이고, 2023년 숙박업의 폐업자 수 (가)는 79+48−86=41천 명이다. 따라서 (마)의 수치 138은 (가)의 수치의 3배인 41×3=123보다 크다.

ㄷ. '(전년도 폐업자 수)=(전년도 자영업자 수)+(전년도 신규사업자 수)−(해당연도 자영업자 수)'이므로 (나), (다), (라)에 들어갈 수치를 구하면 다음과 같다.

- (나) : 27+8−35=0
- (다) : 72+11−80=3
- (라) : 61+7−66=2

따라서 (나)에 들어갈 수치가 가장 적은 인원이다.

오답분석

ㄹ. 2024년 폐업자가 세 번째로 많은 업종은 음식점업이고, 음식점업의 2023년 대비 2024년 자영업자 수의 증가율은 $\frac{115-92}{92}\times100=$ 25%로, 30% 미만이다.

12

정답 ⑤

총 유출량이 가장 적은 연도는 2021년이다. 2021년에 기타를 제외한 선박 종류별 사고 건수 대비 유출량을 구하면 다음과 같다.

- 유조선 : $\frac{21}{28}=0.75$
- 화물선 : $\frac{51}{68}=0.75$
- 어선 : $\frac{147}{245}=0.6$

따라서 2021년에 사고 건수 대비 유출량이 가장 적은 선박 종류는 어선이다.

오답분석

① 2024년 총 사고 건수의 전년 대비 증가율은 $\frac{480-384}{384}\times100=25\%$로, 20% 이상 증가하였다.

② 2023년에는 전년 대비 총 사고 건수는 감소했지만, 유조선 사고 건수는 증가하였다. 따라서 전년 대비 비율은 증가하였다.

③ 2021년에 총 사고 건수는 증가하였으나 총 유출량은 감소하였다.

④ 2020 ~ 2024년 동안 기타를 제외한 선박 종류별 전체 유출량을 구하면 다음과 같다.

- 유조선 : 956+21+3+38+1,223=2,241kL
- 화물선 : 584+51+187+23+66=911kL
- 어선 : 53+147+181+105+30=516kL

따라서 2020 ~ 2024년 동안 전체 유출량이 두 번째로 많은 선박 종류는 화물선이다.

13

정답 ①

네 번째 조건을 이용하기 위해 6개 수종의 인장강도와 압축강도의 차를 구하면 다음과 같다.

- A : $52-50=2\text{N/mm}^2$
- B : $125-60=65\text{N/mm}^2$
- C : $69-63=6\text{N/mm}^2$
- 삼나무 : $45-42=3\text{N/mm}^2$
- D : $27-24=3\text{N/mm}^2$
- E : $59-49=10\text{N/mm}^2$

즉, 인장강도와 압축강도의 차가 두 번째로 큰 수종은 E이므로 E는 전나무이다.

첫 번째 조건을 이용하기 위해 6개 수종의 전단강도 대비 압축강도 비를 구하면 다음과 같다.

- A : $\frac{50}{10}=5$
- B : $\frac{60}{12}=5$
- C : $\frac{63}{9}=7$
- 삼나무 : $\frac{42}{7}=6$
- D : $\frac{24}{6}=4$
- E : $\frac{49}{7}=7$

즉, 전단강도 대비 압축강도 비가 큰 상위 2개 수종은 C와 E이다. E가 전나무이므로 C는 낙엽송이다.

두 번째 조건을 이용하기 위해 6개 수종의 휨강도와 압축강도의 차를 구하면 다음과 같다.

- A : $88-50=38N/mm^2$
- B : $118-60=58N/mm^2$
- C : $82-63=19N/mm^2$
- 삼나무 : $72-42=30N/mm^2$
- D : $39-24=15N/mm^2$
- E : $80-49=31N/mm^2$

즉, 휨강도와 압축강도의 차가 큰 상위 2개 수종은 A와 B이므로 소나무와 참나무는 각각 A와 B 중 하나이고, D는 오동나무이다. 오동나무 기건비중의 2배는 $0.31\times2=0.62$이며 세 번째 조건에 따라 참나무의 기건비중은 오동나무 기건비중의 2배 이상이므로 B는 참나무이고, A는 소나무이다.
따라서 A는 소나무, C는 낙엽송이다.

14

정답 ④

통근수단으로 버스와 지하철을 모두 이용하는 직원은 $1,200\times0.45\times0.51 \fallingdotseq 275$명이고, 도보를 이용하는 직원은 $1,200\times0.39=468$명이다. 따라서 버스와 지하철을 모두 이용하는 직원은 도보를 이용하는 직원보다 $468-275=193$명 적다.

오답분석

① 통근시간이 30분 이하인 직원은 전체 직원의 $\frac{210}{1,200}\times100=17.5\%$를 차지한다.
② 통근시간이 45분 이하인 직원은 $210+260=470$명이고 1시간 초과인 직원의 $\frac{470}{160} \fallingdotseq 2.9$배이다.
③ 전체 직원이 900명이라고 할 때, 자가용을 이용하는 인원은 $900\times0.16=144$명이다.
⑤ 대중교통을 이용하는 직원 수는 $1,200\times0.45=540$명이고, 그중 25%는 135명이며, 60분 초과 전체 인원의 80%인 $160\times0.8=128$명보다 많다.

15

정답 ①

도보를 이용하는 직원은 $1,200\times0.39=468$명, 버스만 이용하는 직원은 $1,200\times0.45\times0.27 \fallingdotseq 146$명이므로, 이들의 25%는 $614\times0.25 \fallingdotseq 154$명이다. 30분 초과 45분 이하인 인원에서 도보 또는 버스만 이용하는 직원을 제외하면 $260-154=106$명이 된다.

따라서 이 인원이 자가용으로 출근하는 전체 인원에서 차지하는 비중은 $\frac{106}{1,200\times0.16}\times100 \fallingdotseq 55\%$이다.

16

정답 ⑤

ㄷ. 2024년 상업영화의 평균 손익분기점 수치는 495억 원으로 이는 평균 제작비 수치인 180억 원의 $495\div180=2.75$배이다.
ㄹ. 극장・영진위 등 평균 지급비용은 (티켓값)×(평균 손익분기점)−(투자배급사 평균 수익)이고, 투자배급사 평균 수익은 평균 제작비와 같다. 따라서 2023년 극장・영진위 등 평균 지급비용은 $10,000\times4,500,000-16,000,000,000=29,000,000,000$원이다.

오답분석

ㄱ. 2021년 이후 매년 상업영화, 예술영화, 애니메이션의 평균 제작비는 증가했으나 다큐멘터리의 경우 2022년에 3억 원으로 2021년 대비 감소하였다.
ㄴ. 2022년과 2024년의 상업영화의 전년 대비 평균 제작비 상승률은 다음과 같다.

- 2022년 : $\frac{138-120}{120}\times100=15\%$
- 2024년 : $\frac{180-160}{160}\times100=12.5\%$

따라서 전년 대비 2022년의 평균 제작비 상승률이 2024년보다 $15-12.5=2.5\%p$ 더 높다.

17

정답 ①

제시된 자료는 평균치에 대한 자료로, 평균 총 관객 수가 평균 손익분기점을 넘지 못하였어도 개봉한 예술영화 전체가 손익분기점을 넘지 못하였다는 것을 의미하지는 않는다.

오답분석

② 2023년과 2024년에 상업영화, 예술영화, 다큐멘터리, 애니메이션의 평균 제작비는 모두 전년 대비 증가하였다.

③ 2023년 다큐멘터리의 평균 제작비 3.2억 원으로 이는 상업영화의 평균 제작비인 160억 원의 $\frac{3.2}{160}\times100=2\%$이다.

④ 2023년 애니메이션 평균 제작비는 96억 원으로 이는 상업영화 평균 제작비인 160억 원의 $\frac{96}{160}\times100=60\%$이고, 다큐멘터리 평균 제작비인 3.2억 원의 $\frac{96}{3.2}=30$배이다.

⑤ 2024년 상업영화와 예술영화의 평균 총 관객 수는 각각 660만 명, 115만 명으로 이는 평균 손익분기점인 495만 명, 103.5만 명을 넘었다. 하지만 다큐멘터리와 애니메이션은 각각 평균 총 관객 수가 6만 명, 154만 명으로 평균 손익분기점인 7만 명, 172만 명을 넘지 못하였다.

18

정답 ①

오답분석

② 2024년 성비가 자료와 다르다.

③ 남성과 여성의 자료가 전체적으로 바뀌었다.

④ 자료에 따르면 남성의 경우 진료인원이 계속 증가하는데 그래프는 계속 감소하고 있다.

⑤ 2021 ~ 2022년 남성 진료인원과 여성 진료인원의 수가 바뀌었다.

19

정답 ④

(환기시간)=1일 때, (미세먼지)=363이므로 $363=a\times1^2+b$ ⋯ (가)

(환기시간)=2일 때, (미세먼지)=192이므로 $192=a\times2^2+\frac{b}{2}$ ⋯ (나)

(가)와 (나)를 연립하여 '4(가)−(나)'를 하면, $a=3$, $b=360$이다.
그러므로 다음 식이 성립한다.

미세먼지)=3×(환기시간)^2 + $\frac{360}{(\text{환기시간})}$

(환기시간)=3일 때, (미세먼지)=$3\times3^2+\frac{360}{3}=147$=㉠

(환기시간)=4일 때, (미세먼지)=$3\times4^2+\frac{360}{4}=138$=㉡

따라서 ㉠=147, ㉡=138이다.

20

정답 ⑤

매월 신규 가입자 수는 전월 신규 가입자 수의 2배이므로 신규 가입자 수는 2024년 12월에 384×2=768명이고, 2025년 1월에 768×2=1,536명이다. 따라서 2025년 2월의 가입자 수는 1,536×2=3,072명이다.

| 02 | 추리

01	02	03	04	05	06	07	08	09	10	11	12	13	14	15	16	17	18	19	20
④	⑤	②	⑤	①	①	⑤	②	①	④	④	⑤	③	④	③	②	③	③	④	①
21	22	23	24	25	26	27	28	29	30										
③	④	④	②	①	④	③	②	②	③										

01

정답 ④

'공부를 잘하는 사람은 모두 꼼꼼하다.'라는 전제1을 통해 '꼼꼼한 사람 중 일부는 시간 관리를 잘한다.'라는 결론이 나오기 위해서는 '공부를 잘한다.'와 '시간 관리를 잘한다.' 사이에 어떤 관계가 성립되어야 한다. 그런데 결론에서 그 범위를 '모두'가 아닌 '일부'로 한정하였으므로 빈칸에 들어갈 명제는 '공부를 잘하는 어떤 사람은 시간 관리를 잘한다.'이다.

02

정답 ⑤

'아침에 커피를 마신다.'를 A, '회사에서 회의를 한다.'를 B라고 하면 전제1은 '수∨목 → A'이고, 전제1의 대우는 '~A → ~(수∧목)'이다. 즉, 결론 '~A → B'가 성립하기 위해서는 '~(수∧목) → B'나 '~B → 수∨목'인 전제2가 필요하다. 따라서 빈칸에 들어갈 명제는 '회사에서 회의를 하지 않으면 수요일이나 목요일이다.'이다.

03

정답 ②

'금값이 오른다.'를 A, 'X매물을 매도하는 사람'을 B, 'Y매물을 매수하는 사람'을 C라고 하면, 전제1과 전제2를 다음과 같은 벤 다이어그램으로 나타낼 수 있다.

1) 전제1

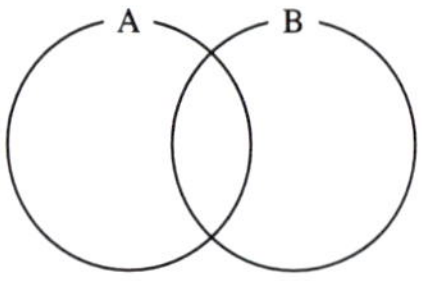

2) 전제2

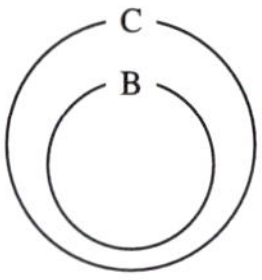

이를 정리하면 다음과 같은 벤 다이어그램이 성립한다.

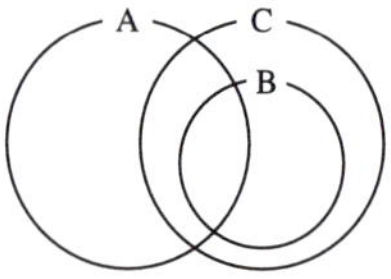

따라서 '금값이 오르면 어떤 사람은 Y매물을 매수한다.'라는 결론이 도출된다.

04

정답 ⑤

주어진 조건을 표로 정리하면 다음과 같다.

구분	월	화	수	목	금
서울	일본		미국		중국
수원	미국	미국			
인천	중국			미국	
대전	한국				미국

여덟 번째 조건에 따라 한국은 화, 수요일에는 인천에서 연습을 한다. 그러면 목요일에는 서울, 금요일에는 수원에서 연습을 하므로 첫 번째, 두 번째, 네 번째 조건에 따라 표로 정리하면 다음과 같다

구분	월	화	수	목	금
서울	일본	일본	미국	한국	중국
수원	미국	미국	일본	중국	한국
인천	중국	한국	한국	미국	일본
대전	한국	중국	중국	일본	미국

따라서 수요일에는 대전에서 중국이 연습을 하므로 ⑤가 옳지 않다.

05

정답 ①

첫 번째 조건과 두 번째 조건을 고려하면 E－B－A 또는 E－A－B 순임을 알 수 있다.
여기서 세 번째 조건을 고려하면 D과장이 A사원보다 앞에 있는 경우는 4가지로 다음과 같다.
E－D－B－A, E－D－A－B, D－E－B－A, D－E－A－B
네 번째 조건을 고려하면 E부장과 B사원 사이에 2명이 있어야 하므로 가능한 순서는 5가지 경우로 다음과 같다.
E－D－C－B－A, E－C－D－B－A, E－D－A－B－C, C－E－D－A－B, D－E－C－A－B
마지막으로 다섯 번째 조건을 고려하면 C대리와 A사원 사이에 2명이 있는 순서는 E－C－D－B－A와 C－E－D－A－B이다.
따라서 C대리는 첫 번째 또는 두 번째로 검진을 받을 수 있다.

06

정답 ①

B와 D는 동일하게 A보다 적은 표를 얻고 C보다는 많은 표를 얻었으나, B와 D를 서로 비교할 수 없으므로 득표수가 많은 순서대로 나열하면 'A－B－D－C－E' 또는 'A－D－B－C－E'가 된다. 따라서 어느 경우라도 A의 득표수가 가장 많으므로 A가 학급 대표로 선출된다.

07

정답 ⑤

먼저 첫 번째 결과에 따라 A과장은 네 지역으로 모두 출장을 가므로 E사원과 함께 광주광역시로 출장을 가는 직원은 A과장임을 알 수 있다. 다음으로 두 번째 결과에 따라 모든 특별시에는 A과장과 B대리가 출장을 가므로 C대리와 D대리는 특별시로 함께 출장을 갈 수 없다. 결국 세 번째 결과에서의 C대리와 D대리가 함께 출장을 가는 지역은 인천광역시임을 알 수 있다. 또한 마지막 결과에 따라 한 지역으로만 출장을 가는 사람은 E사원뿐이므로 C대리와 D대리는 세종특별시 또는 서울특별시 중 한 곳으로 더 출장을 가야 한다.
따라서 출장 지역에 따른 팀원을 정리하면 다음과 같다.

구분	세종특별시	서울특별시	인천광역시	광주광역시
경우 1	A과장, B대리, C대리	A과장, B대리, D대리	A과장, C대리, D대리	A과장, E사원
경우 2	A과장, B대리, D대리	A과장, B대리, C대리	A과장, C대리, D대리	A과장, E사원

그러므로 항상 옳은 것은 'D대리는 E사원과 함께 출장을 가지 않는다.'이다.

08

정답 ②

B는 C가 D의 바로 위층에 살고 있다고 하지만, D는 C의 바로 아래층에는 B가 살고 있다고 진술하고 있어 서로 모순이므로 B와 D 중 1명이 거짓을 말하고 있다. 이 경우 A와 C, E는 모두 참을 말하고 있으므로 1층은 E, 2층은 A, 5층은 C가 산다.

i) B의 진술이 참일 경우(D가 거짓인 경우)

4층에는 D가 살고, 3층에는 B가 산다. 이 경우 D는 1층에 사는 E와 3층 차이가 나므로 E의 진술도 거짓이 되어 모순이다.

ii) D의 진술이 참일 경우(B가 거짓인 경우)

4층에는 B가 살고, 3층에는 D가 산다. 이 경우 D는 1층에 사는 E와 2층 차이가 나므로 B만 거짓을 진술하게 된다.

따라서 거짓을 말한 사람은 B이다.

09

정답 ①

B는 피자 2조각을 먹은 A보다 적게 먹었으므로 피자 1조각을 먹었다. 또한 4명의 사람 중 B가 가장 적게 먹었으므로 D는 반드시 2조각 이상 먹어야 한다. 따라서 A는 2조각, B는 1조각, C는 3조각, D는 2조각의 피자를 먹었다.

10

정답 ④

제시된 결과를 정리하면 'A대리 > B사원 > C과장 > D사원', 'G사원 > F대리 > B사원 / E부장', 'E부장은 가장 낮은 점수를 받지 않았다'는 것이다. 첫 번째와 두 번째 정리에 따르면 B사원보다 높은 사람은 A대리, G사원, F대리 3명이고, B사원보다 낮은 사람은 C과장, D사원 2명이므로 B사원을 4등과 5등에 두면 다음과 같은 경우가 나온다.

i) B사원이 4등일 때(6가지 경우)

1등	2등	3등	4등	5등	6등	7등
G사원	F대리	A대리	B사원	C과장	E부장	D사원
G사원	F대리	A대리	B사원	E부장	C과장	D사원
G사원	A대리	F대리	B사원	E부장	C과장	D사원
G사원	A대리	F대리	B사원	C과장	E부장	D사원
A대리	G사원	F대리	B사원	E부장	C과장	D사원
A대리	G사원	F대리	B사원	C과장	E부장	D사원

ii) B사원이 5등일 때(4가지 경우)

1등	2등	3등	4등	5등	6등	7등
G사원	F대리	E부장	A대리	B사원	C과장	D사원
G사원	F대리	A대리	E부장	B사원	C과장	D사원
G사원	A대리	F대리	E부장	B사원	C과장	D사원
A대리	G사원	F대리	E부장	B사원	C과장	D사원

따라서 C과장이 5등일 때, B사원이 4등이다.

오답분석

① B사원이 4등일 때, E부장은 5등 또는 6등이 될 수도 있다.

② B사원이 4등이면 G사원은 2등도 될 수 있다.

③ F대리가 3등일 때, A대리는 1등 또는 2등이 될 수 있다.

⑤ 자신의 등수를 확실히 알 수 있는 사람은 7등인 D사원 1명이다.

11

정답 ④

먼저 C는 첫 번째, 세 번째 결과에 따라 A 바로 전 또는 바로 뒤의 순서로 출근한 E보다 먼저 출근하였으므로 A보다도 먼저 출근한 것을 알 수 있다. 마찬가지로 D 역시 두 번째, 다섯 번째 결과에 따라 F 바로 뒤에 출근한 B보다 먼저 출근하였으므로 F보다도 먼저 출근한 것을 알 수 있다.

또한 E는 네 번째 결과에 따라 F보다 늦게 출근하였으므로 결국 C, D, B보다도 늦게 출근하였음을 알 수 있다. 그러므로 E가 다섯 번째 또는 마지막 순서로 출근하였음을 알 수 있으나, 꼴찌에는 해당하지 않으므로 결국 E는 다섯 번째로 출근하였고, A가 마지막 여섯 번째로 출근하였음을 알 수 있다.

이때 주어진 결과만으로는 C와 D의 순서를 비교할 수 없으므로 A ~ F의 출근 순서는 다음과 같이 3가지의 경우로 나타낼 수 있다.

구분	첫 번째	두 번째	세 번째	네 번째	다섯 번째	여섯 번째
경우 1	D	F	B	C	E	A
경우 2	D	C	F	B	E	A
경우 3	C	D	F	B	E	A

따라서 D가 C보다 먼저 출근했다면, D는 반드시 첫 번째로 출근하므로 자신을 포함한 A ~ F의 출근 순서를 알 수 있다.

오답분석

① A는 항상 마지막에 출근하므로 B의 출근 시각을 알 수 없다.
② 경우 2와 경우 3에서 B가 C보다 나중에 출근하므로 C의 출근 시각을 알 수 없다.
③ 경우 1에서 C는 자신과 E, A의 출근 순서를 알 수 있으나, D, F, B의 출근 순서는 알 수 없다.
⑤ 어떠한 경우에도 F는 D보다 늦게 출근하므로 앞서 출근한 D의 출근 시각을 알 수 없다.

12

정답 ⑤

두 번째 조건과 세 번째 조건을 통해 김팀장의 오른쪽에 정차장이 앉고, 양사원은 한대리의 왼쪽에 앉는다. 이때, 오과장은 정차장과 나란히 앉지 않으므로 오과장은 김팀장의 왼쪽에 앉아야 한다. 따라서 김팀장을 기준으로 시계 방향으로 '김팀장 – 오과장 – 한대리 – 양사원 – 정차장' 순서로 앉는다.

13

정답 ③

을과 무의 진술이 모순되므로 2명 중 1명은 참, 다른 1명은 거짓이다. 여기서 을의 진술이 참일 경우 갑의 진술도 거짓이 되어 2명이 거짓을 진술한 것이 되므로 문제의 조건에 위배된다. 따라서 을의 진술이 거짓, 무의 진술이 참이다. 그러므로 A강좌는 을이, B와 C강좌는 각각 갑과 정 중 1명이, D강좌는 무가 담당하고, 병은 강좌를 담당하지 않는다.

14

정답 ④

세 번째 조건에 따라 최부장이 회의에 참석하면 이대리도 회의에 참석한다. 이대리가 회의에 참석하면 두 번째 조건의 대우인 '이대리가 회의에 참석하면 조대리는 참석하지 않는다.'에 따라 조대리는 회의에 참석하지 않는다.

또한 최부장이 회의에 참석하면 네 번째 조건의 대우인 '최부장이 회의에 참석하면 박사원도 회의에 참석한다.'에 따라 박사원도 회의에 참석하게 된다. 박사원이 회의에 참석하면 첫 번째 조건의 대우인 '박사원이 회의에 참석하면 한사원도 회의에 참석한다.'에 따라 한사원도 회의에 참석하게 된다.

따라서 최부장이 회의에 참석하면 이대리, 박사원, 한사원은 반드시 참석하므로 총 4명은 회의에 반드시 참석하나 김과장의 참석 여부는 주어진 조건만으로는 알 수 없다.

15

정답 ③

규칙은 가로로 적용된다.
첫 번째 도형을 x축 기준으로 대칭 이동한 것이 두 번째 도형이고, 이를 y축 기준으로 대칭 이동한 것이 세 번째 도형이다.

16

정답 ②

규칙은 가로로 적용된다.
첫 번째 도형을 180° 회전한 것이 두 번째 도형이고, 이를 y축 기준으로 대칭 이동한 것이 세 번째 도형이다.

17

정답 ③

규칙은 세로로 적용된다.
첫 번째 도형을 시계 방향으로 60° 회전한 것이 두 번째 도형이고, 이를 x축 기준으로 대칭 이동한 것이 세 번째 도형이다.

[18~21]

- □ : 각 자릿수 +2, −2, +2, −2
- ▩ : 1234 → 1243
- ▣ : 1234 → 3412
- ■ : 각 자릿수 +3, +2, +1, +0

18

정답 ③

VEN8 → N8VE → N8EV
(▣, ▩)

19

정답 ④

OK15 → RM25 → TK43
(■, □)

20

정답 ①

BS37 → DQ55 → 55DQ
(□, ▣)

21

정답 ③

KZEM → MXGK → PZHK
(□, ■)

22

정답 ④

의약품 특허권을 둘러싼 사건의 시작을 제시하며 도입부 역할을 하는 (라) 문단이 처음에 오고, 미국의 세부적인 요구 사항을 언급한 (가) 문단이 그다음에 와야 한다. 이어 칠레 정부의 대처를 설명하는 (다) 문단이 세 번째로 오고, 이러한 의약품 특허권이 지적재산권 협정을 예고했다는 (나) 문단이 마지막에 오는 것이 적절하다.

23

정답 ④

제시문은 1920년대 영화의 소리에 대한 부정적인 견해가 있었음을 이야기하며 화두를 꺼내고 있다. 이후 현대에는 소리와 영상을 분리해서 생각할 수 없음을 이야기하고 영화에서의 소리가 어떤 역할을 하는지에 대해 설명하면서 현대 영화에서의 소리의 의의에 대해 서술하고 있다. 따라서 (라) 1920년대 영화의 소리에 대한 부정적인 견해 – (가) 현대 영화에서 분리해서 생각할 수 없는 소리와 영상 – (다) 영화 속 소리의 역할 – (나) 현대 영화에서의 소리의 의의 순으로 나열하는 것이 적절하다.

24

정답 ②

제시문은 제4차 산업혁명으로 인한 노동 수요 감소로 인해 나타날 수 있는 문제점으로 대공황에 대한 위험을 설명하면서 긍정적인 시각으로 노동 수요 감소를 통해 인간적인 삶 향유가 이루어질 수 있다고 말한다. 따라서 제4차 산업혁명의 밝은 미래와 어두운 미래를 나타내는 ②가 제목으로 적절하다.

25

정답 ①

선택근무제는 시차출퇴근제와 달리 1일 8시간이라는 근로시간에 구애받지 않고 주당 40시간의 범위 내에서 1일 근무시간을 자율적으로 조정할 수 있으므로 주당 40시간의 근무시간만 충족한다면 주5일 근무가 아닌 형태의 근무도 가능하다.

오답분석

② 시차출퇴근제는 주5일, 1일 8시간, 주당 40시간이라는 기존의 소정근로시간을 준수해야 하므로 반드시 하루 8시간의 근무 형태로 운영되어야 한다.
③ 재량근무제 적용이 가능한 업무는 법으로 규정되어 있으므로 규정된 업무 외에는 근로자와 합의하여도 재량근무제를 실시할 수 없다.
④ 원격근무제는 재량근무제와 달리 적용 가능한 직무의 제한을 두지 않으므로 현장 업무를 신속하게 처리할 수 있다는 이동형 원격근무제의 장점에 따라 이동형 원격근무제를 운영할 수 있다.
⑤ 일주일 중 일부만 재택근무를 하는 수시형 재택근무에 해당한다.

26

정답 ④

'전기사고를 방지하기 위한 안전장치가 필요한데 그중에 하나가 접지이다.'라는 제시문의 내용에서 접지 이외에도 방법이 있음을 알 수 있다.

오답분석

① '정전기 발생을 사전에 예방하기 위해 접지를 해둬야 한다.'에서 알 수 있듯이 접지를 하게 되면 정전기 발생을 막을 순 있지만, 접지를 하지 않는다고 정전기가 무조건 발생하는 것은 아니다.
② '전류는 전위차가 있을 때에만 흐르므로'라고 했으므로 전위차가 없으면 전류가 흐르지 않는다.
③ '위험성이 높을수록 이러한 안전장치의 필요성 높아진다.'라고 언급은 되어있지만 위험성이 낮다고 안정장치가 필요치 않다고는 볼 수 없다.
⑤ 저항 또는 임피던스의 크기가 작으면 통신선에 유도장애가 커지고, 크면 평상시 대지 전압이 높아지는 등의 결과가 나타나지만, 저항 크기와 임피던스의 크기에 대한 상관관계는 제시문에서 확인할 수 없다.

27

정답 ③

제시문에서 헤겔은 국가를 사회 문제를 해결하고 공적 질서를 확립할 최종 주체로 설정했고, 뒤르켐은 사익을 조정하고 공익과 공동체적 연대를 실현할 도덕적 개인주의의 규범에 주목하면서, 이를 수행할 주체로서 직업 단체의 역할을 강조하였다. 따라서 직업 단체가 정치적 중간 집단으로서 구성원의 이해관계를 국가에 전달하는 한편 국가를 견제해야 한다고 본 ③이 비판할 수 있는 주장이다.

오답분석

① 뒤르켐은 복지행정조직에 대한 언급이 없었다.
② 뒤르켐이 주장하는 직업 단체는 정치적 중간집단의 역할로 빈곤과 계급 갈등의 해결을 수행할 주체이다.
④ 국가를 최종 주체로 강조하는 것은 헤겔의 주장이다.
⑤ 헤겔 역시 공리주의는 시민 사회 내에서 개인들의 무한한 사익 추구가 일으키는 빈부 격차나 계급 갈등을 해결할 수는 없다고 보았다.

28

정답 ②

우리 눈은 원추세포를 통해 밝은 곳에서의 노란색 빛을 인식하고, 어두운 곳에서는 막대세포를 통해 초록색 물체를 더 민감하게 인식한다. 또한 밝은 곳에서 눈에 잘 띄던 노란색 경고 표지판은 날이 어두워지면 무용지물이 될 수도 있으므로 어두운 터널 내에는 초록색의 경고 표지판을 설치하는 것이 더 효과적일 것이다.

오답분석

① 우리 눈에는 파장이 500나노미터 부근인 노랑 빛에 민감한 원추세포의 수가 많지 않아 어두운 곳보다 밝은 곳에서 인식 기능이 발휘된다. 따라서 밝은 곳에서 눈에 잘 띄는 노란색이나 붉은색으로 경고나 위험 상황을 나타내는 것은 막대세포가 아닌 원추세포의 수와 관련이 있다.
③ 원추세포는 노란빛에 민감하며, 초록빛에 민감한 세포는 막대세포이다.
④ 눈조리개의 초점 부근 좁은 영역에 주로 분포되어 있는 세포는 원뿔 모양의 원추세포이다.
⑤ 막대세포의 로돕신은 빛을 받으면 분해되어 시신경을 자극하고, 이 자극이 대뇌에 전달되어 초록색 빛을 민감하게 인식하지만, 색을 인식하지는 못한다.

29

정답 ②

세 번째 문단의 첫 문장에서 '전자 감시는 파놉티콘의 감시 능력을 전 사회로 확장했다.'고 말하고 있으므로, 정보 파놉티콘은 발전된 감시 체계라고 할 수 있다. 따라서 종국에는 감시 체계 자체를 소멸시킬 것이라는 추론은 적절하지 않다.

30

정답 ③

인간의 후각은 기억과 밀접한 관련이 있다. 따라서 실험이 진행될수록 높은 정답률을 보여준다.

오답분석

① 인간 역시 동물과 마찬가지로 취기재 분자 하나에도 민감하게 반응하나, 동물만큼 예민하지는 않다.
② 냄새를 탐지할 수 있는 최저 농도를 '탐지 역치'라 한다. 이보다 낮은 농도의 냄새는 탐지가 어렵다.
④ 동물에 비해 인간의 후각 수용기는 1천만 개에 불과하다.
⑤ 취기재의 정체를 인식하려면 취기재의 농도가 탐지 역치보다 3배가량은 높아야 하므로 이미 취기재의 농도는 탐지 역치보다 3배 높은 상태이다.

삼성 온라인 GSAT

4일 차 기출응용 모의고사 정답 및 해설

| 01 | 수리

01	02	03	04	05	06	07	08	09	10	11	12	13	14	15	16	17	18	19	20
②	④	②	①	⑤	③	③	①	④	④	⑤	②	④	①	②	④	①	②	⑤	⑤

01

정답 ②

서진이와 민진이가 서로 이웃하여 앉을 확률은 $\frac{4!\times 2!}{5!}=\frac{2}{5}$이다.

따라서 서진이와 민진이 사이에 적어도 1명이 앉아 있을 확률은 $1-\frac{2}{5}=\frac{3}{5}$이다.

02

정답 ④

작년 남자 사원을 x명, 여자 사원을 y명이라고 하면, 다음과 같은 두 방정식이 성립한다.
$x+y=500$ … ㉠
$0.9x+1.4y=500\times1.08$ → $0.9x+1.4y=540$ … ㉡
㉠과 ㉡을 연립하면, 다음과 같다.
$\therefore$ $x=320$, $y=180$
따라서 작년 남자 사원 수는 320명이다.

03

정답 ②

남성흡연율이 가장 낮은 연도는 50% 미만인 2020년이고, 여성흡연율이 가장 낮은 연도도 약 20%인 2020년이다. 따라서 ㄴ은 옳다.

오답분석

ㄱ. 남성흡연율은 2022년까지 증가하다가 그 이후 감소하지만, 여성의 흡연율은 매년 꾸준히 증가하고 있다.
ㄷ. 남성의 음주율이 가장 낮은 해는 80% 미만인 2023년이지만, 흡연율이 가장 낮은 해는 50% 미만인 2020년이다.
ㄹ. 2022년 남성의 음주율과 여성 음주율이 모두 80% 초과 90% 미만이므로 두 비율의 차이는 10%p 미만이다.

04

정답 ①

2024년 충청 지역의 PC 보유율은 전년 대비 감소하였으나 전라 지역의 PC 보유율은 전년 대비 증가하였다.

오답분석

② 대구 지역의 PC 보유율은 81.6% → 81.5% → 81.1% → 76.9% → 76.0%로 계속 감소하였다.
③ 2021년 경상 지역의 보유율은 71.7%로, 71.3%인 전라 지역에 이어 두 번째로 낮다.
④ 전 기간 중 가장 낮은 PC 보유율은 2024년 강원 지역의 62.5%이다.
⑤ 광주 지역의 PC 보유율은 84.4% → 85.2% → 82.8% → 83.2% → 80.0%로 증가와 감소가 반복되고 있다.

05

정답 ⑤

1인당 GDP가 가장 높은 국가는 노르웨이이며, 노르웨이는 인간개발지수도 0.949로 가장 높다.

오답분석

① 인터넷 사용률이 60% 미만인 나라는 불가리아, 도미니카공화국, 멕시코로 3개국이고, 최근 국회의원 선거 투표율이 50% 이하인 나라는 칠레, 멕시코로 2개국이므로 옳지 않다.
② GDP 대비 공교육비 비율이 가장 낮은 나라는 도미니카공화국이고, 최근 국회의원 선거 투표율이 가장 낮은 나라는 멕시코이므로 옳지 않다.
③ GDP 대비 공교육비 비율에서 1 ~ 3위는 '노르웨이 – 벨기에 – 멕시코' 순서이고, 인터넷 사용률의 경우 1 ~ 3위는 '노르웨이 – 대한민국 – 벨기에' 순서이므로 같지 않다.
④ GDP 대비 공교육비 비율 하위 3개국은 도미니카공화국(2.1%), 불가리아(3.5%), 이탈리아(4.1%)이며, 대한민국(4.6%)은 이보다 높다.

06

정답 ③

월간 용돈을 5만 원 미만으로 받는 비율은 중학생 90%, 고등학생 60%로, 중학생이 고등학생보다 높다.

오답분석

① 전체에서 용돈기입장의 기록, 미기록 비율은 각각 30%, 70%로, 기록 안 하는 비율이 기록하는 비율보다 높다.
② 용돈을 받는 남학생과 여학생의 비율은 각각 83%, 86%로, 여학생의 비율이 남학생의 비율보다 높다.
④ 용돈을 받지 않는 중학생과 고등학생의 비율은 각각 12%와 20%로, 고등학생의 비율이 중학생의 비율보다 높다.
⑤ 고등학생 전체 인원을 100명이라고 한다면, 그중에 용돈을 받는 학생은 80명이다. 80명 중에 월간 용돈을 5만 원 이상 받는 학생의 비율은 40%이므로 $80 \times 0.4 = 32$명이다.

07

정답 ③

전년에 비해 재료비가 감소한 해는 2017년, 2018년, 2021년, 2024년이다.
따라서 4개 연도 중 비용 감소액이 가장 큰 해는 2021년이며, 전년 대비 $20,000 - 17,000 = 3,000$원 감소했다.

08

정답 ①

영국의 2023년 1분기 고용률은 2022년보다 하락했고, 2023년 2분기에는 1분기의 고용률이 유지되었다.

오답분석

② • 2023년 2분기 OECD 전체 고용률 : 65.0%
  • 2024년 2분기 OECD 전체 고용률 : 66.3%

  따라서 2024년 2분기 OECD 전체 고용률의 전년 동분기 대비 증가율은 $\frac{66.3-65}{65} \times 100 = 2\%$이다.

③·⑤ 제시된 자료를 통해 확인할 수 있다.
④ 2024년 1분기 고용률이 가장 높은 국가는 독일이고, 가장 낮은 국가는 프랑스로, 독일의 고용률은 74%이고, 프랑스의 고용률은 64%이다. 따라서 두 국가의 고용률의 차이는 $74 - 64 = 10\%p$이다.

09

정답 ④

규제의 연도별 수치를 보면 +10, +20, +30, …이 반복되는 규칙을 보이고 있다. 따라서 2019년 규제에 들어갈 수는 170이다.

10

정답 ④

곡류의 수입 물량은 2021년까지 줄어들다가 2022년부터 2024년까지 증가했고, 수입 금액은 2022년까지 늘어나다가 2023 ~ 2024년에는 감소하였다.

오답분석

① 2019년 대비 2024년의 과실류 수입 금액은 $\frac{175-50}{50}\times100=250\%$ 급증하였다.

② 2019년 대비 2024년의 농산물 전체 수입 물량은 $\frac{3,430-2,450}{2,450}\times100=40\%$ 증가하였다.

③ 2020 ~ 2024년 동안 과실류와 채소류 수입 금액의 전년 대비 증감 추이는 '증가 – 감소 – 증가 – 감소 – 증가'로 같다.

⑤ 곡류, 과실류, 채소류의 2019년과 2024년의 수입 물량 차이를 구하면 다음과 같다.

- 곡류 : 1,520－1,350＝170만 톤
- 과실류 : 130－65＝65만 톤
- 채소류 : 110－40＝70만 톤

따라서 곡류가 가장 많이 증가했다.

11

정답 ⑤

ㄱ. 면적이 넓은 유형의 주택일수록 공사 완료 후 미분양된 민간부문 주택이 많은 지역은 인천, 경기 두 곳이다.

ㄴ. 부산의 공사 완료 후 미분양된 민간부문 주택 중 면적이 60 ~ $85m^2$에 해당하는 주택이 차지하는 비중은 $\frac{161}{350}\times100=46\%$로, 면적이 $85m^2$를 초과하는 주택이 차지하는 비중인 $\frac{119}{350}\times100=34\%$보다 10%p 이상 높다.

ㄷ. 면적이 $60m^2$ 미만인 공사 완료 후 미분양된 민간부문 주택 수 대비 면적이 60 ~ $85m^2$에 해당하는 공사 완료 후 미분양된 민간부문 주택 수의 비율은 광주는 $\frac{28}{16}\times100=175\%$이고, 울산은 $\frac{54}{36}\times100=150\%$이므로 광주가 울산보다 높다.

12

정답 ②

2024년 서울특별시의 1인 가구 수는 전국의 1인 가구 수의 $\frac{133}{532}\times100=25\%$로, 20% 이상이다.

오답분석

① 1인 가구 수는 전국적으로 2022년 513만 가구, 2023년 528만 가구, 2024년 532만 가구로 해마다 증가하고 있다.

③ 부산광역시 1인 가구 수는 2022년에 대전광역시 1인 가구 수의 $\frac{32}{16}$=2배, 2024년에 대전광역시 1인 가구 수의 $\frac{38}{19}$=2배이다.

④ 2024년 서울특별시 전체 가구 수 중에서 1인 가구 수가 차지하는 비중은 $\frac{133}{380}\times100=35\%$로, 30% 이상이다.

⑤ 연도별로 대전광역시와 울산광역시의 1인 가구 수의 합을 구하면 다음과 같다.

- 2022년 : 16+10=26만 가구
- 2023년 : 18+10=28만 가구
- 2024년 : 19+11=30만 가구

따라서 인천광역시의 1인 가구 수보다 항상 많다.

13

정답 ④

남성이 여성보다 월평균독서량이 많은 국가는 아시아대륙에서는 일본(남성 15권, 여성 5권), 유럽대륙에서는 프랑스(남성 19권, 여성 17권), 아메리카대륙에서는 멕시코(남성 12권, 여성 5권)와 브라질(남성 19권, 여성 16권)로 아메리카대륙에서는 두 곳이다.

오답분석

① 유럽의 응답자 수는 3,300명이고, 여성 응답자 수를 x명이라고 하면 남성 응답자 수는 $(3,300-x)$명이다.
이를 주어진 식에 대입하면 다음과 같다.

$$\frac{18\times(3,300-x)+21\times x}{3,300}=20$$

$\therefore\ x=2,200$

따라서 여성 응답자 수는 2,200명, 남성 응답자 수는 1,100명이므로 여성이 남성의 2배이다.

② 남성과 여성의 월평균독서량 차이가 10권 이상인 국가는 일본과 캐나다이고, 각각의 차이는 다음과 같다.
- 일본 : 15−5=10권
- 캐나다 : 19−5=14권

따라서 남녀의 월평균독서량 차이가 가장 큰 국가는 캐나다이다.

③ 유럽 전체의 월평균독서량은 20권이고, 이보다 많은 월평균독서량은 가진 국가는 러시아와 스페인으로 두 곳이다.

⑤ 아시아, 유럽, 아메리카의 남성 월평균독서량은 각각 13권, 18권, 12권으로, 이는 각각 평균치인 15권, 20권, 14권보다 적다.

14

정답 ①

제시된 식을 통하여 아시아와 유럽, 아메리카의 남녀 조사 응답자 수를 구하면 다음과 같다.

(단위 : 명)

구분	남성	여성
아시아	2,400	1,600
유럽	1,100	2,200
아메리카	1,800	900

ㄱ. 아시아와 아메리카의 남성 응답자 수가 여성보다 많고, 유럽의 응답자 수는 여성이 더 많은 것을 알 수 있다.

ㄴ. 중국의 월평균독서량은 17권으로 13권인 한국보다 많고, 23권인 인도보다는 적다.

ㄷ. 아메리카 내에서 남성 월평균독서량은 멕시코 12권, 캐나다 5권, 미국 10권, 브라질 19권으로 캐나다가 가장 적지만, 여성 월평균독서량은 멕시코 5권, 캐나다 19권, 미국 18권, 브라질 16권으로 캐나다가 가장 많다.

오답분석

ㄹ. 대륙별로 남성 응답자 수가 많은 순서는 '아시아 – 아메리카 – 유럽' 순서이고, 여성 응답자 수가 많은 순서는 '유럽 – 아시아 – 아메리카'이다. 따라서 반대의 추이를 보이지는 않는다.

15

정답 ②

2021년 2분기부터 2022년 1분기까지 차이가 줄어들다가, 2022년 2분기에 차이가 다시 늘어났다.

오답분석

① 한국과 중국의 점유율 차이가 가장 적었던 시기는 2024년 3분기로, 이때 점유율의 차이는 15.6%p이다.

③ 2023년 4분기의 한국과 일본, 일본과 중국의 점유율 차이는 각각 10.2%p이다.

④ 제시된 자료를 통해 알 수 있다.

⑤ 2021년 2분기 중국과 일본의 차이는 25.3%p, 2024년 3분기의 차이는 2.3%p이므로 둘의 차이는 11배이다.

16

정답 ④

1차 병원 의료종사자의 월평균 급여는 180만 원으로, 이는 2차 병원의 $\frac{180}{240}\times100=75\%$, 3차 병원의 $\frac{180}{300}\times100=60\%$이다.

오답분석

① 3차 병원의 평균 진료과목 수는 12개로 2차 병원 8개의 $\frac{12}{8}=1.5$배이다.

② 2차 병원의 평균 의사 수는 5.5명으로 3차 병원의 125명에 $\frac{5.5}{125}\times100=4.4\%$에 해당한다.

③ 1차·2차·3차 병원 의료기관의 평균 의사와 간호사 수를 비교하면 다음과 같다.

(단위 : 명)

구분	1차 병원	2차 병원	3차 병원
의사	1.5	5.5	125
간호사	0.9	7.4	350

따라서 1차 병원을 제외한 2차·3차 병원은 간호사 수가 더 많다.

⑤ 병원등급이 올라갈수록 의사의 평균 근무시간은 감소하는 반면, 간호사의 평균 근무시간은 증가하였다.

17

정답 ①

평균 진료과목당 평균 병상 수는 2차 병원이 $\frac{84}{8}=10.5$개, 3차 병원이 $\frac{750}{12}=62.5$개로, 그 차는 $62.5-10.5=52$개이다.

오답분석

ㄴ. 3차 병원의 평균 의료종사자 수는 3,125명이고 평균 의사 수는 125명이다. 따라서 평균 의료종사자수 중 의사가 차지하는 비율은 $\frac{125}{3,125}\times100=4\%$이다.

ㄷ. 3차 병원에서 의료종사자에게 지급되는 월평균 급여는 $3,125\times300=937,500$만 원이고, 의사와 간호사에게 지급되는 월평균 급여는 $(350\times405)+(125\times1,650)=141,750+206,250=348,000$만 원이다. 따라서 간호사와 의사를 제외한 의료종사자의 급여로 지급되는 비용은 $937,500-348,000=589,500$만 원으로 58억 원 이상이다.

18

정답 ②

오답분석

① 2019 ~ 2020년 수출액과 수입액의 수치가 표와 다르다.
③ 2016년 수출액 전년 대비 증감률은 40.9%이며 이보다 작다.
④ 2021 ~ 2023년 수출액의 수치가 자료와 다르다.
⑤ 2023 ~ 2024년 수입액 전년 대비 상승률이 표와 다르다.

19

정답 ⑤

직선에 의해 나누어지는 영역의 수는 2개, 3개, 4개, …씩 증가한다.
따라서 서로 다른 직선 6개에 의해 나누어지는 영역의 수는 $16+6=22$개이므로 서로 다른 직선 7개에 의해 나누어지는 영역의 수는 $22+7=29$개이다.

20

정답 ⑤

선풍기 판매량은 매년 15대씩 증가하고 있다. 따라서 선풍기 판매량은 2023년 7월에 $70+15=85$대, 2024년 7월에 $85+15=100$대, 2025년 7월에 $100+15=115$대이다.

| 02 | 추리

01	02	03	04	05	06	07	08	09	10	11	12	13	14	15	16	17	18	19	20
⑤	③	③	⑤	①	③	③	④	③	②	④	①	③	①	①	⑤	②	①	②	④
21	22	23	24	25	26	27	28	29	30										
①	④	③	③	①	④	②	①	⑤	①										

01

정답 ⑤

'회의에 간다.'를 '회', '결론이 난다.'를 '결', '프로젝트를 진행한다.'를 '프'라고 하자.

구분	명제	대우
전제1	회× → 결×	결 → 회
결론	프 → 회	회× → 프×

전제1이 결론의 대우로 연결되려면, 전제2는 결× → 프×가 되어야 한다.
따라서 빈칸에 들어갈 명제는 '결론이 나지 않으면 프로젝트를 진행하지 않는다.'이다.

02

정답 ③

'제시간에 퇴근을 한다.'를 A, '오늘의 업무를 끝마친다.'를 B, '저녁에 회사식당에 간다.'를 C라고 하면, 전제1은 A → B, 결론은 ~B → C이다. 전제1의 대우가 ~B → ~A이므로 ~B → ~A → C가 성립하기 위해서 필요한 전제2는 ~A → C나 그 대우인 ~C → A이다.
따라서 빈칸에 들어갈 명제는 '저녁에 회사식당에 가지 않으면 제시간에 퇴근을 한다.'이다.

03

정답 ③

'A업체'를 A, 'B업체 제조물품을 사용하는 단체'를 B, 'B업체 제조물품 사용 반대 시위에 참여하는 단체'를 C라고 하면, 전제1과 전제2를 다음과 같은 벤 다이어그램으로 나타낼 수 있다.

1) 전제1

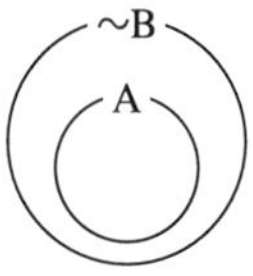

2) 전제2

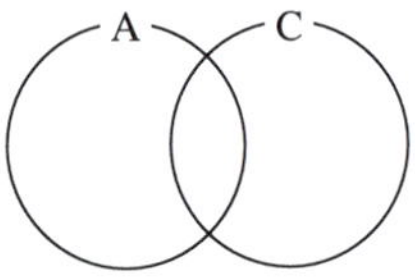

이를 정리하면 다음과 같은 벤 다이어그램이 성립한다.

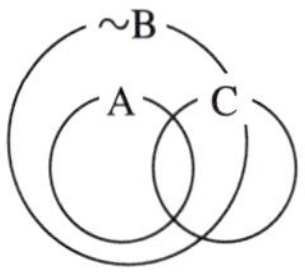

따라서 빈칸에 들어갈 명제는 'B업체 제조물품을 사용하지 않는 어떤 단체는 B업체 제조물품 사용 반대 시위에 참여한다.'이다.

04

정답 ⑤

원형 테이블은 회전시켜도 좌석 배치가 동일하다. 좌석에 인원수만큼의 번호 1 ~ 6번을 임의로 붙인 다음, A가 1번 좌석에 앉았다고 가정해 배치하면 다음과 같다.

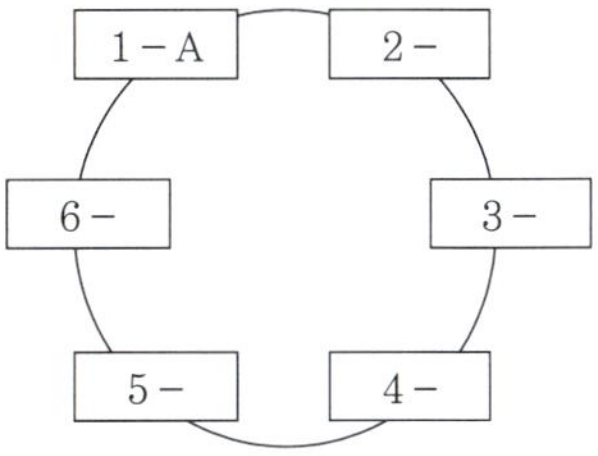

- 두 번째 조건에 따라 E는 A와 마주보는 4번 자리에 앉는다.
- 세 번째 조건에 따라 C는 E 기준으로 왼쪽인 5번 자리에 앉는다.
- 첫 번째 조건에 따라 B는 C와 이웃한 자리 중 비어 있는 6번 자리에 앉는다.
- 네 번째 조건에 따라 F는 A와 이웃한 2번이 아닌, 나머지 자리인 3번 자리에 앉는다.
- D는 남은 좌석인 2번 자리에 앉게 된다.

위 내용을 정리하면 다음과 같다.

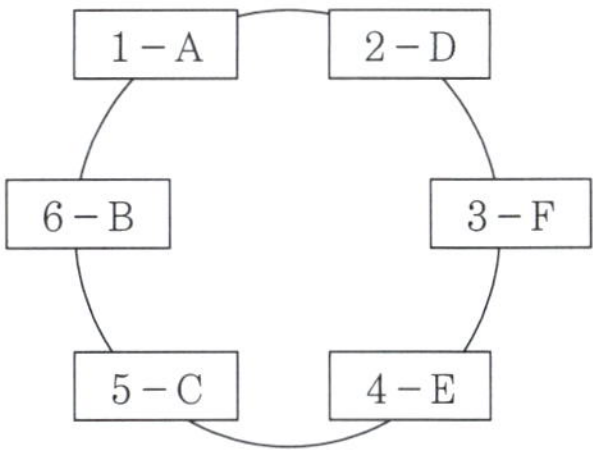

따라서 F와 이웃하여 앉는 사람은 D, E이다.

05

정답 ①

먼저 Q, R이 유죄라고 가정하면 P, S, T가 무죄가 되어야 한다. 하지만 S가 무죄일 때, R이 무죄라는 조건이 성립하지 않아 오류가 발생한다. 또한 Q, R이 무죄라고 가정하고 P가 무죄라면 Q, T도 무죄여야 하기 때문에 P, R, Q, T가 무죄라는 오류가 발생한다. 따라서 Q, R이 무죄이고 P가 유죄, S가 무죄일 때 모든 조건을 만족하기 때문에 P, T가 유죄이고 Q, R, S가 무죄임을 알 수 있다.

06

정답 ③

첫 번째 명제의 대우와 두 번째 명제를 정리하면 '모든 학생 → 국어 수업 → 수학 수업'이 되어 '모든 학생은 국어 수업과 수학 수업을 듣는다.'가 성립한다. 또한 세 번째 명제에서 수학 수업을 듣는 '어떤' 학생들이 영어 수업을 듣는다고 했으므로, '어떤 학생들은 국어, 수학, 영어 수업을 듣는다.'가 성립한다. 따라서 항상 옳은 것은 ③이다.

07

정답 ③

D의 발언에 따라 D가 3등인 경우와 4등인 경우로 나누어 조건을 따져본다.

i) D가 3등인 경우

D의 바로 뒤로 들어온 B는 4등, D보다 앞섰다는 C와 E가 1등 또는 2등인데, C가 1등이 아니라고 하였으므로 1등은 E, 2등은 C가 된다. F는 꼴등이 아니라고 했으므로 5등, A는 6등이다.

ii) D가 4등인 경우

D의 바로 뒤로 들어온 B는 5등, 2등과 3등은 각각 C 또는 F가 되어야 하며, 1등은 E, 6등은 C와 F보다 뒤 순위인 A이다.

주어진 조건을 경우로 정리하면 다음과 같다.

구분	1등	2등	3등	4등	5등	6등
경우 1	E	C	D	B	F	A
경우 2	E	C	F	D	B	A
경우 3	E	F	C	D	B	A

따라서 경우 1, 2에서는 C가 F보다 순위가 높지만, 경우 3에서는 F가 C보다 순위가 높으므로 항상 참이 아닌 것은 ③이다.

오답분석

① A는 어떠한 경우에도 항상 6등으로 결승선에 들어온다.
② E는 어떠한 경우에도 항상 1등으로 결승선에 들어온다.
④ B는 어떠한 경우에도 C보다 순위가 낮다.
⑤ D가 3등인 경우는 경우 1로, 이 경우에 F는 5등이다.

08

정답 ④

네 번째와 다섯 번째 결과를 통해 실용성 영역과 효율성 영역에서는 모든 제품이 같은 등급을 받지 않았음을 알 수 있으므로 두 번째 결과에 나타난 영역은 내구성 영역이다.

구분	A	B	C	D	E
내구성	3	3	3	3	3
효율성			2	2	
실용성		3			

내구성과 효율성 영역에서 서로 다른 등급을 받은 C, D제품과 내구성 영역에서만 3등급을 받은 A제품, 1개의 영역에서만 2등급을 받은 E제품은 첫 번째 결과에 나타난 제품에 해당하지 않으므로 결국 모든 영역에서 3등급을 받은 제품은 B제품임을 알 수 있다.
다섯 번째 결과에 따르면 효율성 영역에서 2등급을 받은 제품은 C, D제품뿐이므로 E제품은 실용성 영역에서 2등급을 받았음을 알 수 있다.
또한 A제품은 효율성 영역에서 2등급과 3등급을 받을 수 없으므로 1등급을 받았음을 알 수 있다.

구분	A	B	C	D	E
내구성	3	3	3	3	3
효율성	1	3	2	2	
실용성		3			2

이때, A와 C제품이 받은 등급의 총합은 서로 같으므로 결국 A와 C제품은 실용성 영역에서 각각 2등급과 1등급을 받았음을 알 수 있다.

구분	A	B	C	D	E
내구성	3	3	3	3	3
효율성	1	3	2	2	1 또는 3
실용성	2	3	1	1 또는 2	2
총합	6	9	6	6 또는 7	6 또는 8

따라서 D제품은 실용성 영역에서 1등급 또는 2등급을 받을 수 있으므로 반드시 참이 되지 않는 것은 ④이다.

09

정답 ③

D를 포함한 2명이 지하철을 타는데, B가 탈 수 있는 교통수단은 지하철뿐이므로 지하철은 D와 B가 타며, 2명 중 1명은 라 회사에 지원했다. 또한, 어떤 교통수단을 선택해도 지원한 회사에 갈 수 있는 E는 버스와 택시로 서로 겹치는 회사인 가 회사를 지원했음을 알 수 있다. 한편, A는 다 회사를 지원했고 버스와 택시를 타야 하는데, 택시를 타면 다 회사에 갈 수 없으므로 A는 버스를 탄다. 따라서 C는 나 또는 마 회사를 지원했음을 알 수 있으며, 택시를 타면 갈 수 있는 회사 중 가 회사를 제외하면 버스로 갈 수 있는 회사와 겹치지 않으므로 C는 택시를 이용한다.

10

정답 ②

주어진 조건에 따라 4명의 직원이 함께 탄 5인승 택시의 자리는 다음과 같다.

• 경우 1

<table>
<tr><td colspan="2">택시 운전기사</td><td>• 소속 : 디자인팀
• 직책 : 과장
• 신발 : 노란색</td></tr>
<tr><td>• 소속 : 연구팀
• 직책 : 대리
• 신발 : 흰색 또는 연두색</td><td>• 소속 : 홍보팀
• 직책 : 부장
• 신발 : 검은색</td><td>• 소속 : 기획팀
• 직책 : 사원
• 신발 : 흰색 또는 연두색</td></tr>
</table>

• 경우 2

<table>
<tr><td colspan="2">택시 운전기사</td><td>• 소속 : 디자인팀
• 직책 : 과장
• 신발 : 노란색</td></tr>
<tr><td>• 소속 : 기획팀
• 직책 : 사원
• 신발 : 흰색 또는 연두색</td><td>• 소속 : 홍보팀
• 직책 : 부장
• 신발 : 검은색</td><td>• 소속 : 연구팀
• 직책 : 대리
• 신발 : 흰색 또는 연두색</td></tr>
</table>

따라서 '과장은 노란색 신발을 신었다.'가 항상 참이 된다.

오답분석

① 택시 운전기사 바로 뒤에는 사원 또는 대리가 앉을 수 있다.
③ 부장 옆에는 대리와 사원이 앉는다.
④ 사원은 흰색 또는 연두색 신발을 신었다.
⑤ 부장은 뒷좌석 가운데에 앉는다.

11

정답 ④

• 첫 번째 조건 : 파란공은 가장 가볍거나 두 번째 또는 네 번째로 가볍다.
• 두 번째 조건 : 빨간공은 가장 가볍거나 두 번째 또는 세 번째로 가볍다.
• 세 번째 조건 : 흰공은 가장 가볍거나 네 번째 또는 다섯 번째로 가볍다.
• 네 번째 조건 : 검은공은 파란공과 빨간공보다 가벼우므로 가장 가볍거나 두 번째로 가볍다.
• 다섯 번째 조건 : 노란공은 흰공보다 가벼우므로 세 번째 조건에 따라 흰공이 가장 무겁고, 파란공은 노란공보다 가벼우므로 두 번째로 무거울 수 없다. 즉, 노란공이 두 번째로 무겁고 파란공은 두 번째로 가볍다.

따라서 위 사실을 종합하면 무거운 순서대로 '흰공 – 노란공 – 빨간공 – 파란공 – 검은공'이다.

오답분석

①·⑤ 빨간공은 두 번째로 무겁지 않다.
②·③ 검은공은 빨간공과 파란공보다는 가볍다.

12

정답 ①

• 다섯 번째 조건 : 1층에 경영지원실이 위치한다.
• 첫 번째 조건 : 1층에 경영지원실이 위치하므로 4층에 기획조정실이 위치한다.
• 두 번째 조건 : 2층에 보험급여실이 위치한다.
• 세 번째, 네 번째 조건 : 3층에 급여관리실, 5층에 빅데이터운영실이 위치한다.

따라서 1층부터 순서대로 '경영지원실 – 보험급여실 – 급여관리실 – 기획조정실 – 빅데이터운영실'이 위치하므로 5층에 있는 부서는 빅데이터 운영실이다.

13

정답 ③

- 첫 번째 조건 : 대우(B 또는 C가 위촉되지 않으면, A도 위촉되지 않는다)에 따라 A는 위촉되지 않는다.
- 두 번째 조건 : A가 위촉되지 않으므로 D가 위촉된다.
- 다섯 번째 조건 : D가 위촉되므로 F도 위촉된다.
- 세 번째, 네 번째 조건 : D가 위촉되었으므로 C와 E는 동시에 위촉될 수 없다.

따라서 위촉되는 사람은 C 또는 E 중 1명과 D, F로 모두 3명이다.

14

정답 ①

먼저 세 번째 조건에 따라 C주임은 아일랜드로 파견된다. 이때 네 번째 조건의 후단이 거짓이 되므로 네 번째 조건이 참이 되기 위해서는 전단이 참이 되어야 한다. 따라서 E주임은 몽골로 파견되고, 첫 번째 조건의 대우에 따라 A대리는 인도네시아로 파견된다. A대리가 인도네시아로 파견되어 다섯 번째 조건의 전단이 거짓이므로 다섯 번째 조건이 참이 되기 위해서는 후단이 참이어야 하기 때문에 B대리는 우즈베키스탄에 파견되지 않는다. 마지막으로 두 번째 조건의 대우에 따라 B대리가 우즈베키스탄에 파견되지 않는다면 D주임 또한 뉴질랜드에 파견되지 않는다. 이를 정리하면 다음과 같다.

- A대리 : 인도네시아 파견 ○
- B대리 : 우즈베키스탄 파견 ×
- C주임 : 아일랜드 파견 ○
- D주임 : 뉴질랜드 파견 ×
- E주임 : 몽골 파견 ○

따라서 보기 중 반드시 참인 것은 ㄱ, ㄴ이며, ㄷ, ㄹ은 반드시 거짓이다.

15

정답 ①

규칙은 가로로 적용된다.
첫 번째 도형을 시계 방향으로 90° 회전한 것이 두 번째 도형이고, 이를 다시 시계 방향으로 90° 회전한 것이 세 번째 도형이다.

16

정답 ⑤

규칙은 가로로 적용된다.
첫 번째 도형을 시계 방향으로 270° 회전한 것이 두 번째 도형이고, 이를 시계 반대 방향으로 90° 회전한 것이 세 번째 도형이다.

17

정답 ②

규칙은 세로로 적용된다.
첫 번째 도형을 시계 방향으로 45° 회전한 것이 두 번째 도형이고, 이를 180° 회전한 것이 세 번째 도형이다.

[18~21]

- ◉ : 각 자릿수 +1, +2, +3, +4
- ♠ : 1234 → 3412
- ♡ : 각 자릿수 −2
- # : 1234 → 1432

18

정답 ①

41OC	→	53RJ	→	5GR3
	◉		#	

19

정답 ②

E47H → 7HE4 → 5FC2
　　　♠　　　　♡

20

정답 ④

3P7W → 1N5U → 2P8Y → 8Y2P
　　　♡　　　◉　　　♠

21

정답 ①

FK82 → DI60 → D06I
　　　♡　　　#

22

정답 ④

제시문의 구조는 담배의 유해성을 설명한 후, 유해성과 관련하여 담배회사와 건강보험공단 간의 소송이라는 흐름으로 이어진다. 따라서 (라) 약초로 알고 있던 선조의 생각과는 달리 유해한 담배 – (가) 연구결과에 따른 흡연자들의 높은 암 발생률 – (다) 담배의 유해성을 안건으로 담배회사와 소송을 진행하고 있는 건강보험공단 – (나) 이에 대응하는 건강보험공단 순으로 나열하는 것이 적절하다.

23

정답 ③

(나) 입시 준비를 잘하기 위해서는 체력이 관건임 – (가) 좋은 체력을 위해서는 규칙적인 생활 관리와 알맞은 영양공급이 필수적이며 특히 청소년기에는 좋은 영양 상태를 유지하는 것이 중요함 – (다) 그러나 우리나라 학생들의 식습관을 살펴보면 충분한 영양섭취가 이루어지지 못하고 있음 순으로 나열하는 것이 적절하다.

24

정답 ③

甲은 미적 판단 간에 옳고 그름이 존재하기 때문에 동일한 대상에 대한 감상자들 간의 미적 판단 불일치가 나타난다는 입장이며, 乙은 감상자의 다양한 경험, 취미와 감수성의 차이에 따라 미적 판단의 불일치가 나타난다는 입장이다. 따라서 甲과 乙의 주장을 도출할 수 있는 질문으로 ③이 가장 적절하다.

25

정답 ①

제시문의 전통적인 경제학에서는 미시 건전성 정책에 집중하는데 이러한 미시 건전성 정책은 가격이 본질적 가치를 초과하여 폭등하는 버블이 존재하지 않는다는 효율적 시장 가설을 바탕으로 한다. 따라서 제시문에 나타난 주장에 대한 비판으로는 이러한 효율적 시장 가설에 대해 반박하는 ①이 가장 적절하다.

26

정답 ④

모듈러 공법으로 도시형 생활 주택뿐 아니라 대형 숙박 시설, 소규모 비즈니스호텔, 오피스텔 등도 건축이 가능하다.

오답분석

① 모듈러 공법은 주요 자재의 최대 80 ~ 90퍼센트가량을 재활용할 수 있다는 내용만 있을 뿐 일반 철근콘크리트 주택의 재활용에 대해서는 제시문에서 확인할 수 없다.
② 모듈러 주택과 콘크리트 주택의 건설비용의 차이는 제시문에서 알 수 없다.
③ 모듈러 주택의 조립과 마감에 걸리는 시간은 30 ~ 40일이다.
⑤ 모듈러 주택이 처음 한국에 등장한 시기는 해외대비 늦지만, 해외보다 소요되는 비용이 적을 것이라는 것은 알 수 없다.

27

정답 ②

'천문학적 세금이 투입되는 사업이라 누구도 선뜻 나서지 못하는 것이 현 상황이다.'라는 내용에 비추어 볼 때, 상대적으로 저소득 국가는 고소득 국가에 비해 하기 힘든 사업임을 예측할 수 있다.

오답분석

① '우주 쓰레기가 지상에 떨어지는 경우가 있어 각국에서는 잇따른 피해가 계속 보고되고 있다.'라는 내용으로 보아 우주 쓰레기는 우주에서만 떠돌 뿐 아니라 지구 내에도 떨어져 지구 내에서도 피해가 발생함을 알 수 있다.
③ 우주 쓰레기 수거 로봇은 스위스에서 개발한 것임으로 유럽에서 개발한 것은 맞으나, 2025년에 우주 쓰레기 수거 로봇을 발사할 계획이라고 했으므로 아직 그 결과를 얻지 못해 성공적이라고 할 수 없다.
④ '우주 쓰레기들이 서로 충돌하면서 작은 조각으로 부서지기도 한다.'라는 내용으로 개수는 이전보다 더 많아질 것임을 추측할 수 있다.
⑤ '2018년 영국에서 작살과 그물을 이용해 우주 쓰레기를 수거하는 실험에 성공한 적이 있다.'라는 내용이 있으므로 적절하지 않은 설명이다.

28

정답 ①

일본의 경영학자 노나카 이쿠지로는 암묵지를 크게 기술적 기능과 인지적 기능으로 나누었는데, 이 가운데 기술적 기능은 체화된 전문성으로 수없이 많은 반복과 연습을 통해 습득된다고 설명하고 있지만, 인지적 기능의 경우 개개인의 경험이나 육감이 다시 언어의 형태로 명시화되어 형식지로 변화하고, 이 과정에서 다시 새로운 암묵지가 만들어지는 상호 순환 작용을 통해 조직의 지식이 증대된다고 하였다. 따라서 암묵지를 습득하는 데 있어 수없이 많은 반복과 연습이 필수적이라고는 확신할 수 없다.

29

정답 ⑤

제시문은 '탈원전 · 탈석탄 공약에 맞는 제8차 전력공급기본계획(안) 수립 – 분산형 에너지 생산시스템으로의 정책 방향 전환 – 분산형 에너지 생산시스템에 대한 대통령의 강한 의지 – 중앙집중형 에너지 생산시스템의 문제점 노출 – 중앙집중형 에너지 생산시스템의 비효율성'의 내용으로 전개되고 있다. 따라서 제시문은 일관되게 '에너지 분권의 필요성과 나아갈 방향을 모색해야 한다.'는 점을 말하고 있다는 것을 알 수 있다.

오답분석

①·③ 제시문에서 언급되지 않았다.
② 전력수급기본계획의 수정 방안을 제시하고 있지는 않다.
④ 다양한 사회적 문제점들과 기후, 천재지변 등에 의한 문제점들을 언급하고 있으나, 이는 글의 주제를 뒷받침하기 위한 이슈이므로 제시문 전체의 주제로 보기는 어렵다.

30

정답 ①

허용형 어머니는 오로지 아이의 욕망에만 관심을 가지는 반면, 방임형 어머니는 아이의 욕망에 무관심하다.

오답분석

ㄴ. 허용형 어머니의 아이는 도덕적 책임 의식이 결여된 경우가 많다고 나와 있으며, 독재형 어머니의 자녀와 비교할 때 상대적으로 도덕적 의식이 높은지에 대해서는 정확히 알 수 없다.
ㄷ. 방임형 어머니의 아이는 어머니의 욕망을 전혀 파악하지 못한다고 나와 있으며, 독재형 어머니의 아이와 비교했을 때 어떠한지 정확히 알 수 없다.

시대에듀 All-New 사이다 모의고사 삼성 온라인 GSAT

개정26판1쇄 발행	2025년 07월 15일 (인쇄 2025년 06월 12일)
초 판 발 행	2012년 09월 20일 (인쇄 2012년 09월 07일)
발 행 인	박영일
책 임 편 집	이해욱
편 저	SDC(Sidae Data Center)
편 집 진 행	안희선 · 신주희
표지디자인	현수빈
편집디자인	유가영 · 고현준
발 행 처	(주)시대고시기획
출 판 등 록	제10-1521호
주 소	서울시 마포구 큰우물로 75 [도화동 538 성지 B/D] 9F
전 화	1600-3600
팩 스	02-701-8823
홈 페 이 지	www.sdedu.co.kr

I S B N	979-11-383-9473-4 (13320)
정 가	18,000원

사이다

사일 동안
이것만 풀면
다 합격!

삼성
온라인 GSAT

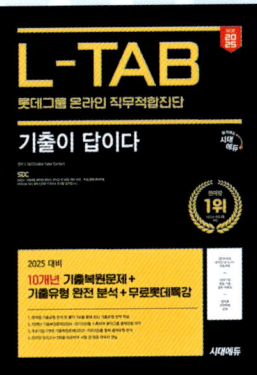

시대에듀가 합격을 준비하는
당신에게 제안합니다.
성공의 기회
시대에듀를 잡으십시오.
NEXT STEP
시대에듀
기회란 포착되어 활용되기 전에는 기회인지조차 알 수 없는 것이다.
– 마크 트웨인 –